Claus Braun (Hrsg.)
Traumarbeit in Gruppen

In diesem Sammelband geht es vor allem um den nächtlichen Traum, seine Bedeutung und Funktion und seine Verwendung in der Gruppenpsychotherapie. Nach jungianischer Auffassung ist der Traum ein Naturphänomen und ein Beziehungsphänomen. Er erlaubt demzufolge einerseits einen unverstellten Blick auf die erfahrungs- und erwartungsintegrierende Arbeit der von ihren Komplexen geprägten unbewussten Psyche und andererseits auf Aspekte der therapeutischen Beziehung.

Wenn es in den Behandlungen sowohl den Analysandinnen und Analysanden, als auch den Analytikerinnen und Analytikern gelingt, sich der Erfahrungsintegration und der Lebensvorbereitung im Traumgeschehen zu öffnen, so können wesentliche individuierende Entwicklungen ausgelöst werden. In einer guten therapeutischen Beziehung werden beide Seiten durch den gruppenanalytischen Prozess beeinflusst.

Alle Autorinnen und Autoren vereint ein hohes Interesse und persönliches Berührtsein von Erlebnissen mit Traummaterial in der Gruppenpsychotherapie. Sie berichten darüber, wie Entwicklungs- und Individuationsprozesse durch Träume angestoßen werden können. Sie schildern, wie Gruppensitzungen eine besondere, energetisch »leuchtende« Qualität bekommen, wenn Träume mitgeteilt werden. Sie untersuchen theoretisch, weshalb ein Traum die betreffende Gruppensitzung belebt.

Sie zeigen, wie die mehr oder weniger direkte Verbindung des Traums zu unbewussten Prozessen der Träumerin oder des Träumers in Verbindung zur Gruppenmatrix und zum sozialen und kollektiven Unbewussten gesehen werden kann. Die Mitteilung eines Traums in einer Gruppe erzeugt oft ungeahnte, beeindruckende Resonanzen auf der Beziehungs- und Bedeutungsebene.

Claus Braun, Dr. med. Dipl.-Psych., Arzt für Psychiatrie und Neurologie, Arzt für Psychosomatische Medizin und Psychotherapie, Psychoanalytiker, Dozent am Institut für Psychotherapie e.V. Berlin und C.G. Jung-Institut Berlin e.V., Lehranalytiker/Supervisor DGAP/DGPT, Gruppenlehranalytiker D3G, Redakteur der Zeitschrift *Analytische Psychologie*, wissenschaftliche Interessen: Intersubjektivität, Traumgeschehen.

Claus Braun (Hrsg.)

Traumarbeit in Gruppen

Mit Beiträgen von Stephan Alder,
Annette Berthold-Brecht, Claus Braun, Hildegunde Georg,
Elisabeth Grözinger, Wolfgang Kleespies, Volker Münch,
Konstantin Rößler, Gert Oskar Alexander Sauer,
Annette Schulz, Van Tricht

Brandes & Apsel

Auf Wunsch informieren wir Sie regelmäßig mit unseren Katalogen *Frische Bücher* und *Psychoanalyse-Katalog*. Wir verwenden Ihre Daten ausschließlich für die Zusendung unserer beiden Kataloge laut der EU-Datenschutzrichtlinie und dem BDS-Gesetz. Bitte senden Sie uns dafür eine E-Mail an info@brandes-apsel.de mit Ihrer Postadresse. Außerdem finden Sie unser Gesamtverzeichnis mit aktuellen Informationen im Internet unter: www.brandes-apsel.de sowie www.kjp-zeitschrift.de

1. Auflage 2022

© Brandes & Apsel Verlag GmbH, Frankfurt a. M.
Alle Rechte vorbehalten, insbesondere das Recht der Vervielfältigung und Verbreitung sowie der Übersetzung, Mikroverfilmung, Einspeicherung und Verarbeitung in elektronischen oder optischen Systemen, der öffentlichen Wiedergabe durch Hörfunk-, Fernsehsendungen und Multimedia sowie der Bereithaltung in einer Online-Datenbank oder im Internet zur Nutzung durch Dritte.
Umschlag und DTP: Brandes & Apsel Verlag, unter Verwendung des Gemäldes *Nur Geduld* (2014, Acryl auf Leinwand 80 x 80 cm) von Norbert Stockhus.
Mit freundlicher Genehmigung.
Druck: STEGA TISAK d. o. o., Printed in Croatia
Gedruckt auf einem nach den Richtlinien des Forest Stewardship Council (FSC) zertifizierten, säurefreien, alterungsbeständigen und chlorfrei gebleichten Papier.

Bibliografische Information der Deutschen Nationalbibliothek:
Die Deutsche Nationalbibliothek verzeichnet diese Publikation in der Deutschen Nationalbibliografie; detaillierte bibliografische Daten sind im Internet über www.ddb.de abrufbar.

ISBN 978-3-95558-335-4

Inhalt

Editorial — 7

Stephan Alder
Untergehen und Neubeginn
Träume in der Gruppe als Zwischenwelt — 9

Annette Berthold-Brecht
Traumarbeit in der Gruppensupervision
Träume werden »weitergeträumt« — 45

Claus Braun
Ein Beispiel traumzentrierter Gruppenpsychotherapie
Erfahrungen, Methode, Indikationen — 65

Hildegunde Georg
Inspirierende Wirkung der Arbeit mit Träumen in Gruppen — 91

Elisabeth Grözinger
**Zu meiner Funktion als Leiterin
einer Traumgruppe therapeutischer Expertinnen**
Überlegungen zum »Jungianischen« in einer spannenden Aufgabe — 107

Wolfgang Kleespies
Der Traum in der analytischen Gruppentherapie — 127

Volker Münch
Das Gruppenselbst träumt
Der analytische Gruppenprozess als Entfaltung
des gemeinsamen Unbewussten — 149

Konstantin Rößler
Aktive Imagination in der Gruppe
Konzeption und Erfahrungen aus der Praxis 171

Gert Oskar Alexander Sauer
Die Akademie der Träume.
Berichte aus dem Diesseits.
Einige Wahrnehmungen von der Natur des Menschen und seiner Welt –
aufgenommen und erzählt aus einer Traumgruppe
ohne den Anspruch auf den Besitz der Wahrheit 201

Annette Schulz
Das belebende Element der Gruppe: der erzählte Traum
Ein Werkstattbericht 211

Van Tricht
Traumtranskripte und Individuation
Mementos aus dem mentalen Maschinenhaus 223

Autorinnen und Autoren 235

Editorial

In diesem Sammelband geht es vor allem um den nächtlichen Traum, seine mögliche Bedeutung und Funktion und seine Verwendung in der Gruppenpsychotherapie.

In der Fachliteratur über Gruppenpsychotherapie und Gruppenanalyse findet sich wenig über den Umgang mit Traummaterial in Gruppenprozessen.

Dies ist umso erstaunlicher, als der Umgang mit Träumen in der Einzelpsychotherapie die Psychoanalyse seit Sigmund Freuds »Die Traumdeutung« entscheidend begründet. Offenbar hat die Konzentration auf die immer differenziertere Erfassung von psychodynamischen Gruppenprozessen die wesentliche Aufmerksamkeit der schreibenden Gruppenanalytiker auf sich gezogen. Erst in letzter Zeit versucht beispielsweise die Methode des »Social Dreaming« nach Gordon Lawrence, die soziale Interpretationskompetenz von Träumen in sozialen Interaktionen wahrzunehmen und zu nutzen.

Die Beiträge dieses Buchs sind verfasst von Gruppenanalytikerinnen und Gruppenanalytikern der *jungianischen Richtung* in der Tiefenpsychologie. Dieser Band spiegelt auch die bemerkenswerte Einbringung jungianischer Konzepte wie der Komplextheorie und der Individuationsperspektive in ihrer Verschränkung mit dem sozialen und kollektiven Unbewussten in therapeutischen Gruppenkonstellationen.

Die einzelnen Kapitel reflektieren langjährige Erfahrungen in der Leitung von psychotherapeutischen Gruppen, von Supervisionsgruppen und von Selbsterfahrungsgruppen. Darüber hinaus hat für die Teilnehmerperspektive ein früheres Mitglied einer traumzentrierten Gruppe einen Text beigesteuert.

Alle Autorinnen und Autoren vereint ein hohes persönliches »Berührt-Sein« von Erlebnissen mit Traummaterial in der Gruppenpsychotherapie. Sie berichten darüber, wie Entwicklungs- und Individuationsprozesse durch Träume angestoßen werden können. Sie schildern, wie Gruppensitzungen eine besondere, energetisch »leuchtende« Qualität bekommen, wenn Träume mitgeteilt werden. Sie untersuchen theoretisch, weshalb ein Traum die betreffende Gruppensitzung belebt und wie dessen mehr oder weniger direkte Verbindung zu unbewussten Prozessen der Träumerin oder des Träumers in ihrer Verbindung zur Gruppenmatrix und zum sozialen und kollektiven Unbewussten gesehen werden kann. Die Mitteilung eines Traums in einer Gruppe erzeugt oft ungeahnte, beeindruckende »Resonanzen« auf der Beziehungs- und Bedeutungsebene, wovon die Beiträge dieses Buches handeln.

Claus Braun

Stephan Alder

Untergehen und Neubeginn
Träume in der Gruppe als Zwischenwelt

Abstract

Das Anliegen dieser Arbeit ist zu beschreiben, wie in einer Gruppenpsychotherapie Traumberichte einzelner Patientinnen und Patienten von Gruppentherapierenden und der Gruppe genutzt werden können. Der anfangs individuelle Traum wird in der Gruppe erzählt und zum Gruppentraum mit Rückwirkungen für die individuelle Psyche. Das Konzept vom Gruppentraum wird mit Bezug auf den Gruppenanalytiker Robi Friedman erläutert. Grundlegende Konzepte der psychodynamischen Gruppentherapie mit Schwerpunkt auf der intersubjektiv ausgerichteten analytischen Psychologie werden dargestellt. Hervorgehoben wird der Prozess der nicht planbaren aber möglichen präsenten und ergreifenden Begegnung zwischen zwei oder mehreren Teilnehmenden am Gruppenprozess. Wenn im Nachhinein diese Begegnungen reflektiert und gemeinsam angereichert werden, stellen solche Szenen wichtige psychische Veränderungsprozesse in Gruppen und in den teilnehmenden Persönlichkeiten der Gruppe dar.

Einleitende Bemerkungen

Wie aus einem Traumbericht in einer therapeutischen Gruppe ein Gruppentraum wird, möchte ich im ersten Schritt zeigen. Träume scheinen aus verinnerlichten Interaktionserfahrungen, die als szenische Komplexe gedacht sind, verstehbar. So entstehen Szenen zwischen dem Subjekt im Kontakt mit anderen im umschriebenen Feld der Gruppe. Wie in den ko-kreativ entstehenden Übertragungsbeziehungen in der Gruppe interveniert werden kann, möchte ich für interessierte Gruppenpsychotherapeut:innen[1] mit einigen theoretischen Annahmen darstellen.

---
1 In diesem Aufsatz verwende ich neben dem generischen Maskulinum die getrennte Schreibweise von Frauen und Männern sowie gelegentlich den Doppelpunkt in Pluralformen, um Lesende mit non-binärer Identität wertzuschätzen.

Therapeutische Gruppensitzungen finden seit zwanzig Jahren ambulant in meiner Vertragsarztpraxis statt. Daran nehmen aufgrund meist mittlerer und schwerer psychischer Störungen Patientinnen und Patienten für eine Therapiedauer von mindestens zwölf Monaten bis zu zehn Jahren teil. Die Gruppe, auf die hier Bezug genommen wird, besteht aus drei bis neuen Patient:innen. Meist sind wir fünf bis neun. Jeder Gruppentherapieteilnehmende bekommt bereits vor und auch in der ersten Sitzung Grundregeln mitgeteilt, wie in der Gruppentherapie gearbeitet wird. Neben der Schweigepflicht für alles Gehörte, was Personen und Institutionen betrifft und dem pünktlichen Beginn und Ende jeder Sitzung, gehören die folgenden Erklärungen dazu:

Gegenstand unserer Untersuchung in der Gruppenarbeit sind die Beziehungen und Bezogenheiten, die wir untereinander hier und jetzt wahrnehmen, die wir fantasieren, die wir fühlen oder denken. Das ist ein hochwirksames Vorgehen, um psychische Störungen miteinander wahrzunehmen und zu verändern. Weil das in der Gruppe möglich ist, auch wenn es uns am Anfang Angst und Scham schwer machen, ist Gruppentherapie erfolgreich. Unsere Grundhaltung ist: Alles, was Ihnen in den Sinn kommt, ist willkommen und kann gesagt zu werden, es sei denn, dass es die Gefühle und Gedanken des anderen verletzt. Wenn eine Verletzung geschieht, ist es wichtig, das zu sagen. Körperreaktionen haben Vorrang, genannt zu werden. Es gilt das freie Sprechen so, wie es miteinander möglich ist, auch wenn scheinbar kein Zusammenhang bei manchen Einfällen besteht. Ganz ähnlich verhält es sich mit Träumen. Auch sie haben Vorrang, genannt zu werden, gleich nach den Körperreaktionen.

All das dient der Entfaltung des zu untersuchenden Materials, das zwischen den Anwesenden entsteht. Diese Interaktionserfahrungen und Wahrnehmungsbefunde haben etwas mit dem Leiden, auch mit den biografischen Hintergründen der Teilnehmenden zu tun. Gleichwohl drücken sie immer etwas aus, das mit der aktuellen Situation im Miteinander der Gruppe verwoben ist. In der beschriebenen Gruppensitzung sind sieben Patient:innen. In der vorgestellten Gruppenszene erzählen an einem Abend zu Beginn der Gruppensitzung zwei Patientinnen der Gruppe in geringem zeitlichem Abstand zueinander zwei Träume. Unmittelbar werden durch die Traumerzählungen eine große Not und zugleich viel Vertrauen in die Gruppe signalisiert. In den Gruppensitzungen davor und danach wurde immer einmal ein Traum, selten zwei erzählt, bzw. der Gruppe zur Verfügung gestellt.

In der von mir ausgewählten Gruppensitzung geschieht – mit Blick auf den Prozess einer Gruppenpsychotherapie – etwas zugleich Besonderes und Typisches.

Auf die Mitteilungen vom Anfang der Gruppensitzung – hier sind es zwei Träume – folgt eine Phase intensiver therapeutischer Arbeit in der Gruppe. Der Spielraum dieser imaginativen Zwischenwelt, der psychische Raum mit Kapazitäten für emotionale Fantasietätigkeit und Symbolisierung im Wechsel mit konkreten und konkretistischen Einfällen, wird von den Mitgliedern der Gruppe im Miteinander entwickelt und genutzt. Das spricht für eine Gruppe, die sich dem Ideal der freien Kommunikation »free intercommunication« nach Hobson (1959, S. 140) oder »free floating discussion« nach Foulkes und Anthony (1965, S. 37) annähert und therapeutisch arbeiten kann. In einer arbeitsfähigen Gruppe können sich Patienten trotz vieler Widerstände aus Scham und Angst einander anvertrauen und zumuten. Dem ging eine Phase im Gruppenprozess voraus, in der alles Stabile infrage gestellt, Neid und Hass misstrauisch verhandelt wurden. Immer wieder fand in der Gruppe die Suche nach wohlwollendem Verstehen, nach Halt und Zuversicht für eine gute individuelle Entwicklung statt. Die erwähnten und später in der Kasuistik dargestellten Träume wollen als Erlebtes und Unverstandenes in der Gruppe und durch die Gruppenmitglieder einschließlich des Gruppenpsychotherapeuten angenommen werden. Zugleich befördern sie potenziell die intersubjektive Arbeit (in) der Gruppe.

Zuerst gehe ich zwei Fragenkomplexen nach:

1. Was bedeuten Träume im therapeutischen Setting? Wie ist ihre Beziehung zum Unbewussten? Warum haben sie einen besonderen Stellenwert? Welche Möglichkeiten eröffnet der analytische Umgang mit Träumen in der Gruppe und für die Patient:innen? Gibt es eine sinnvolle Botschaft von wem und für wen?
2. Was unterscheidet den Gruppentraum vom »Einzeltraum«? Wie wird ein Einzeltraum zum Gruppentraum? Gibt es ein unbewusstes Beziehungsthema? Welche Bedeutung kommt der Zwischenwelt und den Imaginationen zu? Welche gruppenanalytischen Möglichkeiten bietet der Gruppentraum, und auf welchen theoretischen Erkenntnissen basieren diese Möglichkeiten?

Stephan Alder

Träume als Botschaften des Selbst, als Hirntätigkeit, als szenische Gestaltung des intersubjektiven Feldes und als Zwischenwelt (Selbst-mit-Anderen-Muster)

Zunächst sind Träume, die von Patienten in der Gruppe erzählt werden, eine Mitteilung von sich selbst an die anderen Patienten, an den Gruppenpsychotherapeuten und die Gruppe als Ganze. Träume kommen aus einer psychischen Erlebniswelt, die immer überraschend Wünsche erfüllt oder Ängste hervorbringt, die befremdlich, manchmal völlig unverständlich oder gar für bestimmte Zeiten ergreifend sind. Träume sind zwar erinnerte psychische Zustände und Narrative, jedoch sind sie unbewusst und entstehen meist ohne jegliches bewusstes Zutun. Wenn das Selbst als Gesamtheit aller psychischen Erfahrungswelten einer Person, in Vielheit und Einheit verstanden wird (Jung, 1972), so sind Träume Informationsangebote des Selbst in seiner Vielheit und Einheit für das Ich der Person. Die Person bzw. das Selbst im Subjekt verstehe ich intersubjektiv konstituiert (vgl. Otscheret & Braun, 2005). Im Zentrum stehen dabei szenische Interaktionserfahrungen zwischen zwei und mehreren Subjekten in einem umschriebenen, also umgrenzten intensionalen Wirkfeld. Mit Bezug zur analytischen Psychologin und Forscherin Knox (2003, 2011) im Rahmen der mentalisierungsbasierten Therapie besteht das Selbst einer Person aus »Selbst-mit-Anderen-Mustern«, in szenischen Bezogenheiten (self-with-other-schemas, Knox, 2011) zu anderen Personen in der Welt in jeweils umschriebenen Feldern (Niedecken, 2016). Was bedeutet das für das Traumverständnis? Neurobiologisch ist inzwischen gut geklärt, dass Träume des Träumenden während seines Schlafens aus dem Unbewussten durch eine Aktivierung »der Grundmechanismen des Kernbewusstseins« der Hirntätigkeit (Solms & Turnbull, 2007, S. 224f.) gebildet und wahrgenommen werden können. Grundmechanismen des Kernbewusstseins umfassen vor allem das limbische System und den frontalen Cortex. Wenn Träume erzählt werden, dann gehören sie sowohl dieser individuellen biologisch verankerten, überwiegend unbewussten Erfahrungswelt an, als auch der intersubjektiven Welt, dem intersubjektiven Bezogenheitsnetzwerk zwischen zwei oder mehreren Personen in der intrapsychisch »gegebenen« und in den emergierenden gruppalen Repräsentanzen der Gruppe.

Ein intersubjektives Feld entfaltet sich, wenn der Traum einer anderen Person oder mehreren Personen in einer Gruppe erzählt wird. Jung schreibt in einem Brief an James Kirsch am 29. September 1934:

»Sobald gewisse Patienten zu mir in Behandlung treten, ändert der Typus der Träume. Im tiefsten Sinne träumen wir alle nicht aus uns, sondern aus dem, was zwischen mir und dem Andern liegt. Herzliche Grüße von Ihrem stets ergebenen C. G. Jung.« (Jung, zitiert nach Lammers, 2014, S. 121f.)

Hier wird also der Zwischenraum, das Feld zwischen zwei aufeinander bezogene Personen als etwas Drittes in den Blick genommen. Für Jung steht dieses Dritte für »die ursprüngliche Einheit der Welt«, die zuvor zweigeteilt wurde (Jung, 1995/1956, §324). Um das (analytische) Dritte »als Feld und Szene« zu verstehen, dienen die Überlegungen von Niedecken, ebenso Jungianerin wie Knox. Sie macht klar, dass das subjektive Erleben nicht in Selbstreflexion gründet, sondern mit Bezug auf Lorenzer in Form verschiedener Szenen der Begegnung in einem intersubjektiven Feld vom Individuum verinnerlicht wird. Der Andere ist am Werden des Selbst »konstitutiv beteiligt« (Niedecken, 2016, S. 212). Mit Niedeckens Ansatz, der hier nur skizziert ist, wird die Subjekt-Objekt-Spaltung aufgehoben und das Selbst, somit auch das Unbewusste, als intrapsychische Szene in einem gegebenen Feld gedacht:

> »Der Begriff des Feldes bezieht sich auf das je aktuelle Gesamt der Verwobenheit des Individuums mit seiner Welt. Der Begriff der Szene ist demgegenüber auf die sinnliche Konkretion eines Geschehens bezogen. Indem Szenen aber sowohl im actualis als auch im potentialis stehen, als Realisierungen und als Vorstellungen erlebt werden können, ist es möglich, dass sie sich vermittels Verschiebung in unterschiedlichen Feldern zur Geltung bringen […]. Szenen werden auf diese Weise zu Metaphern, werden als Metaphern im Feld virulent. Als solche sorgen sie dafür, dass die Felder, in denen sie eine Aktualisierung erfahren, durch intentionale Bögen – die den Szenen jeweils inhärente perzeptive und affektive Ausrichtung, die ›Intention der Szene‹ – strukturiert werden« (Niedecken, 2016, S. 225f.).

Nehmen wir den Begriff, den Zwischenraum, erneut in den Blick. Ein Zwischenraum ist ein Raum eines Übergangs zwischen Intrapsychischem und Intersubjektivem, zugleich zwischen unbewusst, vorbewusst und bewusst oder auch zwischen Konkretem und Symbolischem. Dieses von dem britischen Psychoanalytiker Winnicott (2010, S. 125) als »potenzieller Raum« (1971) eingeführte Konzept bezeichnet den Bereich zwischen Mutter und Kind bzw. Therapeut und Patient. Diese Dyade kann immer durch die Triade bestehend aus Kind-Mutter-Vater ergänzt werden. Zugleich bilden diese drei Personen eine Gruppe mit einem spezifischen

Muster. Darin entstehen potenziell psychische und gruppale Räume des intersubjektiven Erlebens. Diese Möglichkeitsräume gehören sowohl dem Subjekt an als Bereiche des Imaginären bzw. dem Illusionären[2] der Gruppe im Individuum als auch denjenigen Subjekten (Individuen), die diese intersubjektiven Räume bilden. Es ist ein »Zwischenbereich des Erlebens«, der von den Anwesenden »nicht in Frage gestellt wird« (Winnicott, 1958/1997, S. 317). Wenn diese Fähigkeit zum gedanklichen und emotionalen Spiel in diesem Zwischenbereich bzw. dieser *Zwischenwelt* in einer Gruppe möglich wird, fördert das die reflexive Fähigkeit (vgl. Knox, 2003, S. 139). Die reflexive Fähigkeit ihrerseits umfasst die Kapazität für verschiedene und gegensätzliche Emotionen, konflikthafte und traumatische Gedanken und Szenen vom Anderen und sich selbst (ebenda). In den Szenen begegnen sich zwei oder mehrere Menschen, von denen in der Regel eine Person das Ich des Subjekts repräsentiert und die anderen repräsentieren wichtige dazugehörende Bezugspersonen. Jeder auf seine oder ihre Weise begegnet sich im Bereich der Fantasietätigkeit, die ich an dieser Stelle zu dem Imaginären (Lacan) und Illusionären (Winnicott, 2010, S. 20) in ein Ähnlichkeitsverhältnis setze. So entstehen intrapsychisch Subjekt-zu-anderem-Subjekt-Beziehungen. Die analytische Psychologin Knox (2011, S. 11) konzeptualisiert das in »Selbst-mit-Anderen-Mustern«. Die reflexive Fähigkeit enthält neben dieser eben beschriebenen Kapazität für emotionale Szenen die Fähigkeit, dabei über sich und andere Personen nachzudenken, wobei Negatives wie Hass, Neid, Destruktives, Angst und Scham und Positives wie Liebe, Freundschaft und Trauer schrittweise ihren Platz erhalten können. Jetzt gilt es, die Verbindung zu den Träumen herzustellen.

---

2 Der Begriff Imago (Lateinisch für Bild) stammt von Jung (Jung, 1954/1995, GW 5). Jung beschrieb als Mutter- und Vater-Imago die inneren Bilder vom Vater und der Mutter, die aus der realen Erfahrung und geprägt von Urbildern, die Jung später Archetypen nannte, unbewusst im Individuum entstehen. Später verwendete Lacan den Begriff des Imaginären für Fantasiebildungen und Winnicott verwendete den Begriff des Illusionären, die durch Desillusionierungen abgelöst und neu als Illusion entstehen (Winnicott, 2010, S. 20).

Träume und das unbewusste Thema der Gruppe

In Träumen, wenn sie erzählt werden, *lokalisiert* sich ein *unbewusstes* Thema des Einzelnen und somit auch der Gruppe, weil der oder die Einzelne Teil der Gruppe ist. Träume sind im Kontext der Gruppe sowohl eine unmittelbare, zutiefst individuelle Mitteilung, die Inhalte des (geschichteten) kollektiven Unbewussten (Jung, 1925/1989, S. 133) mitdenkt, als auch eine Mitteilung in die Zwischenwelt der Gruppe, die damit gleichzeitig (szenisch) gestaltet wird. Mit dem Gruppenanalytiker und analytischen Psychologen Hobson können das individuelle und gruppale Psychische als zwei Seiten einer zu beschreibenden Person verstanden werden. Hobson nennt diese zwei Arten des Denkens »individuelle Psyche« (»individual mind«) und »Gruppenpsyche« (»group mind«) (Hobson, 1959, S. 140). Wenn die individuelle Psyche beschrieben wird, geht es um szenisch (psychosozial) verfasste intrapsychische und intersubjektive Repräsentationen und Bezogenheiten einer Person zu einer anderen und zur Gruppe. Das kann Multiplizität oder Vielheit genannt werden, was ich an dieser Stelle mit *Mehrfachbezogenheit* übersetze. Es kann auch als die Beziehung von Subjekt zu Subjekt als Szene charakterisiert werden (Person A liebt B und C ist sowohl neidisch als auch eifersüchtig oder wohlwollend). Wird die Gruppenpsyche beschrieben, ist es das Muster der Gruppe als Ganze. Im Kontext der Gruppe bilden die einzelnen Personen einen autonom-abhängigen Teil (»contingent part«) der Gruppe als Ganze aus. So wird die Gruppe, die mehr ist als die Summe ihrer bezogenen Teilnehmenden, als Einheit gedacht. Diese Einheit stellt ein zu beschreibendes Muster dar, beispielsweise die Gruppe in Aufruhr oder in Trauer. Um das Beispiel mit den Personen A, B und C, die eine Gruppe bilden (ohne direkten Bezug zur Kasuistik), fortzuführen: In der Gruppe gibt es Liebe mit Neid und Eifersucht oder die Liebe kann anerkannt und bezeugt werden. Deshalb wirkt die Gruppe untereinander attraktiv.

Als das Unbewusste der Gruppe bezeichne ich die Gesamtheit von unbekannten, unfassbaren, fremden, verdrängten und abgespaltenen Inhalten. Hierzu gehören ebenso transgenerationelle und transpersonale Aspekte der Person, der Familie, verschiedene Großgruppenidentitäten wie Großfamilie (Clan), Staatszugehörigkeiten, Sprachzugehörigkeiten, Zugehörigkeiten zu politischen oder religiösen Großgruppen und der Menschheit als Ganzes. Das Modell des nach verschieden großen Menschengruppen geschichteten Unbewussten vom Einzelnen bis zum umfassenden Kollektiv bietet sich an (Jung, 1925/1989, S. 133). Je mehr Menschen und Teile der Natur dazugehören, umso weiter unten und umso einflussreicher wirken diese »Schichten des Unbewussten« auf das Individuum ein. Für das

Verständnis der therapeutischen Kleingruppe wird von dem Gruppenanalytiker Foulkes das Geschehen in der Gruppe und für die Teilnehmenden mit dem Konzept der Interaktionsmatrix bzw. der Gruppenmatrix beschrieben.

Da wir schon wissen, dass in einer therapeutischen Gruppe der Kasuistik sieben Patient:innen und ein Gruppenpsychotherapeut sitzen, entsteht zwischen diesen acht Personen ein kommunikatives Feld. Grundlage für dieses kommunikative Feld sind Wörter, Gefühle und Erwartungen (Intentionen) als Teile der von Foulkes so bezeichneten Grundlagenmatrix, die die Personen als soziales und kulturelles Gedächtnis in die Gruppe einbringen, wie es Assmann und Assmann (2018, S. 64f.) mit dem Motto verknüpfen: »Wahr ist, was uns verbindet.« Für Foulkes (vgl. 1992, S. 170) stellt sich zwischen den Gruppenmitgliedern in einer gegebenen Gruppe ein kommunikatives Netzwerk her, das aus vier Ebenen besteht: dem aktuell Gesprochenen, der Ebene der Übertragung, der Projektionen einschließlich der körperlichen Reaktionen und – als vierter Ebene – aus den primordialen bzw. kollektiven Bildern des kollektiven Unbewussten, den Archetypen. Dieses Netzwerk aus Kommunikation und Bedeutung, durch das Sinn in der gegebenen Gruppe entsteht, nennt er die »Interaktions-Matrix« (Foulkes, 1992, S. 33). Jeder Teilnehmende reinszeniert unbewusst das Eigene gemäß eigener verinnerlichter Interaktionserfahrungen aus der jeweiligen Herkunftsfamilie. »Das ist das Äquivalent der Übertragungsneurose.« (Foulkes, 1992, S. 33).

Für Foulkes und eben auch für Hobson ist in der therapeutischen Kleingruppenarbeit das zentrale Wirken heilender und dynamischer Prozesse, sowohl im Individuum als auch in der Gruppe zu verfolgen. Beide waren verschiedenen theoretischen Bezügen verpflichtet.

Foulkes stand eher den Kategorien der Psychoanalyse im Sinne Freuds, aber auch den Ideen des Soziologen Elias nah und Hobson eher den Denkmustern von Jung und Fordham, also der analytischen Psychologie. Foulkes hat eine sehr komprimierte Definition für das, was sich in einer Gruppe und zwischen deren Mitgliedern kommunikativ entfaltet, gefunden; es sind darin mehrere zentrale Ideen, Annahmen und Konzepte psychogruppendynamischer Theorie verbunden:

> »Die Matrix ist das hypothetische Gewebe von Kommunikation und Beziehung in einer gegebenen Gruppe. Sie ist die Basis, die letzten Endes Sinn und Bedeutung aller Ereignisse bestimmt und auf die alle Kommunikationen, ob verbal oder nicht verbal, zurückgehen. Dieses Konzept hängt mit dem der Kommunikation zusammen.« (Foulkes, 1992, S. 33).

In diesem kommunikativen Netzwerk kann, wie bereits beschrieben, das Unbewusste auf andere Personen, auf die Gruppe oder Außenpersonen (Personen, die nicht Mitglieder der Gruppe sind, aber für die Patient:innen hoch bedeutsam, wie Eltern, Partner, Kinder etc.) projiziert werden.

Hobson beschreibt die Essenz von analytischer Gruppentherapie in folgenden Sätzen:

> »Mit ›Analyse‹ meine ich die Modifizierung von bewussten Einstellungen durch die Assimilation von bisher unbewussten Elementen, die durch Erfahrung und Verstehen einer Beziehung zu einem oder mehreren Menschen erreicht wird. Das Hauptmerkmal der Analyse ist die Anerkennung, Erläuterung und Lösung von Widerständen, die zu vollständigeren Beziehungen, der Korrektur von Fehlern in der Auffassung der äußeren und sozialen Umgebung und dem Auslösen von Heilungsprozessen (*wholing*) in der Psyche resultieren.
>
> Alle diese Bedingungen erfüllt eine analytische Gruppe, wie ich sie beschrieben habe. Ich beabsichtige nicht, der Diskussion der Analyse von Assoziationen, Fantasien, Träumen oder persönlichen Widerständen Zeit zu widmen, außer, um die Bedeutung der Tatsache zu erwähnen, dass alle Gruppenmitglieder ebenso wie der Analytiker Deutungen vorlegen. Bei derartigen Deutungen ist es wichtig, dass der Analytiker sie ständig in Beziehung zum momentanen Zustand der Gruppe setzt, und es ist seine Aufgabe, sich ständig mit diesem Zustand zu beschäftigen und das Funktionieren der Gruppe als Ganzes zu fördern« (Hobson, 1959, S. 140; Übers. aus dem Englischen von Brita Pohl).

Die konzeptionelle Nähe von Hobson zu dem, wie Foulkes gruppenanalytisch arbeitet, ist erstaunlich. Obwohl beide zur gleichen Zeit in London arbeiteten, fehlen jegliche inhaltlichen Bezüge von Hobson zu Foulkes und umgekehrt.

Wenden wir uns nun dem von mir ausgewählten Beispiel von zwei Träumen zu, die zu Beginn einer Gruppensitzung erzählt wurden.

Kasuistik mit Erläuterungen – Teil I

Ohne eine weitere Vorbereitung oder Einführung stelle ich zunächst die beiden Träume vor, um einen ersten Eindruck zu vermitteln. Anschließend mache ich Angaben zu konkreten Rahmenbedingungen, zur Gruppe, zu dem Davor und dem Danach zur Verfügung. Innensicht und Außensicht bezogen auf die beschriebene

Gruppe wechseln sich ab. Eine Diskussion und Einbettung in Themen wie Gruppentraum, therapeutischer Umgang mit den Trauminhalten und welche Bedeutung diese für die Arbeit in der Übertragung haben können, schließen sich an. Die beiden Patientinnen, die den jeweiligen Traum erzählen, sind bereits seit etwa vier Jahren in der Gruppentherapie. Die Gruppe (analytische Gruppenpsychotherapie in meiner Praxis) besteht aus vier Frauen und drei Männern, die bis auf die zwei Patientinnen zwischen einem halben Jahr und circa drei Jahren in der Therapiegruppe sind, sowie dem Gruppentherapeuten, der zugleich der Autor ist. Die beiden Patientinnen, von denen die Traumgeschichten stammen, sind also bereits am längsten in der Gruppe. Die Namen sind durch einen Großbuchstaben anonymisiert. Das ungefähre Alter habe ich an die Großstaben angefügt. Die Gruppe war von den Traumberichten gebannt und erschrocken. Alle registrierten, dass heute etwas Ungewöhnliches geschieht, weil Frau M. (40), die meist zum Anfang der Gruppensitzungen schweigt und insgesamt wenig spricht, heute mit einem Traum die Gruppe eröffnet.

Sie erzählt fast unbeteiligt, sie habe geträumt, dass ein Kind im Wasser sei. Es könne sie selbst oder ein Kind allgemein gewesen sein. Es sei vom Steg ins Wasser gerutscht. Das Kind sei in Gefahr zu ertrinken und könne nicht gerettet werden, oder doch? Voller Angst sei sie aufgewacht, fügt sie noch an.

Frau N. (39), die zwei Stühle entfernt von ihr in der Gruppe sitzt, erzählt mit einiger Aufregung einige Minuten später ihren Traum der Gruppe. Sie sagt, dass sie heute auch einen Traum zum Erzählen habe und deshalb nicht auf den gerade gehörten Traum eingehen könne. Ihre Entscheidung gegen das bezogene Eingehen auf das gerade Gehörte und für ihr eigenes Anliegen, ist schon an dieser Stelle bemerkenswert. Dass sie sich für ihr Eigenes entscheiden kann, entspricht einer kommunikativen Kultur der Gruppe, wonach zu Beginn jeder der Teilnehmenden etwas sagt, bevor sich die Gruppe einem besonderen Thema zuwendet oder dieses gemeinsam entwickelt. Aber es passt auch zu einem erwachenden Lebenswillen.

In ihrem Traum habe es ein heftiges Unwetter gegeben. Ihre Mutter und sie seien gemeinsam in einem See geschwommen. Bei einem aufziehenden Unwetter drohte die Mutter zu ertrinken. Die Träumerin will ihre Mutter retten, fühlt sich jedoch zu schwach, um mit der Mutter gemeinsam ans Ufer zu kommen. Würde sie allein ans Ufer schwimmen, käme die Mutter um und sie hätte sich gerettet. Mit dieser existenziellen Entscheidungsnot sei sie heute Morgen aufgewacht.

Ein Patient der Therapiegruppe, Herr L. (40), sagt spontan: *So viel Gefahr und so viele Rettungsmöglichkeiten.* Zwei Patienten hatten gerade etwas von sich gesagt und drei schweigen. Ich, der Gruppenpsychotherapeut, stimme Herrn L. (40) zu und schlage vor, bevor wir uns den Träumen als Gruppe zuwenden, sollten wir zuvor die hören, die bisher noch nichts gesagt haben. Das Schweigen wirke irgendwie abwesend und abwartend zugleich.

Innensicht

Als Gruppentherapeut spüre ich die angstvolle Stimmung eingewoben in eine Art angespannter Konkurrenz. Das ist ein Gefühl, das ich in mir wahrnehme und ich kann diese Stimmung deutlich mit der Gruppe in Zusammenhang bringen. Die individuellen Träume sind bereits zu Gruppenträumen geworden, weil sie offenbar die Atmosphäre der Gruppensituation prägen und ausdrücken.

Außensicht

Die halb offene/halb geschlossene Gruppe besteht bereits seit über zehn Jahren. Sie findet regelmäßig wöchentlich für 100 Minuten in meiner Vertragsarztpraxis statt. Inzwischen sind alle Patient:innen aus der Anfangszeit der Gruppe an nicht mehr anwesend. Wenn ein oder zwei Patienten sich verabschiedet haben, kommen jeweils neue in die Gruppe. Die Patienten sind meist zur Hälfte Frauen oder Männer. Sich als »divers« verstehende Menschen hatte ich all die Jahre in dieser Gruppe noch nicht, allerdings einen transsexuellen Mann (Frau-zu-Mann) und einen bisexuell zu lesenden cis-Mann in einer anderen Gruppe. In der Sitzung, auf die ich mich hier beziehe, sind in dieser Gruppe vier Frauen und drei Männer im Alter zwischen 35 und 70 Jahren. Diagnostische Zuordnungen sind zu Beginn einer Psychotherapie von Bedeutung. Im Verlauf können sich sowohl die Symptomatik als auch Persönlichkeitseigenschaften durchaus verändern. Zentral geht es um Ängste, Depressionen, Essstörungen, Traumafolgestörungen und welche Wege es zu einer dem Leben zugewandten Wahrnehmung und Haltung in Bezug zu anderen Menschen und zu sich selbst zu entwickeln gibt. Das Konzept der Individuation (Jung, 1933/1995), das ich mitdenke, verschränkt sich mit dem der Sozialisation nach Elias (1976) und Lorenzer (1984, S. 214).

Die sieben Patient:innen der vorgestellten Gruppe:

Herr C. (45) (depressiv und aufbrausend, ADHS auch bei Sohn). Mit Partnerin lebend, Beruf: Ingenieur für LKW-Bau mit Spezialisierung für Getriebe, Hobby: Motorradfahren, sei auch schon einmal ins Wasser gefallen. An den Schreck und die Erstarrung habe er sich lange nicht mehr erinnert.

Herr A. (52) (Angstzustände besonders wenn seine Frau allein weggehe). Erwachsener Sohn. Beruf: Beamter für Landwirtschaft; Hobby: Jäger, sagte nach langem Schweigen, hier in der Gruppe habe er auch schon Angst gehabt unterzugehen. Damit tauchte er auf.

Herr L. (40) (depressive Episoden). Seit kurzer Zeit hat er einen Pflegesohn mit Kontakt zu dessen Eltern, die sich nicht um das Kind kümmern können. Von Beruf Sachbearbeiter. Hobby: sich im Sportverein engagieren.

Frau T. (59) (depressive Episoden, Schlafstörungen mit Angst bei komplexer Traumafolgestörung). Zeitweise Unternehmerin für Landwirtschaftsmaschinen gewesen; mit Ehemann zusammenlebend, der sie schlage, ihr Angst mache und selbst lungenkrank sei. Zwei erwachsene Kinder.

Frau Z. (70) (depressiv, Messi). Alleinlebend ohne Kontakt zu ihrem Sohn, der eine Frau hat, die den Kontakt zu ihr untersage, insbesondere zu den Enkeltöchtern. Beruf: Sozialarbeiterin, jetzt in Rente. Sie sagte nachdenklich: Wenn ich demnächst die Gruppe verlasse, was ich gar nicht denken will, was wird dann mit euch (längere Pause) und mit mir?

Frau M. (40) (komplexe Traumafolgestörung, emotional instabile Persönlichkeitsstörung vom Borderlinetyp in Verbindung mit einer Magersucht, ständig in Angst lebend, Schlafstörung). Sie lebte lange mit Tochter zusammen, die jetzt 19 Jahre alt ist und einen Freund hat. Beruf: Krankenschwester und Tischlerin.

Frau N. (39) (Panikzustände, selbstverletzendes Verhalten bei kombinierter Persönlichkeitsstörung, Hass gegen andere Menschen und sich selbst erlebend). Sie höre eine dämonische Stimme, die ihr sage, dass sie hässlich, nichts wert und verachtenswert sei.

Untergehen und Neubeginn

Innensicht

Bevor diese zwei Träume erzählt werden, war die Gruppe mit Themen der Angst und des Vertrauens beschäftigt. Gibt es die Möglichkeit, wirklich Halt in Beziehung zu anderen Menschen, vielleicht sogar in der Gruppe zu erfahren? Immer wieder wurde dieser Themenkomplex mit Angst und Hoffnung, Angst vor erneutem Verlassenwerden und der Hoffnung auf Beziehung zu Menschen diskutiert, die die Hand für eine wohlwollende Bezogenheit anbieten. Wie kann es gelingen, einen Menschen real positiv zu erleben und dies dann auch imaginativ im eigenen Seelischen, in der eigenen Zwischenwelt zu glauben? In dieser Zwischenwelt regieren eher Dämonen mit Stimmen, die tiefste Verachtung und Vernichtung für andere und sie selbst ausdrücken. Es sind Worte wie: »Du bist Dreck, du bist nichts wert. Du hast Schmerzen? Das geschieht dir recht! Stirb und verrecke! Ich kenne dich nicht!«

Das ist eine Umschreibung des Zustandes der Gruppe vor diesen zwei Traumberichten. Die Gruppe war es gewohnt, in Abständen mal von dem einen, mal von einer anderen einen Traum zu hören. Zwei Träume in einer Sitzung als bestimmendes Moment war neu. Wie entwickelte sich die Gruppe danach? Nun, beide Träume waren von solcher Brisanz, dass in den Folgeterminen immer einmal auf einen der Träume oder gar auf beide Bezug genommen wurde. Es ging nicht mehr darum, ob nur die eine oder die andere Patientin überleben kann, sondern, dass in beiden etwas geschah, wonach beide respektvoll nebeneinander überleben, dann leben und sich entwickeln durften.

Außensicht

Bei der einige Jahre später vollzogenen Verabschiedung der zweiten Patientin nahm diese sogar auf diesen Traum Bezug, der dann schon fünf Jahre zurücklag. Sie hatte es geschafft mit Hilfe der Gruppe ans Ufer zu gelangen. Sie hatte schrittweise das Vertrauen gewonnen, sich diesen Trennungsschritt zuzugestehen, und konnte mit der Trennung von der Mutter (Mutter-Imago) leben, die reale Mutter war in der Zwischenzeit aus Altersgründen verstorben. Zugleich formulierte sie den Gedanken, dass die Gruppe sich weiter um die Mitpatientin kümmern werde, wie um die Mutter im Traum von damals. Diese Trennungserfahrung hat alle aus der Gruppe mit jeweiligem Bezug zu sich selbst berührt und in ihrer Entwicklung motiviert.

Stephan Alder

Innensicht

In dieser Perspektive denke ich selbst nach, wie die Träume in mir wirken. Um wen und um was geht es, frage ich mich. Immer um den, der fragt, sagt eine mir vertraute innere Stimme. Sie spricht weiter: Achte darauf, wie etwas gesagt wird. Ich weiß, antworte ich, dass es sich für die therapeutische Haltung lohnt, auf das Wie zu achten, darauf, wie sich die Not und die Inhalte in der Szene der Begegnung vermitteln. Und ich weiß, dass sich meine Unklarheiten und das Nichtwissen im Verlauf des Gruppenprozesses verändern werden. Deshalb warte ich aufmerksam und geduldig ab.

Träume als kreative Inszenierung von Komplexen in Gruppen und erste Diskussion der Kasuistik

In der analytischen Psychologie kennen wir diese unbekannten, unbewussten, meist in der Projektion auf andere Personen wahrnehmbaren Aspekte als »gefühlsbetonte Komplexe« (Jung, 1934/1995, GW 8, § 203). Träume sind Vermittler zwischen dem Unbewussten der Teilnehmenden, dem Unbewussten der Gruppe als Ganze, welches sich im Individuum als Gruppenmitglied herstellt, und den bewussten Bereichen der Teilnehmenden der Gruppe. Träume stellen eine Verbindung dar zwischen dem Intrapsychischen, dem Intersubjektiven, dem Außen und dem Innen der Individuen/der Gruppe, aber auch zwischen dem Vergangenen und dem Gegenwärtigen, ebenso dem Zukünftigen.

Der Begriff des Komplexes als Ursprung des Traumes soll uns als eine wichtige Traumentstehungstheorie beschäftigen, weil dieses Erklärungskonzept im Rahmen der analytischen Psychologie zentral ist. Wenn Komplexe als szenische emotional geprägte Interaktionsmuster verstanden werden, trifft das genauso für Träume zu und wie sie als Gruppentraum wirksam und für den Einzelnen verständlich werden.

Im nächsten Schritt fragen wir uns, wie diese Gestaltungen, die Träume, in bestimmten Personen, wenn wir sie als soziale Wesen verstehen, in der jeweiligen Gruppe erscheinen. So ist jeder und jede als Mitglied einer Gruppe präsent. Persönliches drückt sich als Aspekt der Gruppe aus, Gruppales vermittelt sich im Gewand des Persönlichen. Das Persönliche lokalisiert sich im Prozess und im Muster der Gesamtgruppe. So prägen die Angst und ebenso die Offenheit, die Vertrauen ermöglichen, das Muster und somit die Eigenschaften der Gruppe als Ganze.

Nach Klärung dieses Wechselverhältnisses zwischen Person und Gruppe und der Bedeutung von Lokalisation im Muster der Gesamtgruppe wenden wir uns dem Inhalt der Komplexe zu.

Für Jung sind Komplexe eigenständige psychische Teile bzw. »abgesprengte Teilpsychen«, die sich wie »Teilpersönlichkeiten« (Jung, 1916/1995, GW 8, § 203) verhalten können. Auf diese Weise dominieren sie das Ich (den Ich-Komplex). Die Angst der Mutter (Mutter-Imago als Teil des Mutterkomplexes der Patientin), nicht ohne ihre Tochter (Tochter-Imago) leben zu können, setzt der zweite Traum in Szene. Sie beherrscht das Ich der Patientin als heranwachsende Tochter (Traum-Ich) so, dass sie Angst hat, einen eigenen autonomen Weg zu gehen, der sich von dem der Mutter unterscheidet. Auf die Gruppe bezogen heißt das: Kann die Patientin (Frau N. [39]) einen von der Gruppe eigenständigen Weg gehen? Und wenn es für sie erlaubt ist, hat es Bedeutung für die anderen in der Gruppe? Erst wenn die Patientin sich mit den anderen in der Gruppe als wichtige Bezugspersonen verbinden kann, die sie bestärken, sie anerkennen und ihren psychischen Veränderungsprozess bezeugen, kann das die Patientin als neue Interaktionserfahrungen verinnerlichen und sie kann die Gruppe verlassen. So hat die Patientin die Chance, neue emotionale Beziehungserfahrungen bzw. Interaktionserfahrungen zu erleben und zu verinnerlichen, die ihr zur eigenen Regulation schrittweise zur Verfügung stehen. Diese verinnerlichten Interaktionserfahrungen können zugleich als intrapsychische Repräsentanzen gedacht werden. Wenn das nicht gelingt, bleibt sie in der dysfunktionalen Abhängigkeit zur (negativen, weil entwicklungshemmenden) Mutter-Imago gefangen. Ein wichtiges Thema ist immer wieder, ob und wie die Patientin ihren Gruppenmitpatienten glauben kann, wenn sie etwas Positives hört. Das gilt genauso in Bezug zum Gruppenpsychotherapeuten. Hört die Patientin etwas Negatives über sich in der Gruppe (das gilt auch in Außenbeziehungen), dann bestätigt das ihr negatives Selbstbild. Hört die Patientin etwas Positives über sich, lehnt sie es ab, weil sie den inneren negativen, sie verachtenden Stimmen, manchmal Dämonen genannt, mehr glaubt als anderen. So entstand und entsteht für beide Patientinnen und auch für die anderen der Gruppe die wichtige Frage: Kann ich dem Gruppenpsychotherapeuten und den anderen Teilnehmenden glauben? Aber dann gerate ich in Konflikt mit alten Überzeugungen. Wird dieser Schritt hin zu einer wohlwollenden Bezogenheit gegen Widerstände aus Angst vor missbrauchender Abhängigkeit gewagt und zugelassen, wird die Patientin auch sich selbst glauben und sich etwas Positives zutrauen.

Die Weiterentwicklung der Komplextheorie von Jung durch Bovensiepen ermöglicht eine differenzierte Sicht, weil hier das szenische Verstehen mitgedacht ist. Bovensiepen stellt sich einen Komplex als umschriebenes Sub-Netzwerk aus einem System von intersubjektiven Erfahrungen einer Person vor. Verinnerlichte Interaktionserfahrungen mit vergleichbaren Gefühlen und einer ähnlichen Erwartung an andere Personen, die aus persönlichen und archetypischen Quellen kommen, sind wirksam.[3] Interaktionserfahrungen sind im Kern Szenen zwischen zwei und mehreren Personen. Das lässt sich meiner Erfahrung nach als Gruppenpsychotherapeut konsequent nur in einer therapeutischen Gruppe denken. Gruppenpsychotherapie hat das Potenzial, die umschriebenen Sub-Netzwerke intersubjektiver Erfahrungen in ihrer Mehrdimensionalität für die beteiligten Personen durch Projektion auf andere Gruppenmitglieder und Introjektion des Erlebten als intersubjektive Szenen therapeutisch nutzen zu können. Dies möchte ich in der ausführlich dargestellten Kasuistik ebenfalls verdeutlichen.

Wir müssen noch den Begriff der *Lokalisation* klären. Lokalisation als Phänomen für Gruppenprozesse, die Foulkes auch Lokation nennt, und die neben den Begriffen Okkupation, Resonanz und Translation steht, bedeutet, dass ein – meist ein unbewusstes – Thema sich in der Gruppe durch das Fühlen und Sprechen eines Teilnehmenden ausdrückt. In dieser einen Person oder in zweien, wie in der Kasuistik beschrieben, drücken sich beispielsweise Ängste und Schuldgefühle der Patientinnen, aber auch der Gruppe als Ganze aus. Es sind natürlich die individuellen Ängste und Schuldgefühle und zugleich gehören sie in das kommunikative Netzwerk der gegebenen Gruppe. Diese Gruppe als Ganze ist von einem Thema *okkupiert,* was so viel bedeutet, dass die Gruppenmitglieder von einem Gefühl und einem Thema durchdrungen sind. In Therapiegruppen ist dieses Thema auf der bewussten Ebene klar: Das Ziel ist die gesundheitliche Verbesserung aller Teilnehmenden. Das ist Bestandteil der zu Beginn vereinbarten Verträge zur Vorbereitung der Gruppenpsychotherapie. Eine Art Heilung und Möglichkeiten zu verstehen, werden angestrebt. Die Gefühle und Themen oder der erzählte Traum eines Patienten verkörpern und lokalisieren sich in dieser Person, auf die die anderen Gruppenmitglieder reagieren und in denen die Gruppe als Ganze, als Ein-

---

3 »als einen begrenzten Ausschnitt, als ein Sub-Netzwerk aus der Matrix aller intersubjektiven Erfahrungen« einer Person vor (Bovensiepen, 2016, S. 49). Er markiert dabei drei wichtige Ebenen: 1. Es kommen mehrere ähnliche verinnerlichte Interaktionserfahrungen zusammen, sodass diese »ähnliche[n], aber nicht gleiche[n] innere[n] Arbeitsmodelle[n]« entsprechen, wie sie die Bindungstheorie mit Bowlby, Ainsworth und Main versteht. 2. Eine »ähnlich geartete affektive Tönung« und gefühlte Stimmung und 3. »bestimmte persönliche und archetypische Erwartungsmuster bezüglich der äußeren Objekte. Selbstverständlich hängen diese drei Komponenten des Komplexes eng miteinander zusammen und bedingen sich z. T. gegenseitig« (Bovensiepen, 2016, S 49).

heit oder als Muster einen Ausdruck sucht. Sie, die Gruppenmitglieder, spiegeln dieses Thema, indem sie sich einfühlsam oder sogar markiert spiegelnd (Gergely) auf den Protagonisten beziehen. Sie können auch im Sinne einer weiter gefassten *Resonanz* mit Aktivität, Wut, Gleichgültigkeit oder Schweigen auf die Angst, die Scham- und die Schuldgefühle reagieren. Andere wieder reagieren mit Herzdruck oder Herzrasen und Druck auf dem Brustkorb im Sinne körperlicher Resonanz. Die peinlichen Ängste und Schuldgefühle verweisen im Narrativ von Tochter-Mutter-Großmutter auf Aspekte der transgenerativen Weitergabe von kollektiven Traumata, wie sie im Konzept des kulturellen Komplexes (Singer & Kimbles, 2008) und dem Konzept des geschichteten kollektiven Unbewussten (Jung, 1925/1995) beschrieben werden (vgl. auch Roesler, 2022: Archtypentheorie). Von einer »Aktivierung des kollektiven Unbewussten« schreiben Foulkes & Lewis (1945, S. 183f.) nach ihren gemeinsamen Gruppenpsychotherapien von 1941 bis 1942 als einem beobachtetem Wirkfaktor. Schließlich wird es in der Gruppe Ideen geben, diese Angst, die Schuld, die Körperreaktionen und die dann bekannte Geschichte dahinter entweder im lebensgeschichtlichen Dort und Damals oder im Hier und Jetzt in der Gruppe zu verstehen, bestenfalls stellt sich eine Verbindung dazwischen her. Letzteres nenne ich Deutung in Anlehnung an die analytische Psychologin Knox. Sie formuliert die Technik des Deutens mit Schwerpunkt für die dyadische Arbeit aus als »narratives Verbinden von Vergangenheit mit der Gegenwart oder von außen und innen« (Knox, 2011, S. 182; übersetzt vom Autor). Mein Vorschlag ist es, dieses intersubjektive Verstehen von Deutung für das Gruppensetting anzuwenden. Zusammenhänge zu interpretieren (deuten) ist eine der gruppentherapeutischen (psychodynamischen bzw. gruppenanalytischen) acht Interventionen, wie sie die Gruppenanalytiker Kennard, Roberts und Winter beschreiben (2000, S. 20f.). Das war bei ihnen noch ohne Einbezug des intersubjektiven Paradigmas. Deutungen können wirksam werden, wenn sie aus der Übertragungs-Gegenübertragungs-Beziehung, also aus der intersubjektiven Begegnung mit Annahme der positiven oder negativen Übertragung heraus erfolgen. Damit wird durch gezielte Interventionen ein wichtiger Fokus der therapeutischen Arbeit ins Zentrum gerückt. Der Gruppenanalytiker Lorentzen (2014, S. 54) nutzt ein Manual von Interventionen, zu denen das Fokussieren im Hier und Jetzt als Erweiterung der oben genannten Interventionen von Kennard et al. gehört. Das ist auch meine Annahme; im Teil II der Kasuistik werde ich sie darstellen.

Träume haben einen besonderen Stellenwert, weil sie häufig mit einem hohen symbolischen Inhalt ausgestattet sind. Träume sind so betrachtet oft von mehreren Bildern und Narrativen von leitenden Gefühlen und Merkwürdigkeiten bestimmt, die sich »zur rechten Zeit« enthüllen (Jung, 1961/1995, GW 18/1, § 483). In spezifischen Traumtheorien können Interpretationsperspektiven wie die objektstufige und subjektstufige Deutung hervorgehoben werden. In Anlehnung an Jung verstehe ich als *objektstufige Deutung*, dass alle im Traum auftretenden Personen, Tiere und Pflanzen oder Gebäude als die betrachtet werden, die sie in Abgrenzung zum Traum-Ich sind. Träumt jemand von seiner Katze und es kommt der lange vermisste Bruder ins Zimmer, dann kann dies eine Szene aus dem Leben des Träumenden sein, der seinen Bruder wiedertrifft. *Subjektstufig* verstanden ist demgegenüber alles, was sich im Traum als Teil der psychischen Landschaft des Träumenden zeigt. Die subjektstufige Deutung des Traums ist ein eigenständiger Beitrag von Jung (Jung, 1921, GW 6, § 817). Subjektstufig enthüllt die Katze eine autonome und zärtliche Lebendigkeit und der vermisste Bruder einen Anteil vom Träumer selbst.

In den zwei erzählten Träumen sind aus subjektstufiger Perspektive die Eltern, die ihr Kind ins Wasser abrutschen lassen und sich nicht kümmern, psychische Aspekte der Patientin, genauso wie im Traum Zwei die Mutter, die gemeinsam mit der Tochter schwimmen geht. Neben der objektstufigen und subjektstufigen Perspektive kann die *kompensatorische Funktion* von Träumen wichtig sein, wie auch die *wunscherfüllende*. Für Jung war die kompensatorische Funktion von Träumen eine alternative Traumentstehungstheorie zur Wunscherfüllung im Sinne von Freud (Jung, 1995, GW 8, § 488). Die kompensatorischen Trauminhalte scheinen sowohl bewusste als auch unbewusste Wünsche zu erfüllen. Sie können aber auch bewusste einseitige Vorstellungen im Traum durch ihr mögliches Gegenteil ausgleichen.

Die Gegebenheit einer komplexen multipersonalen Übertragung auf alle Personen einschließlich des Gruppenpsychotherapeuten ist bedeutsam, wie auch auf die gesamte Gruppe. Welche Perspektiven von der Gruppe benannt, welche später wahrgenommen, ausgesprochen (gefahrvolle oder wohlwollenden Wunscherfüllung oder kompensatorische Sicht, objekt- oder subjektstufige) und so im Kreis der Gruppe geprüft werden können, sind sehr verschieden. Träume, wie sie erzählt und in der Gruppentherapie verwendet werden, unterliegen einem kreativen szenischen und nachträglich reflexiven Prozess.

Ein Traum wird zum Gruppentraum

Ein Traum wird zum Gruppentraum. Bereits 2006 wies der Jungianer Kleespies in einem Vortrag auf die Bedeutung von Träumen in Gruppentherapien hin. Wie Träume im analytischen Gruppenprozess therapeutisch genutzt und wie sie verstanden werden, stehe am Anfang der theoretischen Untersuchungen. Er hob hervor, dass mit Träumen, die in der Gruppe erzählt und miteinander geteilt werden, die therapeutische Arbeit regressiv vertieft werde und die Vielfalt der Deutungen durch die Gruppenmitglieder von großem Gewinn für alle sei (vgl. Kleespies, 2007). So schreibt Kleespies weiter: »Träume in der Gruppentherapie werden nicht nur für sich geträumt, sondern richten sich nach meiner Erfahrung auch an die Gruppe und werden für die Gruppe geträumt. Insofern fördern Träume die Kohäsion der Gruppe« (Kleespies, 2007, S. 60). Diesem Gedankengang werden wir bald erneut begegnen. Wenn ein Traum von einem Gruppenmitglied in der Gruppe erzählt wird, hören ihn alle, jeder wahrscheinlich etwas anders und alle reagieren auf eine typische Weise. Diese typische oder charakteristische Weise der Reaktion der Gruppe hat etwas mit dem Zustand und dem Entwicklungsstand der Gruppe zu tun. In beiden Träumen kann sich die Träumende den wichtigen anderen Menschen nur als Bedrohung und nicht als Helfenden, Unterstützenden oder überhaupt Anwesenden vorstellen.

Die in der Kasuistik berichteten Träume werden in der therapeutischen Gruppe zu Gruppenträumen. Das gilt für beide Träume, was nicht selbstverständlich ist.

Das ist ein aufregender Moment, wenn das in einer Gruppe gelingt. Es erhebt sich die Frage, ob jeder Traum, der in der Gruppe berichtet wird, automatisch ein Gruppentraum ist. Gruppen und ihre Mitglieder reagieren sehr unterschiedlich auf Träume, die berichtet werden. Ein Traum, der nicht in einer Gruppe erzählt wird, ist ein potenzieller Gruppentraum. Diese Traumerfahrung, wenn sie nicht erzählt wird, erfährt dann keine Entfaltung und mögliche Realisierung in einer Gruppe. Es ist wie eine vertane Chance. Es gibt auch Träume, die erzählt werden und keiner reagiert darauf oder nimmt Bezug. Das gibt es bestimmt immer wieder. Nicht alle Chancen im Leben können genutzt werden. Das gilt auch für Gruppenpsychotherapien. Doch Beziehungsangebote können angenommen werden, auch im Sinne von Nicht-Beziehung, von Gleichgültigkeit und sadistischer Haltung im Sinne »des absolut Bösen« (De Masi, 2016, S. 112). Es ist dann so: Ach, du bist ins Wasser gefallen, du hast wohl Angst. Und mit einem verächtlichen Lächeln: Was war noch so los? Diese absolut den anderen ignorierend quälende, emotional unbezogene Haltung entspricht exakt einem Aspekt dieses Traums von M. (40).

Die Eltern, die am Steg standen, wurden mit dieser Haltung dem Kind gegenüber erinnert. Wenn das auch als Übertragungsangebot bzw. als Projektionsangebot an die Gruppenmitglieder gleich neben der dringenden Botschaft nach Hilfe und Rettung verstanden wird, ist die geäußerte Unbezogenheit, die nicht nur im Schweigen versinkt, sondern sprechen kann (ich war gegenüber dem Kind in Not gleichgültig und sah doch den Schreck), ein wichtiger Beitrag, um die Traumszene – ein Kind rutscht ins Wasser, die Erwachsenen kümmern sich nicht, keiner bemerkt den Schreck und die Not – besser zu verstehen.

Kasuistik Teil II
mit Diskussion der dargestellten Interventionen

Bei den Interventionen, die ich in diesem Abschnitt der Bearbeitung der zwei Traumberichte hervorhebe, geht es um das therapeutische Arbeiten mit Aspekten der negativen Übertragung von Patientinnen zur Gruppe und zu mir als Gruppentherapeuten, um diese in der Gruppe und in der Bezogenheit zwischen Patienten und Gruppentherapeut oder zwischen Patienten und Mitpatienten zu verändern.[4]

Die Träume sind in der Gruppe bereits erzählt und gehört worden. In einem Erinnerungsprotokoll kann das weitere intersubjektive Arbeiten an und in der Übertragung nachempfunden werden. Dabei möchte ich die Reaktionen der Patienten aufeinander aufzeigen und meine Interventionen vorstellen. In meinem Erleben war es wichtig geworden, dass ich als Gruppenpsychotherapeut auf beide Patientinnen nacheinander bezogen eingehen musste. Intuitiv schien mir bedeutsam, die mögliche negative Übertragung auf mich bezogen anzusprechen, diese in meiner Rolle und als fühlend-denkender Mensch anzunehmen und dabei die Not der Patientinnen im Blick zu behalten. Mir war im Verlauf der Gruppensitzung sehr klar geworden, dass ich bezogen auf beide Patientinnen angefragt war und Stellung beziehen musste. Im Nachhinein hatte ich das Gefühl der besonderen Evidenz, dies für beide Patientinnen und die Gruppe als Ganze zu tun. Ich formuliere in den folgenden Sätzen eine therapeutische Annahme, die ich durch die Supervision einer Patientin in analytischer Einzeltherapie durch den Psychoanalytiker Nissen erwarb, welche ich nun auf analytisches Arbeiten in Gruppen anwende. Der Grup-

---

4 Das Erinnerungsprotokoll entstand in mehreren Phasen der Bearbeitung. Zuerst unmittelbar nach der Gruppensitzung, dann erfolgte eine erste Bearbeitung für meine Intervisionsgruppe, dann für einen Vortrag bei einer Tagung 2016, ab 2020 für diesen Buchbeitrag.

pentherapeut muss diesen Prozess eines *attunements*, einer Einstimmung auf den oder die Patientin und ihre (meist) negative Übertragung auf sich selbst, die auch der Gruppe gilt, zulassen. Dabei kommt ein persönlicher Auseinandersetzungsprozess zustande, um in einen potenziell verändernden Kontakt zum Patienten/zur Patientin zu kommen. Erst wenn es die Bereitschaft des (Gruppen-)Therapeuten gibt, das »vernichtend trennende Objekt« zu sein, kann diese destruktive Bezogenheit verändert werden (Nissen, 2014, S. 79). Erst dadurch kann es möglich werden, die negative Übertragung der Patientinnen auf die Gruppe und auf mich als ihrem Gruppentherapeuten zu verändern. Die numinose beide ergreifende Begegnung zwischen zwei Personen in der Gruppe fasse ich im Sinne von Nissen als Präsenzereignis auf (Nissen, 2016, S. 75ff.). Entscheidend für das Konzept ist: »Im Moment der Präsenz sind Mutter und Kind da« (ebenda). Analog sind im Moment der Präsenz Gruppenpsychotherapeut und Patientin im Beisein der anderen da. Die Gruppe erlebt einen Moment der Präsenz. Dieser Begegnungsmoment wird schrittweise von allen Beteiligten durch Rückmeldungen untereinander anerkannt, bezeugt, emotional und narrativ angereichert.

Innensicht

In meiner intuitiv sich einstellenden Vorstellung als Gruppentherapeut waren wir als zuhörende Gruppe das Wasser, in dem man als Kind oder als kranke Mutter sich verbinden oder untergehen kann. Tödliche Gefahr war in den Träumen. Rettung war nur allein durch das Traum-Ich möglich und hinterließ alle Mithörenden mit Schuld und Scham. Ich dachte auch an Überlebensschuld. Von früheren Erzählungen waren mir Details zur Mutter der Patientin erinnerlich, die im zweiten Traum auftauchten, Details von ihrer Fluchtgeschichte am Ende des Zweiten Weltkrieges.

Interaktionen der Patienten untereinander und Interventionen durch den Gruppentherapeuten

Der Patient, Herr L. (40), der zwischen den beiden Frauen saß, sagte zu Frau N. (39), dass sie sich immer gleich zurückziehe, wenn er ihr Hilfe angeboten habe. Das mache ihn hilflos. Er resigniere dann. Darauf Frau N. (39), ja, sie könne in dieser Situation nicht anders. Sie habe es schon gehört, dass er ihr Hilfe angeboten hatte. Sie hasse sich dafür, wenn sie Dinge nicht allein bewältigen könne. Herr C. (45), der gegenüber von Herrn L. (40) saß, sagte zu Frau Z. (70), die ihm schräg gegenübersaß, dass sie wie seine Mutter reagiere, die wisse, wie alles richtig sei und keine Diskussion zulasse. Herr A. (52) stimmte Herrn C. (45) zu und ergänzte, dass er immer total wütend werde, wenn seine Mutter so reagiere. Frau M. (40), die von dem fast ertrinkenden Kind geträumt hatte, sagte dann, dass sie sich nicht darauf verlassen könne, was gesagt werde. Sie sprach dabei niemanden direkt an. Frau Z. (70) fragte nach. Sie meinte, dass sie zwar ahne, was sie meine, dass eben auf niemanden Verlass sei. Aber das sei ja ein furchtbarer Gedanke.

Frau T. (60) hatte alles schweigend angehört und schien verschlossen in sich zu ruhen, gleichwohl schien sie Frau Z. (70) zuzunicken.

Als Gruppenanalytiker hatte ich zugehört und war in einem Zustand von Aufmerksamkeit, etwas aufgeregt verbunden mit einer diffusen Anspannung, wegen der bedrohlichen Träume, zugleich froh, dass sie erzählt werden konnten. Irgendwann hatte ich den Eindruck, die heftigen Gefühle und bedrohlichen Situationen aus beiden Träumen benennen zu müssen, weil die Bedeutsamkeit und Not, in der Gruppe unterzugehen, fast zum Greifen nah erschienen. Meine Positionierung war erforderlich. So fand ich Worte für die extreme Angst, verlassen zu werden, zu sterben, die Wut und den Hass, sich auf keine Hilfe verlassen zu können. Und wenn die eigene Kraft gerade für einen selbst ausreiche, so sterbe die letzte vertraute Person. Es ist ein namenloses Entsetzen. Keine Hilfe ist in Sicht. Das scheine selbst hier in der Gruppe, vielleicht auch mit mir so zu sein.

Frau N. (39) hatte sich besonders von meinen Worten angesprochen gefühlt und erwiderte darauf, dass es hier in der Gruppe schon so sei, dass sie diese Not sagen könne, denn wo sonst? Sie räumte ein, dass es früher für sie nicht immer möglich gewesen sei, sich Hilfe auch von mir als Gruppenleiter vorstellen zu können. Ich zeige, dass ihre Worte mich erreichen und ich stimme zu. So sinngemäß sage ich: Ja, das bedaure ich, dass ich früher für Sie nicht erreichbar war. Gut, dass Sie es jetzt mir und uns hier sagen. Das tat irgendwie gut. Andere Gruppenmitglieder schienen die Begegnung aufmerksam und zustimmend zu verfolgen.

Frau M. (40) erzählte, dass sie als Kind extreme Angst hatte, ins Wasser zu fallen, weil ihr Vater beim Bootfahren rücksichtslos war und mit ihrer Angst und der ihrer Mutter gespielt habe. Auch sei sie wirklich einmal, wie im Traum geträumt, plötzlich vom Steg abgerutscht und ins Wasser gefallen. Wie sie herausgekommen sei, wisse sie nicht mehr. Die Angst stand ihr ins Gesicht geschrieben, während sie das erzählte. Später, nach vielleicht 15 Minuten, sagte sie zu mir in der Gruppe, dass ich ihr manchmal wie ihr Vater, so unberechenbar, erscheine. So etwas hatte sie noch nie direkt zu mir ausdrücken können. Sie musste ihre Aussage gleich etwas abmindern. Sie meinte, dass das aber nur manchmal so gewesen sei. Da war ich aufgefordert, etwas Ähnliches zu sagen, wie zuvor für die Patientin N. (39).

Sowohl ich als Therapeut als auch die Gruppe konnten diese Angst, dieses Entsetzen aufnehmen. Ich überlegte daraufhin, wie ich mich ihr gegenüber äußern sollte. So sprach ich nun direkt zu Frau M. (40). Ihr konnte ich sagen, dass ich als unberechenbarer Vater jetzt den Schrecken spüre, das Kind in Not sehe und sie, das Kind in ihr, aus dem Wasser geholt werden muss. Für einen Moment waren wir uns ganz nah – in Angst und Vertrautheit und ich hatte das angstvolle Gesicht des Kindes vor Augen. Damit nahm ich den Traum als Gruppentraum und als gemeinsame Herausforderung im Sinn der Übertragung auf mich an.

Meine Formulierung und meine Botschaft an die Patientin wurden von einigen Gruppenmitgliedern unterstützt. Die Patientin war sehr aufgewühlt. Konnte sie den Worten, die sie hörte, meinen und denen der Gruppenmitglieder, trauen? Indem ich ihre Übertragung des unberechenbaren sadistischen Vaters aufnahm, ansprach und zugleich die Not des Kindes anerkannte, war eine neue Situation zwischen uns geschaffen. Ob die Patientin dem folgen würde? Ich erlebte sie wieder an Land, also präsent in der Gruppe, nicht mehr in unmittelbarer Gefahr.

Auch Frau N. (39) hatte ihren Treuekonflikt zwischen sich und ihrer Mutter mit der existenziellen Bedrohung, bei Unwetter schwimmend, im Unbewussten eingebracht. Trennungsaggression war untrennbar mit dem realen Sterben der Mutter verbunden. Aber es ging auch um die Frage, ob sie weiter in der Gruppe bleiben wolle oder ob sie sich bald verabschieden würde. Fantasie und Wirklichkeit waren noch nicht getrennt. War das überhaupt möglich? Immer, wenn sie in die Gruppe kam, hatte sie auch den Impuls, wieder wegzugehen, ans rettende Ufer. Wenn sie besonders wütend war oder Hass spürte, lief sie aus dem Gruppenraum hinaus, um sich draußen zu beruhigen. Immer kam sie nach einigen Minuten wieder herein und setzte sich. Für Frau N. (39) war die Gruppe Bedrohung und zugleich rettendes Ufer. Und was geschah dann mit der Mutter? Gibt es einen Dritten, der Mutter und Tochter zu Hilfe kommen kann? Die Patientin hatte die Erfahrung machen müssen, dass die Eltern sich trennten, als sie vier Jahre alt war. Sie lebte dann allein mit der Mutter und Großmutter. Mit 16 Jahren erfuhr sie, dass dieser Vater gar nicht ihr biologischer Vater war. Es war ein anderer, ein verheirateter Mann. Als sie ihn mit 20 Jahren anschrieb, in einem weiteren Schritt telefonisch anrief, ließ er sich verleugnen und sagte ihr bei einem zweiten Kontaktversuch, dass er kein Interesse an einem Kennenlernen habe. So war die innere Position des Vaters enttäuschend, sehr unsicher, vage, schmerzlich ersehnt und doch eine *ablehnende Leerstelle geblieben. In Facetten konnte ich dies in der Beziehung zu ihr erleben. Ich sah vor meinem inneren Auge den sie allein lassenden und sie ablehnenden Vater, weil er sie fürchtete oder sie als Tochter nicht wollte, und dazu die angstvoll aufgerissenen Augen des Kindes, die zugleich voller Sehnsucht nach sie haltender väterlicher Liebe waren. Dabei waren mehrere Menschen anwesend, die nicht eingegriffen hatten – hier und jetzt waren es die Gruppenmitglieder.*

Als ich ihr mitteilte, dass ich wohl auch als abwesender und unberechenbarer Vater erlebt würde und ich dabei ihre Not sähe, entstand eine uns stark verbindende Erfahrung. Die Gruppenmitglieder begleiteten diese tiefen, vom Feld des Gruppen-Unbewussten, der Gruppenmatrix, getragenen Prozesse der gemeinsam erlebten Szenen und die ergreifenden Erlebnisse mit.

Außensicht

Immer einmal wieder biete ich als Gruppentherapeut der Gruppe die Perspektive an, einen angekündigten und dann berichteten Traum als Gruppentraum zu betrachten. Ich sage gern so etwas als Interventionsform im Sinne einer gezielten Erleichterung und einer Modellfunktion (Kennard, Roberts & Winter, 2000, S. 21): »Wir könnten doch diesen Traum als Gruppentraum verstehen.« Daraufhin gibt es in der Regel einen kurzen Widerstand, und dann wagt der eine oder die andere, sich direkt auf den gehörten Traum so zu beziehen, als ob er oder sie ihn selbst geträumt hätte.

Innensicht

In der konkreten Situation des Traumes von Frau M. (40) sah dies wie folgt aus: Ja, er, Herr B. (45), sei auch schon einmal ins Wasser gefallen. An den Schreck und die Erstarrung habe er sich lange nicht mehr erinnert. Herr A. (52) sagte nach langem Schweigen, dass er hier in der Gruppe auch schon Angst gehabt habe unterzugehen. Damit tauchte er auf. Ich war erleichtert, als ich das hörte. War das das Ergebnis der beiden Interventionen mit den beiden Patientinnen und ihren Träumen? War das die Vorbedingung, um das beschädigte Verhältnis des Patienten zu mir in der Vater- oder Mutterübertragung zu verstehen? War das die Voraussetzung für das Fördern von Selbstwirksamkeit für Herrn A. (50)? Frau Z. (70) sagte nachdenklich: Wenn ich demnächst die Gruppe verlasse, was ich gar nicht denken will, was wird dann mit euch (längere Pause) und mit mir? Darauf reagierte Herr A. (52) sichtlich beteiligt, dass er das hier in der Gruppe schon so gefühlt habe, was ihn jetzt überrasche.

Außensicht

Die Patienten wünschen bewusst oder unbewusst, dass die Gruppe ihren Traum gern anhört und mit Interesse aufnimmt. Ebenso erhebt sich die Frage, ob durch die Traumerzählung die Gefühle und das Verhalten der Gruppenteilnehmer beeinflusst werden können.

Mit anderen Worten und mit Bezug auf den Gruppenanalytiker Friedman, der sich mit dem Konzept des Gruppentraums beschäftigt hat, widmen wir uns der Kasuistik Teil III. Dabei tauchen bereits berichtete Szenen der Gruppenarbeit erneut auf. Sie werden neu diskutiert.

Der Gruppentraum und der individuelle Traum

Mit dem Konzept des Gruppentraums von Friedman sind folgende Annahmen verknüpft: Erstens startet der Träumer mit einem Wunsch nach »container on call«, also, ob die Gruppe seinen Traum aufnimmt. Als zweites hofft er oder sie, damit die Einstellungen und Gefühle der Gruppenmitglieder günstig zu beeinflussen. Das sind die zwei Fragen, die sich Friedman stellt, wenn er versucht, den Traum als Gruppentraum zu verstehen (Friedman, 2018, S. 82f.; 2019, S. 34). Danach gibt es einen »Wunsch der Patienten nach Aufnahme von Emotionen durch die Zuhörer« (ebenda), weil die Träume bedrohlich oder zu erregend sind. Ebenso gibt es das Bedürfnis der Patienten, »Beziehungen zu beeinflussen« (ebenda). Schließlich gehe es darum, die Gruppe, den »Container für eine Partnerschaft im intersubjektiven Raum« (ebenda) vorzubereiten. Dem stimme ich uneingeschränkt zu. Meine Diskussion der Gruppensitzung bestätigt beide Intentionen. Eine dritte Frage entstand bei mir: Inwieweit beeinflussen die anderen Gruppenmitglieder einschließlich des Gruppentherapeuten das Erzählen von Träumen anderer Mitglieder, um ein eigenes unverarbeitetes Trauma oder einen ungeklärten Konflikt zu lösen? Die oben beschriebene Reaktion des Patienten A. (50) mag das bestätigen, weil sein Erleben von Selbstwirksamkeit mich beeindruckte. Es ist eine Bestätigung der Annahme, dass sich Themen in einer Person der Gruppe lokalisieren und doch bei anderen Gruppenmitglieder ebenso nach einer Lösung drängen. Mit anderen Worten ist es eine für mich offene und hier nicht zu klärende Frage: Welche Kräfte wirken von den Gruppenteilnehmenden und wie auf diejenigen ein, die einen Traum träumen und der Gruppe erzählen?

Dieser dynamische, sich immer wandelnde Entwicklungszustand einer Gruppe kann als Gruppenkultur beschrieben werden. Zur so verstandenen Gruppenkultur gehören Aspekte der bereits entwickelten Regeln und Normen einer Gruppe: ob zum Beispiel Träume erzählt werden können, die Schreck und unlösbare Ambivalenz enthalten. Dazu gehören Fragen wie: Wie viel Vertrauen, wie viel Misstrauen darf in einer Gruppe sein? Wie sicher können sich die Einzelnen fühlen?

Kasuistik Teil III
Diagnostische Überlegungen,
Theorie des szenischen Komplexes im Gruppensetting

Der Traum auf dem See, in dem Mutter und Tochter schwimmen, beginnt mit einem Unwetter, welches einen furchtbaren, zuerst unlösbar erscheinenden Konflikt symbolisiert. Die Protagonistin bzw. das Traum-Ich ist mit der Tochter im Traum identifiziert. Die Protagonistin fühlt sich in der Schuld der Mutter und möchte ihr beweisen, dass die Mutter sich auf sie als Tochter verlassen, sie wertschätzen und lieben könne. Die Patientin hatte es einmal in der Gruppe so geschildert: Wenn etwas nicht nach den Vorstellungen meiner Mutter verlief, wurde ich als ihre Tochter drastisch durch tagelanges Schweigen und Stubenarrest bestraft. Zugespitzt war die Botschaft der Mutter an ihre Tochter: Du bist eine Versagerin, du bist es nicht wert, auf der Welt zu sein, aber verlass mich nicht! Diagnostisch kann man psychodynamisch von einem konflikthaften Mutter-Tochter Komplex, einem negativen Mutter-Komplex in der Protagonistin N. (39) ausgehen. Besser ist diese psychische Konstellation szenisch als negativer Mutter-Tochter-Vater-Komplex zu beschreiben. Der Vater war abwesend. Wenn er sich zeigte, lehnte er auf unberechenbare Weise sowohl seine Frau als auch die Tochter ab. Die Tochter als Protagonistin, der das handelnde Ich zugeordnet ist, hat eine unsicher ambivalente Bindung zur Mutter und eine desorganisierte zum Vater. Das Traum-Ich kann zurück ans Ufer schwimmen, die Mutter nicht oder beide sterben. Es kommt im Sinne einer entwicklungspsychologisch frühen Mutter-Tochter-Beziehung zu einer Rollenumkehr. Nicht die Mutter rettet ihre Tochter, sondern es geht nur umgekehrt. Im Traum erlebt das Traum-Ich der Tochter den Drang, die Mutter retten zu müssen. Das Traum-Ich erkennt jedoch, dass das nicht zu schaffen ist. Der Tod von beiden ist zu befürchten. Der Vater ist in der Szene nicht existent und in dieser abwesenden Form anwesend. Das ist exakt eine der Erfahrungen der Patientin aus ihrer Herkunftsfamilie. Diese Konstellation reinszenierte sich in der Gruppe mit entsprechenden Übertragungen auf mich als Gruppentherapeuten. Der ebenfalls berichtete Traum, der erste Traum von Frau M. (40), unterstützt diese Konstellation. Hier rutscht das Kind, auch eine Tochter, von einem Steg ins Wasser. Die Eltern passen offenbar nicht auf und greifen auch nicht helfend ein, um das Kind in Not zu retten. Das Kind bleibt sich selbst überlassen und droht zu ertrinken. Eine offenbar traumatische Situation für das Kind, weil es den Glauben an die sichernde Kraft der Eltern verliert. Der Patientin wurde es inzwischen möglich, von der sexualisierten Gewalt in der Familie zu erzählen. Diagnostisch besteht eine komplexe Traumafolgestörung. Der Angstaffekt ist im Traumbericht zuerst abgespalten. Alles wird im ersten Teil des Traumberichts emotional unbeteiligt erzählt. Ebenso fehlt der Bezug zu sich selbst, weil die Patientin von einem Kind spricht, und nicht von sich selbst, das ins Wasser rutscht. Die Bindungsmuster sind unsicher desorganisiert. Wenn das auf die Gruppensituation übertragen wird, fehlt in der Gruppe die Sicherheit, dass es Rettung geben kann und zugleich droht auf unberechenbare Weise von der Gruppe Gefahr. Wenn das Medium Wasser ebenfalls die Gruppe symbolisiert, so wird die massive Angst spürbar, in der Gruppe »unterzugehen« aber auch im Wasser mit den anderen verbunden zu sein, wenn die anderen da sind.[5] Der Gruppentherapeut und die Gruppenmitglieder sind zuerst unfähig zu reagieren. Die geträumten Kinder, in welchem Alter auch immer, könnten in der Gruppe ertrinken und wirklich sterben. Das ist die Bedrohung nicht nur im Traum, sondern in der Gruppe. Schließlich erweist sich die Gruppe zumindest so weit als fähig, als sie in der Lage ist, die beiden Träume anzuhören. Dann geschieht die Transformation. Durch das Erzählen dieser Narrative als Traum 1 und 2 werden diese Katastrophen in der Gruppe und durch die Gruppe gehört, gehalten und im (doppelten Sinne) aufgehoben.

Die erste Aufhebung besteht darin, dass die Träume erzählt und somit der Gruppe anvertraut werden können. Der Ruf nach der haltenden (containenden) Funktion der Gruppe kann verwirklicht werden. Der Traum wird von der Gruppe aufgehoben und gehalten. Das ist die erste Aufgabe eines Gruppentraumes im Sinne von Friedman (2018).

Die zweite Aufhebung geschieht durch die Transformation, also die Umwandlung der traumatischen und konflikthaften Gestaltungen in real erlebte neue Beziehungserfahrungen in der Gruppe. Der zweite Traum wird für die Patientin, die ihn berichtete, bis zum Ende der Gruppensitzung, aber auch während der gesam-

---

5 Jung beschreibt in *Mysterium Conjunctionis* und dort im Abschnitt »Die Konjunktion« die doppelte archetypische symbolische Bedeutung von Wasser und Meer als Ort der Verbindung und des Todes (Jung, 196/1995, GW 14/2, § 323).

ten Gruppentherapie ein wichtiger symbolischer Traum, auf den sie sich immer wieder beziehen kann. So hatte sie sich im Prozess der Therapie durchaus vorstellen können, dass Menschen am Ufer des Sees ihr und der Mutter Unterstützung geben konnten, was vorher unvorstellbar schien. Hier wird der individuelle Traum über die Erfahrung als Gruppentraum zu einem gewandelten individuellen. Wir haben somit einen Transformationsvorgang vom Individuum zur Gruppe im Individuum. Dieser Wandlungsprozess geht weiter von der inneren Traumgruppe zum Individuum.

Der erste Traum, das Trauma des Kindes, das Kind, das ins Wasser rutscht und einen Zusammenbruch der haltenden, sichernden Welt erlebt, wird von den Gruppenmitgliedern anerkannt und bezeugt. Das Kind in höchster Not und diese schreckliche Erfahrung wurden wirklich und konnten einen Platz in der Lebensgeschichte (biografischer Bezug) und einen Platz in der Gruppengeschichte (Gruppenbezug) bekommen. Damit erlebte auch diese Patientin Selbstwirksamkeit. In der Bezogenheit erlebt sie sich in der Welt und wertgeschätzt. Damit bleiben das Kind und ein desintegrierter Teil ihres Ichs am Leben.

Für beide Patientinnen kann schrittweise der Konflikt zwischen Mutter/Vater und Tochter, verbunden mit der nötigen Ablösung von der Mutter durch die Tochter so gestaltet werden, dass die jeweilige Tochter zurück auf den Steg bzw. an Land kommen und die Mutter (die mächtige Mutter-Imago) später sterben darf, ohne dass die Tochter dabei sterben muss. Das sind zwei hochbedeutsame Prozesse, die gemeinsam im Gruppenprozess über mehrere Monate getragen und gestaltet werden konnten.

Zudem wird hier ganz im Hintergrund bereits die Ablösung von der Gruppe vorbereitet. Die Gruppe symbolisiert nachvollziehbar eine emotional bedeutsame Bezugsgröße. Diese Bezugsgröße repräsentiert eine bedeutsame Imago, gemeint sind die große Mutter, das bedeutsame innere Elternpaar oder die Familie. Oder ist es einfach die gute vertraute Gruppenerfahrung, mit der jeder und jede sich verbinden und ebenso davon loslösen möchte?

Zusammenfassung und weiterführende Überlegungen

1. In diesem Aufsatz geht es darum, die Bedeutung des Traums für das gruppenanalytische Setting herauszuarbeiten und zu zeigen, wie damit therapeutisch umgegangen werden kann. Es gehört dazu, welche Konsequenzen diese Kunst der therapeutischen Arbeit sowohl für die Betreffenden hat als auch für den Gruppetherapierenden und den Gruppenprozess.
2. Träume können als individuelle Träume und als Gruppenträume therapeutisch verwendet werden. Wenn Träume in einer therapeutischen Kleingruppe erzählt werden, haben sie das Potenzial, von der Gruppe angehört, aufgenommen, (aus-)gehalten, im Sinne der Spiegelung und Resonanz ausdifferenziert und schließlich transformiert zu werden. All das geschieht in Subjekt-zu-Subjekt-Bezogenheiten, zugleich in Subjekt-zu-Gruppe-Bezogenheiten und nicht in distanzierter Betrachtung von etwas, als ob es mit einem selbst nichts zu tun hätte. Aber selbst wenn ein Gruppenmitglied einen Traumbericht oder eine Mitteilung eines anderen Gruppenpatienten so aufnimmt, ist das ebenfalls ein intersubjektiver und interaktioneller Befund, der zum Spektrum des Traumes der Patienten und der Gruppe gehört. Individuelle Träume werden so zu Gruppenträumen, auf deren Inhalte alle Teilnehmenden der Gruppe sich beziehen und zu denen sie sich verhalten, einschließlich des die Gruppe moderierenden und therapierenden Gruppenpsychotherapeuten.
3. In den Wirkfeldern von Übertragung und Gegenübertragung, die intersubjektiv als ko-kreative Übertragung verstanden und als Aspekt des Gruppengeschehens gedacht werden, kommt es zu Begegnungen im Sinne eines Präsenzerlebnisses (Nissen, 2014) bzw. eines Gegenwartsmomentes (Stern, 2014), in denen alle Beteiligten unmittelbar miteinander wirklich in Bezogenheit sind. Meist ist es ein Grad von Ergriffenheit, der in der analytischen Psychologie »numinos« genannt wird (Alder, 2018, S. 50f.). Dieser Grad an intensiver intersubjektiver »ergreifender« Begegnung in der Gruppe ist die Voraussetzung für psychische Veränderung, die in der Regel mit einer Verbesserung des Gesundheitszustandes im Sinne von »Potenz zu Wandlung und Heilung« zutun hat (ebenda, S. 42).
4. Zur Komplextheorie der Träume: Träume stellen als unbewusste Ausgestaltungen komplexer dysfunktionaler Interaktionserfahrungen, die als Quelle für psychisches Leiden verstanden werden, einen möglichen und oft therapeutisch fruchtbaren Zugang dar. Wenn Träume in einer Therapiegruppe erzählt werden, sind es Botschaften, die gehört und verstanden werden möchten. Diese

individuellen Botschaften bestehen aus szenischen Komplexen. Diese Komplexe stellen die Quelle für die affektgeladenen Träume dar. Es sind die mitgeteilten Gefühle, die Szenen aus dem Selbst, personifiziert als Ich oder Wir in Bezug zu anderen Personen (oder Tieren oder Landschaften) und daraus hervorgehenden Erwartungen an andere Personen und Gruppen repräsentieren. Diese Gesamtheit ist sinnvollerweise als Interaktionserfahrung zu denken. Wenn Interaktionserfahrungen als Arbeits- und Repräsentationsmodelle der Bindungstheorie durch eine ähnliche Gefühlstönung und durch Erwartungen an andere Personen charakterisiert sind, entspricht das der Definition von psychischen Komplexen nach Bovensiepen (2016). Diese Komplexe bringen, so eine Annahme der analytischen Psychologie, im Träumenden die Träume hervor, wobei »Komplexe personifiziert auftreten« (Jung, GW 8, § 203). Zugleich sind es in einer Gruppe erzählte Träume und in der Gruppenmatrix ausgebreitete szenische Komplexe bzw. eben Interaktionserfahrungen mit all ihren verbalen und non-verbalen sinnlichen und ästhetischen Modalitäten.

Zu diskutieren ist, ob die Komplextheorie, die von Jung vorgeschlagen wurde und insbesondere aktuell von Bovensiepen weiter ausdifferenziert vorliegt, von der therapeutischen Zweierbeziehung auf die Kleingruppe übertragen werden kann. Ich vertrete diese Annahme uneingeschränkt. Dabei schließe ich mich der Erwartung von Hobson (1959, S. 139) an, dass zwingend eigene gruppentherapeutische Erfahrungen Voraussetzung sind, um darüber zu diskutieren.

5. An dieser Stelle sei der historische Hinweis auf den Ursprung der Gruppenanalyse gestattet, der sich mit Burrow in Auseinandersetzung mit Freud und Jung verbindet. Burrow, der 1910 ein Jahr bei Jung in Lehranalyse war und sich anschließend eher auf Freud bezog, wollte die Psychoanalyse durch das Gruppensetting aus der die Isolation des Einzelnen unterstützenden Dyade heraus entwickeln. Jung stellte, wie bekannt ist, die These auf, dass Träume vor allem eine Ausgestaltung der Komplexe seien, die er als Teilpsychen bzw. als autonome dissoziierte Netzwerke unserer Psyche verstand. Freud ging von Wunscherfüllung als gestaltete sexuelle und aggressive Triebbefriedigung aus, der sich Widerstände aus dem Über-Ich entgegenstellten. Burrow, der Erstbeschreiber von Gruppenanalyse, stand zwischen Freud und Jung. In seinem Text von 1927 dokumentiert er einen Disput zwischen den beiden Vätern der Psychoanalyse. Darin greift Freud den 19 Jahre jüngeren Jung an, was der ebenfalls 1875 geborene Kollege aus den USA, Burrow, aufmerksam 1911 beim zweiten Kongress der Internationalen Vereinigung der Psychoanalyse in Nürnberg verfolgt hatte:

»It was in reference to a statement of Jung's. And I remember Freud's saying that the task of psychoanalysis lay not at all in the discovering of complexes, but in the dissolving of resistances. It is precisely here, it seems to me, that the group technique offers its most distinctive advantage. For the essence of resistance is undoubtedly one's sense of isolation in one's own conflicts. Where conditions allow the individual to recognise the common nature of his conflicts, naturally a sense of isolation is gradually resolved and with it the resistance which are the backbone of his neurosis« (Burrow, 1927, S. 174; in Pertegato und Pertegato, 2013, S. 174f.).

»Das bezog sich auf eine Aussage von Jung. Und ich erinnere mich an Freuds Ausspruch, dass die Aufgabe der Psychoanalyse gar nicht in der Aufdeckung von Komplexen, sondern in der Auflösung von Widerständen liegt. Gerade hier, so scheint mir, bietet die Gruppentechnik ihren größten Vorteil. Denn die Essenz des Widerstands ist zweifellos das Gefühl der Isolation gegenüber den eigenen Konflikten. Wo die Bedingungen es dem Einzelnen erlauben, die gemeinsame Natur seiner Konflikte zu erkennen, wird natürlich das Gefühl der Isolation allmählich aufgelöst und damit auch der Widerstand, der das Rückgrat seiner Neurose ist« (Übersetzung: S. Alder).

Das gilt aus meiner Sicht auch für das Verstehen von individuellen Träumen als gruppale Träume.

6. Gruppentraum und individueller Traum stellen ein dynamisches und dialektisches Wechselverhältnis im therapeutischen Gruppensetting dar. Mit dem Gruppenanalytiker Friedman ist der individuelle Traum als Anfrage an die Gruppe zu verstehen, ob das Anliegen der unverarbeiteten Komplexe im Traumnarrativ von der Gruppe aufgenommen und (aus-)gehalten werden kann. Zugleich wird mit dem individuellen Traumangebot das intersubjektive Miteinander vom Traumerzählenden stark beeinflusst. Die nachhaltige Rückwirkung der Gruppenerfahrung auf den individuellen Traum wird in der Kasuistik und den daran anknüpfenden Überlegungen verdeutlicht. Die therapeutische Gruppe stellt einen Möglichkeitsraum dar, in dem neue Erfahrungen von Gruppenteilnehmenden untereinander und zum Gruppetherapeuten erlebt und durch gegenseitige Rückmeldungen angereichert (mentalisiert) werden können. Zu diskutieren gibt es die Erfahrung, dass Träume in einer Gruppe erzählt werden, die von anderen Teilnehmenden oder/und den Gruppentherapeuten nicht aufgegriffen werden. Nicht aufgegriffene Träume sind wohl Botschaften, die in der gegebenen Verfasstheit der Gruppe nicht genutzt werden (können). Sind es vertane Chancen oder wirken solche Mitteilungen unbewusst im Gedächtnis einiger Teilnehmender weiter? Kann ein Traum, der ein Gruppentraum wurde,

für den Erzählenden schädliche Auswirkungen haben? Das ist wohl eine Angst, die schon die Patienten beschäftigt, bevor sie ihren Traum erzählen. Begegnungen können in der Gruppe misslingen. Dann besteht die reale Gefahr einer Retraumatisierung der Betroffenen. Dass dies möglichst nicht passiert, ist in der Verantwortung der Gruppetherapierenden. Und wenn es für eine psychische Beschädigung eines Patienten einen Hinweis gibt, sollte das unbedingt von der Therapeutin/vom Therapeuten angesprochen werden.

7. Aus dem Traum abgeleitetes ko-kreatives und negatives Übertragungsangebot auf die Gruppe und zum Gruppenpsychotherapeuten bietet die Chance, etwas psychisch Dysfunktionales, einen dysfunktional wirkenden szenischen Komplex, zu verändern. Die numinose (alle Beteiligte ergreifende) Begegnung zwischen zwei Personen in der Gruppe fasse ich im Sinne von Nissen als »Präsenzereignis« auf (Nissen, 2014, S. 75ff.). Damit sind die Betroffenen im Moment der Begegnung wirklich anwesend und lebendig. Im Sinne der Lokalisation in einer Person in Bezug zu einer anderen, kann davon ausgegangen werden, dass dieses selbstwirksame Ereignis auch für und in der Gruppe modellhaft wirkt.

8. Ich formuliere im jetzigen Punkt eine therapeutische Annahme, die ich durch die Supervision einer Patientin von mir durch den Psychoanalytiker Nissen erwarb, welche ich nun auf analytisches Arbeiten in Gruppen anwende. Der Gruppentherapeut muss diesen Prozess eines *attunements* zulassen, einer Einstimmung auf den Patienten oder die Patientin und ihre (meist) negative Übertragung auf mich als Gruppentherapeut, was auch der Gruppe gilt. Dabei kommt ein persönlicher mitunter schmerzlicher Auseinandersetzungsprozess zustande, um in einen potenziell verändernden Kontakt zum Patienten/zur Patientin zu kommen. Im Moment der Begegnung, der unmittelbaren Präsenz, wird nicht gefühlt und nicht gedacht, sondern Patient und Therapeut sind wirklich. Nissen schreibt: »Im Moment der Präsenz sind Mutter und Kind da. Dieses Präsenzereignis ist ein paradoxales Geschehen, aus dem sich aus dem Da-Sein der Begegnung erst die Subjekt-Objekt-Differenzierung entwickeln kann.« (Nissen, 2014, S. 76). Erst wenn es die Bereitschaft des Therapeuten gibt, das »vernichtend trennende Objekt« zu sein, kann diese destruktive Bezogenheit verändert werden (Nissen, 2014, S. 79). Erst dadurch kann der intersubjektive Raum entstehen und verwendet werden, die negative Übertragung der Patientin auf die Gruppe und auf den Gruppentherapeuten zu verändern. Bezogen auf die Traumbeispiele muss der Gruppentherapeut die Angst des Untergehens, des Sterbens anteilig selbst erleben, dies zulassen und die Not der Patientin ansprechen, um in Kontakt und Verbindung zu ihr zu gelangen. Ob und wie das

gelingt, wird im nachträglichen Reflektieren gestaltet und miteinander angereichert, wenn sich beide Beteiligten Rückmeldungen geben, einschließlich der anwesenden Gruppenmitglieder. So entstehen ko-kreativ gefühlte Bezogenheit in der Differenz, Bedeutung durch Anerkennung des Anderen und Sinn im gelebten und intersubjektiv geteilten Leben.

Literatur

Alder, S. (2018): Das Geheimnis der Begegnung im therapeutischen Prozess. In: S. Alder & K. Färber: *Das Geheimnis in der Psychotherapie*. Gießen: Psychosozial.

Assmann, A. & Assmann, J. (2018): Aleida und Jan Assmann: 14. Oktober 2018: Reden und Bilder aus der Paulskirche, Friedenspreis des Deutschen Buchhandels 2018. *Börsenblatt*.

Bion, W.R. (2001): *Erfahrungen in Gruppen und andere Schriften*. Stuttgart: Klett-Cotta.

Bion, W.R. (2009): *Aufmerksamkeit und Deutung*. Frankfurt a.M. Brandes & Apsel.

Bovensiepen, G. (2016). *Die Komplextheorie. Ihre Weiterentwicklungen und Anwendungen in der Psychotherapie*. Stuttgart: Kohlhammer.

Elias, N. (1976): *Über den Prozess der Zivilisation. Soziogenetische und psychogenetische Untersuchungen*. Frankfurt a.M.: Suhrkamp taschenbuch wissenschaft.

Freud, S. (1940): Revision der Traumlehre. In: *Neue Folge der Vorlesungen zur Einführung in die Psychoanalyse*. GW 15, 6–31.

Friedman, R. (2018): *Die Soldatenmatrix und andere psychoanalytische Zugänge zur Beziehung von Individuum und Gruppe*. Gießen: Psychosozial.

Fordham, M. (1978): *Jungian Psychotherapy. A Study in Analytical Psychology*. London: Karnac.

Foulkes, S.H. & Anthony, E.J. (1965): *Group Psychotherapy. The Psychoanalytic Approach*. London: Penguin Books.

Foulkes, S.H. (1991): *Introduction to group analytic psychotherapy. Studies in the social Integration of Individuals and groups*. London: Karnac.

Foulkes, S.H. (1992): *Gruppenanalytische Psychotherapie*. München: Pfeiffer. 1. Auflage 1974.

Foulkes, S.H. & Lewis, E. (1945): A Study in the Treatment of Groups on Psycho-Analytic Lines. *British Journal of Medical Psychology*, 20(2), 175–184.

Gloger-Tippelt, G. & König, L. (2009): Bindung in der mittleren Kindheit. Das Geschichtenergänzungsverfahren zur Bindung 5- bis 8-jähriger Kinder. Weinheim/Basel: Beltz.

Hobson, R.F. (1959): An Approach to Group Analysis. *Journal of Analytical Psychology*, 4(2), 139–151.

Jung, C.G. (1925/1989): *Analytical Psychology. Notes Of The Seminar Given in 1925*. New Jersey: Princeton University Press.

Jung, C.G. (1929/1995): Die Probleme der modernen Psychotherapie. In: *Gesammelte Werke 16*, 64–85. Olten: Walter.

Jung C.G. (1935/1995): Grundsätzliches zur praktischen Psychotherapie. In: *Gesammelte Werke 16,* 15–32. Olten: Walter.

Jung C.G. (1916/1995): Zwei Schriften über die Analytische Psychologie. In: *Gesammelte Werke 18/2*, 481–486. Olten: Walter.

Jung, C.G. (1916/1995): Allgemeine Gesichtspunkte zur Psychologie des Traums. In: *Gesammelte Werke 8*, 263–308. Olten: Walter.

Jung, C.G. (1972): Briefe II, (1946–1955). Hrsg. von A. Jaffé & G. Adler. Olten: Walter.

Jung, C.G. (1934/1995): Allgemeines zur Komplextheorie. In: *Gesammelte Werke 8*, 109–124. Olten: Walter.

Jung, C.G. (1954/1995): Symbole der Wandlung. Analyse des Vorspiels zu einer Schizophrenie. In: *Gesammelte Werke 5*. Olten: Walter.

Kennard, D., Roberts, J., Winter, D.A. (2000): Arbeitsbuch gruppenanalytischer Interventionen. Heidelberg: Mattes-Verlag.

Kleespies, W. (2007): Traumforschung heute: Entwicklungen und Perspektiven. *Analytische Psychologie*, 38, 42–63.

Knox, J. (2003): *Archetype, attachment, analysis: Jungian psychology and the emergent mind*. East Sussex: Routledge.

Knox, J. (2011): *Self-agency in psychotherapy: Attachment, Autonomy, and Intimacy*. New York: W.W. Norton & Company.

Lammers, A.C. (Hrsg.): *C.G. Jung und James Kirsch. Die Briefe 1928–1961*. Ostfildern: Patmos.

Lorentzen, S. (2014): *Group Analytic Psychotherapy. Working with affective, anxiety and personality disorders*. London: Routledge.

Lorentzer, A. (1984): Intimität und soziales Leid. Archäologie der Psychoanalyse. Frankfurt a.M.: S. Fischer.

Mitchell, S.A. (2021): *Bindung und Beziehung. Auf dem Weg zu einer relationalen Psychoanalyse*. Gießen: Psychosozial.

Niedecken, D. (2016): Feld und Szene. In: *Jahrbuch der Psychoanalyse*, 72, 211–237. Stuttgart: frommann-holzboog.

Nissen, B. (2014): Autistoide Organisationen. In: *Jahrbuch der Psychoanalyse*, 68, 71–88.

Ogden, T.H. (2006): Das analytische Dritte, das intersubjektive Subjekt der Analyse und das Konzept der projektiven Identifizierung. In: M. Altmeyer & H. Thomä (Hrsg.): *Die vernetzte Seele. Die intersubjektive Wende in der Psychoanalyse*. (S. 35–64). Stuttgart: Klett-Cotta.

Orange D.M., Atwood, G. & Stolorow, W. (2001): *Intersubjektivität in der Psychoanalyse. Kontextualismus in der psychoanalytischen Praxis*. Frankfurt a.M.: Brandes & Apsel.

Otscheret, L. & Braun, C. (Hrsg.) (2005): *Im Dialog mit dem Anderen. Intersubjektivität in Psychoanalyse und Psychotherapie*. Frankfurt a.M.: Brandes & Apsel.

Pertegato, E.G. & Pertegato, G.O. (2013): *From Psychoanalysis to Group Analysis. The Pioneering work of Trigant Burrow*. London: Karnac.

Roesler, C. (2022): *Development of a reconceptualization of archetype theory. Report to the IAAP*. Freiburg: Katholische Hochschule.

Safran, J.D., Muran, J.C., Samstag, L.W. & Stevens, C. (2001): Repairing alliance ruptures. *Psychotherapy: Theory, Research, Practice, Training*, 38(4), 406.

Sandner, D. (2013): *Die Gruppe und das Unbewusste*. Berlin/Heidelberg: Springer.

Schlapobersky, J. (2016): *From the couch to the circle: Group-analytic psychotherapy in practice*. London/New York: Routledge.

Singer, T. & Kimbles, S.L. (Hrsg.): *The cultural complex. Contemporary Jungian perspectives on psyche and society*. London/New York: Routledge.

Solms, M. & Turnbull, O. (2007): *Das Gehirn und seine innere Welt*. Düsseldorf/Zürich: Walter.

Stern, D. (2005/2014): *Der Gegenwartsmoment. Veränderungsprozesse in Psychoanalyse, Psychotherapie und Alltag*. Frankfurt a.M.: Brandes & Apsel.

Winnicott, D. W. (1958/1997): *Von der Kinderheilkunde zur Psychoanalyse.* Frankfurt a.M.: Fischer..
Winnicott, D. W. (2010): *Vom Spiel zur Kreativität*. Stuttgart: Klett-Cotta.
Yalom, I. D. (1971/2015): *Theorie und Praxis der Gruppenpsychotherapie: Ein Lehrbuch*. Leben Lernen Jubiliäumsedition (Vol. 66). Stuttgart: Klett-Cotta.
Yalom, I. D. (2005): *Im Hier und Jetzt: Richtlinien der Gruppenpsychotherapie*. München: btb.

Annette Berthold-Brecht

Traumarbeit in der Gruppensupervision
Träume werden »weitergeträumt«

Abstract

Zunächst geht es um die grundsätzlichen Phänomene der Gruppensupervision von Gruppenbehandlungen, unter Berücksichtigung der Analytischen Psychologie. Dargestellt wird die Traumarbeit in der Supervision mit imaginativen Techniken.

Eine Fallvignette zeigt das Beispiel für eine praktische Umsetzung der genannten Methodik, anhand der Beschreibung einer Supervisionsgruppensitzung für Gruppenpsychotherapeuten in Weiterbildung.

Vorbemerkungen

Die vorliegende Arbeit möchte ich als einen Essay verstanden wissen, in dem ich mich mit der Frage beschäftige, wie man in Gruppensupervisionen für die Weiterbildung zur Gruppentherapie mit eingebrachten Träumen umgehen kann. Dabei soll es sich um die Darstellung meiner ganz persönlichen therapeutischen Haltung und Arbeitsweise handeln. Deshalb schreibe ich in der Ich-Form und erhebe keinen Anspruch auf Wissenschaftlichkeit.

Hierbei möchte ich auch erwähnen, dass sich die Teilnehmer der betreffenden Supervisionsgruppe mit dem Bericht über unsere gemeinsame Arbeit einverstanden erklärt haben. Das eingebrachte Traummaterial werde ich so verallgemeinern, dass es sich nicht einer identifizierbaren Person zuordnen lässt.

Bei der sprachlichen Gestaltung wird die Gender-Form nicht konsequent eingehalten.

Der Text ist in drei Abschnitte untergliedert, mit den folgenden Themenschwerpunkten:

– Zuerst beschäftige ich mich mit den grundsätzlichen Phänomenen der Gruppensupervision von Gruppenbehandlungen.
– Im zweiten Teil geht es um die Arbeit mit Träumen in der Supervisionsgruppe.
– Im dritten Teil werde ich über eine Fallvignette aus einer Supervisionsstunde berichten.

Der Titel meines Aufsatzes lautet etwas verkürzt: »Traumarbeit in der Gruppensupervision«; es soll hier ausschließlich um die Bearbeitung von Träumen aus Behandlungen von Gruppen in der Gruppensupervision gehen. Der Untertitel: »Träume werden weitergeträumt« bezieht sich auf die Art der Traumbearbeitung, dies werde ich in der Fallvignette näher beschreiben.

Träume von Patient:innen werden meines Wissens in Gruppenbehandlungen im Allgemeinen selten eingebracht. Mit meinen Betrachtungen möchte ich dazu ermuntern, auch in Gruppenbehandlungen auf Patiententräume zu achten.

Wir befinden uns mit unseren Gedanken und Vorstellungen, sowohl bewusst, wie auch unbewusst in unseren Träumen, ständig in einer inneren Bilderwelt, wie der Hirnforscher Gerald Hüther (2013, S. 43) es beschreibt:

> »All das, was im Lauf der Evolution des Lebendigen an Erkenntnissen gewonnen worden ist, wurde auf unterschiedlichen Ebenen in Form von inneren Bildern festgehalten, und an die jeweiligen Nachfahren weitergegeben. Das Leben ist also immer auch ein innere Bilder generierender Prozess.«

Mit Patiententräumen zu arbeiten, bringt eine besondere Lebendigkeit in das Gruppengeschehen. Die Teilnehmer:innen kommen oft mit ihren Bildern aus dem Unbewussten einander näher als über ihre Berichte aus dem Alltagsgeschehen.

So formuliert es auch Brigitte Dorst (2015, S. 102):

> »Traumarbeit bewirkt oft eine ganz besondere emotionale Nähe zwischen den Gruppenmitgliedern. Sie benötigt aber auch eine besondere Atmosphäre wechselseitiger Achtsamkeit und Anerkennung.«

Seit ca. 40 Jahren arbeite ich mit Gruppen in unterschiedlichen Bereichen und mit verschiedenen Zielsetzungen. Neben der Arbeit mit psychoedukativen Gruppen und Behandlungsgruppen mit Patienten in der Allgemeinpraxis habe ich schon früh begonnen, Intervisionsgruppen und Balint-Gruppen mit Kolleginnen und

Kollegen sowie auch Supervisionsgruppen in der Psychotherapie-Weiterbildung zu organisieren und auch zu leiten.

Die Vorteile vom Lernen in der Gruppe waren mir schon früh bewusst und ich habe sie bereits in meiner eigenen Studienzeit genutzt. In der Gemeinschaft einer Gruppe sammelt sich ein gemeinsames Wissen dank der unterschiedlichen Erfahrungen und Kenntnisse der sich einbringenden Teilnehmer:innen. Das Gefühl von Zugehörigkeit schafft Vertrauen und ein Gemeinschaftsgefühl, sowohl für die einzelnen Mitglieder wie auch für die gesamte Gruppe. Neben der psychodynamischen Betrachtung von seelischen Entwicklungen, lege ich in meiner Supervisionsarbeit im Allgemeinen besonderen Wert auf die Haltung der künftigen Therapeut:innen. Diese lässt sich im Gruppensetting nach meiner Meinung besser vermitteln als in der Einzelsupervision. Interaktionen in der Gruppe zeigen unter anderem den Umgang mit Macht, Autorität und Führungskompetenz ebenso wie mit Außenseiterrollen, mit sozialer Kontrolle und mit Konformität. In der Aus- und Weiterbildung sind die künftigen Kolleg:innen häufig konfrontiert mit hierarchischen Strukturen, die ein gewisses Maß an Anpassung erfordern und die Entwicklung von Autonomie und Individuation einschränken können.

In meiner Betrachtung möchte ich mich ausschließlich den Besonderheiten in einer Supervisionsgruppe mit künftigen Gruppenpsychotherapeut:innen zuwenden. Es handelt sich um die Weiterbildung für Gruppenpsychotherapie als Zusatzqualifikation zur analytischen/tiefenpsychologischen Einzeltherapie-Ausbildung. Die Gruppensupervision bezieht sich auf die Behandlungen von Patientengruppen im Verlauf dieser Weiterbildung.

Grundsätzliches zur Supervision von Gruppenbehandlungen in der Gruppe

Die Supervision von psychotherapeutischen Gruppenbehandlungen in einer Gruppe hat nach meinem Dafürhalten einige Vorteile gegenüber einem Einzelsetting. Ergänzend zur Entwicklung der eigenen Behandlungsgruppe, erfahren die Teilnehmer:innen verschiedene andere Verläufe von Gruppenbehandlungen und Gruppendynamiken, die sie über die Berichte ihrer Kolleg:innen und die gemeinsame Bearbeitung in der Supervisionsgruppe zusätzlich kennenlernen. In den Berichten der einzelnen Gruppenleiter:innen werden spezifische Behandlungssituationen vorgetragen, die von den Kolleg:innen in der Supervisionsgruppe mit größerer emotionaler Distanz und Objektivität aufgenommen und gespiegelt werden können. Über die Resonanz aus der Supervisionsgruppe erhalten die vortragenden Gruppenleiter:innen neue Sichtweisen und Anregungen für das Vorgehen in ihren eigenen Behandlungen. Dabei werden vorrangig unbewusste Übertragungen der Gruppenpatient:innen auf die Gruppenleiter:innen und deren Gegenübertragungsreaktionen hinterfragt (Dally, 2014, S. 141).

Innerhalb der Supervisionsgruppe schwingen verschiedene Beziehungsebenen meist unbewusst mit: einmal zwischen dem vortragenden Behandler und seinen Kolleg:innen und außerdem zwischen dem Vortragenden und der Leitung der Supervisionsgruppe. Wichtig ist die Erfahrung von zunehmender Vertrautheit und einem Empfinden von Zugehörigkeit. Es entsteht das Phänomen der Gruppenkohäsion, das während der Weiterbildung zu einer gemeinsamen Gruppenidentität führt.

Die äußeren Gegebenheiten, wie zum Beispiel die übergeordneten Institutionen, von denen die Weiterbildung koordiniert wird, wie Kliniken, Praxen oder Institutsambulanzen, wirken im Hintergrund in den Lernprozess möglicherweise mit hinein. Oft sind die Teilnehmer:innen der Weiterbildung Gruppentherapie unterschiedlich, ihren Ausbildungsstatus betrffend. Beispielsweise können sie noch in der Ausbildung zum approbierten Einzelpsychotherapeuten sein und teilweise sind sie auch bereits niedergelassen.

Die Weiterbildung Gruppenpsychotherapie gliedert sich auf in drei Bereiche. Zunächst wird eine eigene Gruppenselbsterfahrung gefordert, hinzu kommt parallel der Erwerb von theoretischen Kenntnissen. Nach dem Erwerb von bestimmten Grundkenntnissen qualifiziert man sich für den praktischen Teil der Weiterbildung mit eigenen Gruppenbehandlungen unter Supervision. Die Supervision kann im Einzelsetting oder auch in der Gruppe durchgeführt werden. Das Ziel der Supervision ist, das theoretische Wissen zu ergänzen und mit den eigenen Erfahrungen aus den praktischen Behandlungen zu verknüpfen.

Hier möchte ich auf die Besonderheiten in einer Supervisionsgruppe mit künftigen Gruppentherapeut:innen eingehen.

In einer solchen Gruppe hat man nicht nur die Begleitung und die Rückmeldung einer Supervisorin oder eines Supervisors, sondern auch die teilnehmenden Kolleg:innen bringen ihre unterschiedlichen Beobachtungen und Erfahrungen mit ein.

Die vergleichende, stützende, aber auch konfrontierende Spiegelung der Kolleg:innen in der Gruppe betrifft nicht nur das technische Vorgehen der einzelnen Behandler:innen, sondern auch ihre persönlichen Anteile am Geschehen. Die Darstellung der eigenen psychotherapeutischen Arbeit in einer Supervisionsgruppe kann daher auch als eine Erweiterung der Gruppenselbsterfahrung gesehen werden.

Dabei ist nicht davon auszugehen, dass sich in der Supervisionsgruppe automatisch ein harmonisches Miteinander ergibt. Eigene Behandlungen in einer Supervisionsgruppe vorzustellen, bedeutet für manche Supervisand:innen eine große Herausforderung. Sie zeigen sich nicht nur mit ihren Stärken, sondern auch mit ihren Unsicherheiten. Sogenannte blinde Flecke werden eventuell aufgedeckt, Wissenslücken eventuell von anderen benannt. Das könnte Schamgefühle erzeugen und Ängste vor negativen Bewertungen. Das Gefühl von Nicht-Angenommen-Sein, sowohl vonseiten der Supervisonsleitung, wie auch von den Kolleg:innen könnte entstehen. Grundsätzlich ist ein hohes Maß an Vertrauen in die Gruppe erforderlich, um negativ besetzte Inhalte mitzuteilen. Eine im Grundsatz verständnisvolle Haltung der Supervisionsleitung im Umgang mit vermeintlichen oder tatsächlichen Fehlern prägt wesentlich die Gruppenatmosphäre. Sie fördert das Selbstvertrauen der Supervisand:innen als künftige Gruppenleiter:innen. Nur wenn die erforderliche Sicherheit nach innen und die vereinbarte Verschwiegenheit nach außen selbstverständlich sind, wird es möglich sein, spannungsgeladene Themen angemessen in die Supervisionsgruppe einzubringen und zu bearbeiten. Dies muss sowohl von Seiten der Supervisionsleitung, wie auch von den Kolleg:innen, gewährleistet sein und durch eine vertragliche Vereinbarung zu Beginn der Supervision für alle Teilnehmer:innen festgelegt werden.

In jeder Gruppe bildet sich ein spezifisches Beziehungsgeflecht. Außenkonflikte, wie zum Beispiel zwischen einzelnen Kolleg:innen untereinander, oder bestehende Konflikte in der Weiterbildungseinrichtung, können unter Umständen in die Supervisionsgruppe hineinwirken. Beispielsweise im Außen entstandene Rivalitätsgefühle unter den Kolleg:innen können innerhalb der Supervisionsgruppe im Sinne von Geschwisterrivalität in Erscheinung treten. Hierarchisch bedingte Konflikte, wie negative Elternübertragungen auf die Supervisionsleitung können gegebenenfalls ebenso ein konstruktives und kreatives Miteinander beeinträchtigen. In dem Beziehungsgeflecht einer Supervisionsgruppe finden sehr vielfältige und häufig dem Bewusstsein nicht zugängliche Übertragungen und Gegenübertragungen statt. Die Rolle der Supervisionsleitung einer Gruppe von künftigen Gruppenleiter:innen beinhaltet also per se eine komplexe Aufgabe, in der sich die verschiedenen Beziehungsfelder der Gruppen auch vermischen und dabei verwirren können.

Ein besonderes Ziel der Supervisionsgruppe ist es, die künftigen Therapeut:innen motivierend auf ihre Rolle als Gruppenleiter:innen vorzubereiten. Dabei gibt die

Supervisionsleitung ein vorbildhaftes Beispiel über ihre Gruppenleitung (Freyberger, 2010, S. 468). Sie betreut die Supervisionsgruppe in einem angemessenen und stabilen Rahmen. Sie achtet auf die Einhaltung der vereinbarten Regeln und einen respektvollen Umgang miteinander. Auch die Anwendung der theoretischen Kenntnisse in der selbst geleiteten Gruppenbehandlung darf nicht außer Acht gelassen werden. Kompetente Gruppenleiter bildet man nach meiner Meinung nicht ausschließlich über ein Lehrbuch aus. Sondern erst die selbst erlebten und kollegial reflektierten Situationen in der selbst verantworteten Behandlung schaffen die Fähigkeit, eine Gruppe selbstsicher und verantwortlich, aber auch mit Freude zu begleiten und zu leiten.

Grundsätzlich sollten in der Supervision gegenteilige Meinungen und emotionale Diskrepanzen geäußert werden können. Die Supervisionsleitung sollte auf Offenheit achten, indem sie eine geschützte Selbstoffenbarung ermöglicht und wertschätzt (König & Schattenhofer, 2021, S. 108). Eigene Fehleinschätzungen zu benennen, auch durch die Supervisionsleitung, führt zu einer toleranten Aufmerksamkeit und Verantwortung für Fehler, zur sogenannten Fehlerkultur. Ängstigende oder selbstdestruktive und selbstentwertende spontane Haltungen sollten benannt, ausgehalten und gemeinsam reflektiert werden. Selbstzweifel und Vermeidung unangenehmer Gegenübertragungsgefühle führen häufig zu defensiver Haltung gegenüber der Supervisionsleitung und damit zur Blockierung von therapeutischen Fähigkeiten. Wenn zusätzlich kritische Beurteilungen durch die anwesenden Kolleg:innen befürchtet werden, können sich solche Effekte eventuell verstärken. In einer insgesamt achtsamen und verständnisvollen Umgangsweise miteinander, kann sich eine förderliche Haltung und gute Gruppenkohäsion entwickeln, und auch der Humor darf nicht fehlen.

Wie kann in den Supervisionsgruppen ein wertschätzender und respektvoller Umgang miteinander gefördert werden?

Für die Supervisionsleitung geht es zunächst darum, die Kolleg:innen zu verstehen und die Beziehungen unter den Teilnehmer:innen zu festigen. Konflikte werden offen angesprochen, Kritik wird zeitnah und konstruktiv geäußert, Interventionen sind nicht entmutigend oder ironisch formuliert, sondern wertschätzend und verständnisvoll. Die Fähigkeit zur Selbstreflexion wird angeregt, dabei kann auch Selbstkritisches bearbeitet werden. Es wird auf einen sicheren Rahmen und die Einhaltung der Gruppenregeln geachtet. (König & Schattenhofer, 2020, S. 87)

Den Supervisand:innen wird beim Bericht ihrer Fallgeschichten möglichst viel freier Raum gegeben, um ihre Persönlichkeit zum Ausdruck bringen zu können (Kahl-Popp, 2010, S. 471–476). Die Fragen von den Kolleg:innen oder der Supervisionsleitung sollten vorurteilsfrei sein, ohne Mutmaßungen und Vorannahmen. Die vorgetragenen Behandlungsabläufe sollen ohne Bewertung in neuen Zusammenhängen gesehen werden können. Dadurch können tiefere Einsichten in psychotherapeutische Interaktionen vermittelt und persönliche Veränderungsmöglichkeiten aufgezeigt werden. In der Gruppensupervision wird über die wertschätzende Spiegelung und Resonanz von anderen Gruppenteilnehmer:innen auch die Transparenz und Selbstoffenbarung begünstigt.

Grundsätzliches zum Umgang mit Träumen in der Gruppensupervision

C. G. Jung stellt die skeptische Frage, ob die Individuation in einer Gruppe denkbar ist. Daher finden sich bei ihm keine theoretischen Vorgaben zur Gruppenpsychotherapie. In jüngster Zeit ist das allgemeine Interesse an der Gruppenpsychotherapie und auch das Verständnis für ihre Wirksamkeit stark gestiegen. Eine wachsende Anzahl von Veröffentlichungen zur Gruppenpsychotherapie ist auch in der Nachfolge von C. G. Jung festzustellen. In der neueren Literatur wird deutlich, dass die Analytische Psychologie sich sehr gut für die Anwendung in der Gruppenpsychotherapie eignet. Besonders in der Arbeit mit Träumen in der Gruppentherapie spielt dies für mich eine wichtige Rolle. Brigitte Dorst (2015) beschreibt in ihrem Buch *Therapeutisches Arbeiten mit Symbolen*, wie sie die Traumarbeit in der Gruppe gestaltet. In meinen Supervisionsgruppen für angehende Therapeut:innen arbeite ich in einer ähnlichen Weise.

In der Supervisionsgruppe ist allerdings eine andere Konstellation als in einer Behandlungsgruppe vorgegeben. Der Traumbericht erfolgt über einen Anderen, nämlich den zuständigen Gruppenleiter einer Behandlungsgruppe. Somit nimmt die Träumerin oder der Träumer nicht selbst an der Traumbearbeitung teil. Die Trauminterpretation erfolgt durch Dritte, die Kolleg:innen in der Supervisionsgruppe. Sie kennen die träumende Person nur über die Darstellung des vorstellenden Kollegen, also nicht persönlich. Dennoch kann davon ausgegangen werden, dass die Interpretation des Traumes einer Patientin oder eines Patienten aus einer Gruppe für alle an der Behandlung Beteiligten bedeutsam und sinnvoll sein kann.

Das folgende Zitat von C. G. Jung aus dem Jahr 1961 weist darauf hin, dass die Traumbearbeitung einen wichtigen Beitrag zum Verständnis von Therapieverläufen leisten kann:

> »Dem Traum liegt zweifellos eine Gemütserregung zugrunde, in welche die gewohnten Komplexe mit hineinspielen […]. Sie sind die empfindlichen Stellen und wunden Punkte der Psyche, die zuerst und vor allem auf eine problematische äußere Situation reagieren. Unsere neue Methode behandelt den Traum als eine Tatsache, über die es keine vorgefassten Meinungen gibt, mit Ausnahme der Voraussetzung, dass er irgendwie sinnvoll ist.« Jung (1990, S. 18)

Der Traum stellt demzufolge bei Jung emotionale Regungen, »Gemütsbewegungen«, des Träumenden dar, die sich in den Komplexen manifestieren. Lutz Müller (2003, S. 231) definiert die Komplexe folgendermaßen:

> »Komplexe sind die Brenn-und Knotenpunkte der Persönlichkeit und bestimmen deren Eigenart. Sie machen sich vor allem bemerkbar, indem sie Abweichungen von der Ich-Bewusstseins-Kontinuität hervorrufen. […] Bei genauerem Hinsehen aber stellen sie sich als zentrale psychische Struktur- und Steuerungselemente heraus, die das menschliche Erleben sowohl in normaler, als auch in störender Hinsicht in weitgehendem Maße bestimmen.«

Die Komplexe an sich sind unanschaulich. Sie lassen sich nur bildhaft über Symbole, Gefühle, Handlungsabläufe, klinische Symptome, sowie Körpersymptome und über Fantasien und auch Träume darstellen. Somit können Träume zum besseren Verständnis von Komplexen beitragen, die in unbewussten Prozessen und spontanen Interaktionen zum Ausdruck kommen. Gustav Bovensiepen (2019, S. 55) beschreibt in seinem Buch *Komplextheorie – Ihre Weiterentwicklungen und Anwendungen in der Psychotherapie* die Komplexe als »Bausteine der individuellen Psyche« und sieht Jungs Komplextheorie als ein Modell für ein Neurosenverständnis, in welchem ich meine eigene Ansicht sehr gut wiederfinden kann.
C. G. Jung (1928/1985 GW 8, § 203) schreibt dazu:

> »Die Traumpsychologie zeigt mit aller nur wünschenswerter Deutlichkeit, wie die Komplexe personifiziert auftreten, wenn kein hemmendes Bewusstsein sie unterdrückt.«

Das würde bedeuten, dass die Träume unbewusste (auch neurotische) Prozesse in ähnlicher Form aufzeigen können, wie Übertragungen und spontane Interaktionen zwischen Gruppenmitgliedern, da sie nicht durch die kontrollierenden Hemmschwellen des Wachbewusstseins behindert werden. Hierbei wird deutlich, wie erkenntnisreich es auch in der Gruppentherapie sein kann, sich mit den Träumen der einzelnen Gruppenteilnehmer:innen zu beschäftigen. Das gilt, wie ich hier darstellen möchte, sowohl für die Entwicklung des einzelnen Patienten (Traum-Ich) in der Gruppe, den Gruppenleiter, wie auch für die Dynamik der gesamten Gruppe. Außerdem ergibt die Bearbeitung eines Traums einen positiven Effekt für die Kohäsion in der Supervisionsgruppe. (s. o. Dorst, 2015)

Es ist prinzipiell von großem Wert für die psychotherapeutische Arbeit, die Patient:innen zu bitten, ihre Träume einzubringen. Besonders für die Teilnehmer:innen an einer Behandlungsgruppe erscheint es jedoch anfangs schwierig, sich mit eigenen Träumen zu zeigen. Teilweise bestehen große Ängste davor, durchschaut zu werden. Den Patient:innen hilft die Erklärung, dass über die Träume Unbewusstes sich symbolhaft inszeniert und ihnen ein neues Verständnis ihrer Konflikte ermöglicht. Träume werden zumeist nach dem Aufwachen vergessen, haben aber eine wichtige kompensatorische Wirkung für das Seelenleben. Den meisten Menschen ist es nicht bewusst, dass sie seelisch erkranken würden, wenn sie keine Träume hätten.

Christian Roesler (2022, S. 48) erklärt hierzu:

»Die Funktion des Traumes ist es also, die psychische Organisation zu beschützen durch den reparativen Gebrauch von Konkretisierung. Dieses Modell führt zu einer Arbeitsweise in der Analyse, in der nicht mehr die Entschlüsselung des latenten Trauminhaltes versucht wird, sondern vielmehr der Fokus auf einem gemeinsamen Untersuchen des Traumes liegt, und wie in diesem die persönliche Welt des Träumers und seine innere Situation zum Ausdruck kommt.«

An anderer Stelle weist Roesler (2022, S. 49) auf Erkenntnisse aus der Neurowissenschaft hin:

»Fosshage (1987) bringt dies in seiner Theorie noch weiter auf den Punkt, wobei er hierfür auch neurowissenschaftliche und kognitionspsychologische Forschung und Modelle nutzt. Für ihn ist die wichtigste Funktion des Traumes die Entwicklung, die Aufrechterhaltung und die Wiederherstellung der psychischen Organisation. Indem der Traum Bilder schafft, konsolidiert er psychische Entwicklungsprozesse bzw. sieht diese regelrecht voraus, während diese Entwicklungen für das Bewusstsein noch nicht wahrnehmbar sind.«

Vor diesem Hintergrund sollte die Traumarbeit auch in der Gruppensupervision ihren festen Platz haben.

Im Folgenden beschreibe ich mein methodisches Vorgehen bei der Traumarbeit mit Supervisionsgruppen.

Die Auswahl eines Traumes für die Gruppensupervision wird meist mit einer besonderen Fragestellung, einer »Schlüsselfrage« (Dorst, 2015, S. 96), des Gruppenleiters verbunden.

Für die Besprechung des Patiententraums aus der Behandlungsgruppe orientiere ich mich an der Balint-Technik. Die Supervisand:innen werden angeregt, nach dem Vortrag eines Traumberichts von einem der teilnehmenden Kolleg:innen, in das sogenannte »wilde Denken«, in eigene Assoziationen und Imaginationen, mental abzutauchen. Dabei sollen die Bilder und Szenen aus dem vorgetragenen Traum einbezogen werden. Dieser Traum soll von den Kolleg:innen wie in einem eigenen Wachtraum »nachgeträumt« werden. Aus den individuellen Bildersequenzen können sich auch Amplifikationen, beispielsweise zu Filmszenen, Märchen oder Mythen entwickeln. Primär angeregt durch die vorgegebenen Bilder des fremden Traums sollte jeder der anwesenden Kollegen seine spontan auftauchenden Imaginationen weiter visualisieren und seine eigenen Bilder und Gedanken dazu entstehen lassen.

Bei dieser Form der »aktiven Imagination« (vgl. Dorst & Vogel, 2014, S. 33) verbindet sich bewusst das außen wahrgenommene fremde Traummaterial mit auftauchenden eigenen Gedanken, Erinnerungen, Affekten und auch Körperreaktionen. Die im »Tagtraum« auftauchenden Szenen entwickeln eine eigene Symbolik. Die Symbole vermitteln sich über die Sinne und anschaulich und sind in ihrem Bedeutungsgehalt vielschichtig. Von dieser Vielfalt an Bildern, Symbolen, Empfindungen und Emotionen profitieren alle Gruppenteilnehmer:innen. In der Supervisionsgruppe wird ein neues Traumverständnis angeregt. Der Referent erhält neue Impulse für seine Gruppenleitung und ein anderes Verständnis, sowohl für die träumenden Patient:innen, wie auch für sich selbst.

Der Referent wird gebeten, sich während dieser »Nach-Traumphase« seiner Kolleg:innen im Hintergrund zu halten. Auch soll er in dieser Phase nicht direkt angesprochen werden. Damit wird gewährleistet, dass die entstehenden Assoziationen einen großen Freiraum bekommen und auch schwierige Themen oder potenziell konfrontierende oder sogar kränkende Imaginationen offen ausgesprochen werden können. Anhand der folgenden Fallvignette möchte ich dieses Verfahren verdeutlichen.

Eine Fallvignette

Die hier vorgestellte Supervisionsgruppe befindet sich in der eingangs erwähnten Weiterbildung »analytische/tiefenpsychologische Gruppenpsychotherapie«. Derzeit nehmen eine Frau und drei Männer daran teil. Wir treffen uns im Zwei-Wochen-Rhythmus für jeweils eine Doppelstunde von 100 Minuten. In der Regel stehen pro Teilnehmer:in ca. 25 Minuten Fallbesprechung zur Verfügung. Als Supervisorin teile ich zu Beginn einer jeden Sitzung, sowohl die Reihenfolge, wie auch die Zeiteinheiten für die einzelnen Teilnehmer:innen ein. Die Einteilung richtet sich nach den aktuellen Bedürfnissen der anwesenden Supervisand:innen. Eine maßgebliche Rolle spielen dringliche Probleme oder Schwierigkeiten in ihrer eigenen Arbeit, wie zum Beispiel Konflikte zwischen Patienten in der Gruppe oder Konflikte des Gruppenleiters mit bestimmten Patienten. Auch organisatorische oder abrechnungstechnische Themen können hier besprochen werden.

Eventuell nicht jedem Teilnehmer gerecht werden zu können, setzt mich häufig unter Zeitdruck. Der Zeitrahmen erscheint mir oft zu kurz, um angesprochene Themen vertiefen zu können. Seitens der Gruppenteilnehmer:innen bekomme ich auf meine diesbezüglichen Nachfragen jedoch meist die Antwort, dass die anstehenden Fragen in der eng begrenzten Zeit ausreichend beantwortet wurden.

Damit komme ich zu dem Fallbeispiel, das ich ausgewählt habe, um meinen Umgang mit Träumen in der Supervisionsgruppe zu beschreiben.

In der betreffenden Gruppensitzung waren nur die drei männlichen Kollegen anwesend. Zur Anonymisierung der Kollegen nenne ich den Referenten des Traumberichts Herrn R. und die beiden anderen Teilnehmer Herrn A. und Herrn B. Mich selbst bezeichne ich als Supervisorin.

Gleich zu Beginn der Sitzung sagt Herr R., er würde gerne heute seine Gruppe ausschließlich durch einen Traumbericht vorstellen. Er verbindet dies mit der Frage, ob der Traum vielleicht die gesamte Gruppe in symbolischer Weise charakterisiere.

Es handelt sich um den Traum einer ca. 50-jährigen Gruppenteilnehmerin. Die Gruppe besteht aus sieben Frauen und zwei Männern. Die Patientin schildert mehrere Traumsequenzen, in denen sich immer wieder ähnliche Situationen wiederholen. Jedes Mal erlebt sie im Traum verschiedene Varianten einer als sehr real empfundenen Szenerie. Es geht immer darum, von ihrer Umwelt nicht wahrgenommen oder sogar regelrecht ignoriert zu werden.

Bei der geschilderten Traumdarstellung handelt es sich um die vom Therapeuten protokollierte Wiedergabe des Traumberichts durch ihn selbst.

Traumbericht:

In der ersten Sequenz befand sich die Patientin in ihrer Wohnung. Sie stand in ihrem Wohnzimmer und sah ihren Mann in einiger Entfernung in seinem Sessel sitzen. Sie sagte etwas zu ihm, aber er reagierte überhaupt nicht, er sah durch sie hindurch. Sie verließ das Wohnzimmer und ihr Sohn begegnete ihr im Flur. Dabei geschah dasselbe. Er ging an ihr vorbei, als ob sie nicht vorhanden wäre.
In einer anderen Szene ging sie durch ihre Heimatstadt und jedes Mal passierte ihr das Gleiche. Mit Freundinnen, Arbeitskollegen, mit ihrem ehemaligen Schulrektor, dem Bürgermeister. Keiner nahm sie wahr. Alle gingen an ihr vorbei, ohne Bezug auf sie zu nehmen.
In wieder einer anderen Szene fuhr sie im Auto, oder später mit dem Fahrrad, und auch hier wurde sie von den anderen Verkehrsteilnehmern überhaupt nicht wahrgenommen. Stattdessen musste sie immer ausweichen. Sie hatte das Gefühl, für die anderen Menschen Luft zu sein. Völlig unbedeutend.
In anderen Träumen hätten sich ähnliche Situationen mehrfach wiederholt und sie massiv unter Stress gesetzt.

Nach dieser Traumschilderung schlage ich vor, dass die beiden anderen Gruppenteilnehmer die Traumbilder imaginativ aufgreifen und jeweils ihren dazu aufkommenden Assoziationen und Gedanken nachgehen. Von Interesse ist es dabei, auch auf ihre spontan auftretenden Gefühle und ihre Körperreaktionen zu achten. Die Aufgabe für die Teilnehmer an der Supervisionsgruppe besteht also darin, alle inneren Bewegungen im Kontext zu den fremden Traumbildern bewusst aufzugreifen und ähnlich wie in einer »aktiven Imagination« nachzuspüren.

Wie bereits beschrieben, bitte ich Herrn R., sich während dieser Phase zurückzunehmen und sich nicht mehr am Gespräch zu beteiligen. Herr A. und Herr B. werden angehalten, jeweils bei sich selbst zu bleiben und sich nicht an Herrn R. zu wenden.

Zunächst entsteht eine längere Schweigepause.

Alle, auch ich als Supervisorin, befinden sich in einer introvertierten Haltung. Einzelne schließen die Augen, um die Innenbetrachtung vertiefen zu können.

Nach einer Weile sagt Herr A., er habe eine »nihilistische Fantasie«, das Gefühl von Nicht-vorhanden-Sein. Er fährt fort: »Dabei sehe ich das Traum-Ich als sehr präsent, während eigentlich die anderen für die Patientin nicht da sind. Sie hat selbst das Gefühl von Nicht-da-Sein, aber sie gibt sich Mühe, da zu sein. Das wiederum fällt keinem auf.«

Erneut folgt eine lange Schweigepause.

Herr B. meint schließlich: »Dieses Nicht-gesehen-Werden ist ja sehr deutlich. Es ist mir irgendwie zu offensichtlich. Es springt einen geradezu an, dass diese Frau immer nicht wahrgenommen wird. Das hat für mich auch eine Komik. Ich komme nicht so ganz dahinter, was es bedeutet. Es erscheint einerseits irgendwie tragisch, aber in der Wiederholung verbirgt sich nach meinem Empfinden doch auch eine gewisse Komik. Ich verstehe noch nicht ganz, was da möglicherweise noch drin stecken könnte. Es hat so etwas Rätselhaftes. Im Sinne auch von Verkehrung oder Umkehrung.«

Supervisorin: »Für mich erscheint es bemerkenswert, dass für die Patientin alles so ›real‹ war. Das Traumbild nimmt Bezug vielleicht auf reale Gegebenheiten. Das Geschehen spielt sich in ihrem Heimatort ab, die Personen sind ihr alle gut bekannt. Aber sie haben sehr unterschiedliche soziale Hintergründe. Dabei stelle ich mir vor, dass die Situation der Patientin in der Gruppe eine ähnliche sein könnte. Erlebt sie sich auch hier als nicht wahrgenommen? Sie kennt die Leute in der Gruppe irgendwie, aber sie sind ihr auch fremd. Möchte sie damit bei den anderen Gruppenteilnehmer:innen extra auffallen, dass sie ihnen mitteilt, sich nicht wahrgenommen zu fühlen? Könnte gerade darin die von Herrn B. angesprochene Umkehrung zu erkennen sein?

Das Ganze hat aus meiner Sicht auch etwas Projektives, Selbstdarstellerisches und auch eventuell sogar, wie bereits gesagt wurde, eine skurrile Komik. Mir fällt dabei das Märchen ›Rumpelstilzchen‹ ein: ›Ach wie gut, dass niemand weiß, dass ich Rumpelstilzchen heiß‹. Andererseits sehe ich auch eine gewisse Not in dem Nicht-gesehen-Werden. Es hat doch auch etwas schrecklich Trauriges, von allen ignoriert zu werden, für niemanden etwas zu bedeuten.«

Herr A. bemerkt: »Mir kommt es so vor, als ob die Behandlungsgruppe von Herrn R. noch sehr jung sein müsste.« Herr A. berichtet, dass er sich gerade anlässlich seiner Abschlussarbeit in der Gruppenweiterbildung mit den einzelnen Gruppenphasen beschäftige. In diesem Zusammenhang vermutet er, der Traum der Patientin müsse einer frühen Phase dieser Gruppenbehandlung entsprechen. Die Szenen im Traum hätten für ihn vor allem die Bedeutung, »Wie komme ich in der Gruppe an, wie werde ich gesehen?« Herr A. weiter: »Durch die Wiederholung ähnlicher Situationen werden diese Empfindungen betont und verstärkt. Wenn die Teilnehmer sich noch nicht genügend kennengelernt haben und noch nicht viel voneinander wissen, können sie nicht als Subjekte wahrgenommen werden. Man könnte auch von einer Regression sprechen. Man befindet sich in einem frühen matriarchalen Raum und die einzelnen Individuen sind noch keine Subjekte.

Deshalb sehe ich die Gruppe in einer frühen Phase der Gruppenentwicklung, in der auch die Eigenwahrnehmung noch nicht ausgebildet ist. – Aber vielleicht ist auch etwas Projektives darin zu sehen, dass die Patientin die Gruppe nicht wahrnehmen kann. Die Frage ist dann wieder, ob sie die Gruppe nicht wahrnehmen kann, so wie sie sich auch von der Gruppe nicht wahrgenommen fühlt?«

Herr B. sagt nach einer Pause, dass er jetzt das Bild einer Toten sehe, wie einen Geist, der durch die Straßen wandelt. Sie ist da, aber niemand nimmt sie wahr. So etwas wie eine versteckte Todesfantasie. Niemand reagiert auf sie.

Dieses neue Bild wird von Herrn A. eher humorvoll aufgenommen. Er findet es witzig. Das Traum-Ich könnte auch ein Geist sein, der jeden Schabernack treiben könnte. Aber die Idee vom Schabernack wird von ihm gleich wieder verworfen, denn dieses Traum-Ich treibt nach seiner Meinung gar keinen Schabernack, »irgendwie ist es sogar total fantasielos«.

Mir als Supervisorin kommt nun zum Einfall »Schabernack« die Fantasie, dass die Patientin vielleicht eine Tarnkappe auf haben könnte. Für viele Menschen gibt es häufig gerade den Wunsch, von anderen nicht gesehen zu werden und eventuell nicht erlaubte Dinge zu tun. Auch zu Beginn einer Gruppentherapie könnte der Wunsch bestehen, sich eher bedeckt zu zeigen. Demzufolge hätte die Patientin Probleme, sich in der Gruppe zu öffnen. Vielleicht würde sie es vortäuschen und »Schabernack« mit der Gruppe treiben.

Bei der subjektstufigen Betrachtung sieht man alle Traumanteile des Träumenden als die eigenen. Eben genau diese geträumten Eigenanteile der Patientin könnten bei ihr verhindern, sich selbst wahrzunehmen. Vielleicht ist daraus zu schließen, dass sie sich selbst mit ihrer Eigenheit nicht sehen möchte und von anderen nicht gesehen und auch nicht zurückgespiegelt werden möchte. Gibt sie der Gruppe damit zu verstehen, dass sie eigentlich an der Selbstreflexion und Selbstfindung im Gruppenprozess nicht teilnehmen möchte? Dass sie eher eine Distanz aufbaut zu den anderen Gruppenteilnehmer:innen, die sie dann nicht sehen, nicht wahrnehmen können?

Herr B. stellt sich die Patientin zusammen mit den Arbeitskollegen, dem Schulrektor und dem Bürgermeister vor: »Sie steht vor ihnen und wird ignoriert. Arbeitet sie beruflich in einer höhergestellten Position oder möchte sie gerne aufsteigen, wird aber nicht gesehen und mit ihren Kompetenzen nicht wahrgenommen? Welche Bedeutung hat das soziale Ansehen in ihrer Heimatstadt für sie?«

Zu meinem Bedauern muss ich jetzt aus Zeitgründen die Phase des »Wilden Denkens« beenden, auch die Kollegen hätten gerne noch etwas »weitergesponnen«. Nun hole ich den Referenten wieder in die Gruppe zurück.

Herr R. ist sehr beeindruckt und stellt fest, er habe in diesen kurzen spontanen Assoziationen der Kollegen Vieles erfahren, was er selbst auch so eingeschätzt habe. Er fühlt sich dadurch bestätigt. Allerdings sieht Herr R. jetzt bei der Patientin, dass sie wohl sich selbst nur über die anderen in der Gruppe wahrnehmen könne. In den Erstgesprächen habe sie zwei wichtige Probleme ihres derzeitigen Lebens geäußert. Einmal, dass ihr Sohn jetzt erwachsen sei und sich von der Familie ablösen wolle, was ihr sehr zu schaffen mache. Sie fühle sich vom Sohn verlassen. Ein anderes Problem sei ein Grenzproblem mit den Nachbarn. Diese würden ständig ihre Grundstücksgrenzen überschreiten und so ihr ständig auf vielfältige Art zu nahekommen. Das bringe sie fast täglich zur Verzweiflung.

Zum Therapieverlauf berichtet Herr R., die Patientin habe zunächst mit einer Einzeltherapie bei ihm begonnen. Nach einigen Stunden habe sie geäußert, dass sie mit Männern eigentlich schlecht zurechtkomme und sich bei ihm nicht öffnen könne. Der Versuch, das Problem im Einzelsetting zu bearbeiten, misslang. Herr R. habe daraufhin vorgeschlagen, sie in seine Patientengruppe mit sechs Frauen, aber nur zwei Männern aufzunehmen. Sein Gedanke war, dass die Überzahl von Frauen das Problem der Patientin mit Männern verkleinern könne. Da es in seinem ländlichen Umfeld keine niedergelassenen Therapeutinnen gab, schien ihm diese Lösung zur Versorgung der Patientin naheliegend. Diesen Vorschlag habe sie gerne angenommen.

Herr R. bestätigt, die Gruppe sei in der Tat noch sehr jung. Sie bestehe erst seit wenigen Monaten. Die Patientin sei vier Wochen nach Beginn der Gruppe eingestiegen. Vier Wochen später habe sie erstmalig in der Gruppe von diesem Traum berichtet und gleich nach der Sitzung wieder um eine Einzelstunde gebeten. Diese kam nicht zustande, weil sie mittlerweile an Corona erkrankt war und drei Wochen in Quarantäne musste. Nach ihrer Rückkehr in die Gruppe berichtete sie erneut von diesem Traumbild. Sie habe sich darüber gewundert, dass während der Quarantänezeit keine Wiederholungsträume aufgetreten waren. Sie erklärte es sich selbst damit, dass sie aus ihrer beruflichen Situation befreit gewesen sei. Die Quarantäne sei für sie »eher wie Urlaub« gewesen.

Herr B. fragt Herrn R., wie es ihm emotional gegangen sei, als die Patientin ihm gesagt habe, dass sie nicht mit Männern arbeiten könne. Herr R. antwortete, sich in seiner Gegenübertragung nicht persönlich gekränkt gefühlt zu haben, denn er sah darin eine negative Vater-Übertragung. Begründet sah er dies in der Biografie der Patientin, denn sie war direkt nach ihrer Geburt von ihrem Vater verlassen worden. Der Vater hatte sich »aus dem Staub gemacht« und auch weiterhin kein Interesse an seinen Kindern gezeigt.

Als Supervisorin deute ich an dieser Stelle, dass im Traum das Nicht-gesehen-Werden möglicherweise als frühe traumatische Erinnerung aus dem Unbewussten reinszeniert wird. Dieses Trauma scheint sich vor allem auf Männer zu beziehen, denn im Traumbild waren es zunächst Männer aus ihrer Familie (Ehemann und Sohn), die das Traum-Ich ignorierten.

Hingegen könnten die anderen Männer im Traumbild, wie die Arbeitskollegen, der Schulrektor und der Bürgermeister, ein Hinweis sein auf eine unerträgliche berufliche Situation. Denn Krankheit und Quarantäne hatte sie wie »Urlaub« empfunden und in dieser Zeit keine Traumwiederholung erlebt. Das würde auch der eigenen Interpretation der Patientin entsprechen. Allerdings war sie auch der Gruppentherapie ferngeblieben.

Herr A. greift noch einmal das Problem der Patientin mit ihren Nachbarn auf. Er spüre bei sich Ärger über die Intoleranz der Patientin. Sie leide wohl auch an einer Kommunikationsstörung, denn sie sei vermutlich nicht in der Lage, von den Nachbarn gesehen zu werden und ihnen ihre Grenzen aufzuzeigen. In der Behandlungsgruppe »jammere« sie darüber, den Nachbarn gegenüber verhalte sie sich aber stumm, wie unsichtbar. Herr A. bewertet das als massive Aggression gegenüber ihrer Gruppe. Offensichtlich könne sie ihren Ärger nicht an der Stelle vermitteln, wo er entstand. Mit ihren Klagen »nerve« sie die anderen Gruppenmitglieder. Das führe zu der projektiven Wahrnehmung der Patientin im Traum, dass sie nicht gesehen wird.

Ich frage in die Supervisionsgruppe, was es wohl mit dem Ärger von Herrn A. gegenüber der Patientin auf sich haben könnte, während Herr R. als Gruppenleiter in seiner Gegenübertragung keine Irritation empfunden hatte. Bedeutet es, dass Herr R. diese aggressive Seite der Patientin bisher nicht hat wahrnehmen können?

Weil für ihn die Opferseite der Patientin mit dem frühen Vaterverlust im Vordergrund stand? Die Kollegen in der Supervsionsgruppe hatten in ihrer Imagination zum Traum die Umkehr vom Nicht-gesehen-Werden in ein Nicht-sehen-Wollen übertragen.

Das würde einer Umkehr des aggressiven Affekts der Patientin entsprechen; nämlich, dass sie Männer nicht sehen wollte. Mit dieser aggressiven Wendung gegenüber Männern, wie zum Beispiel auch gegenüber dem Sohn, wäre dessen Weggang für sie leichter zu ertragen. In einer solchen ambivalenten aggressiven Haltung begegnet sie auch Herrn R. als Therapeuten, wenn sie einerseits die Einzeltherapie ablehnt, anderseits aber trotz der Gruppenzugehörigkeit eine Einzelsitzung wünscht.

War es angesichts der Aggression gegenüber Männern besser für sie, in eine Therapiegruppe mit mehrheitlich Frauen zu kommen? Frage an Herrn R.: Wie hat sie sich in der Gruppe mit den Frauen gefühlt? Ihr Unbewusstes im Traum drückt aus, dass sie auch von den Freudinnen nicht gesehen wurde. Herr R. meint, sowohl mit Männern wie mit Frauen ist es nicht gut. Die Supervisionsgruppe zeigt sich verwundert darüber, dass die Patientin so einfach zu überzeugen war, in die Gruppentherapie zu wechseln. Die Kollegen finden eine Erklärung in der Deutung, dass sie den Therapeuten als Sicherheit gebendes väterliches Objekt erlebt hat, weil er ihr einen anderen Therapieplatz in seiner Praxis angeboten hat.

Herr B. fragt, wie sie ihre zwiespältige Haltung gegenüber Herrn R. auf Dauer in der Gruppe aushalten können wird. »Vermutlich ist es für sie schwerer, als es sich nach außen darstellt«, gibt Herr R. zurück.

Trotz dieser emotionalen Schwierigkeiten bleibt sie in der Gruppe. Die Kollegen in der Supervisionsgruppe erinnern sich an die Imagination einer Tarnkappe und an »Rumpelstilzchen«. In diesem Traum geht es möglicherweise um die eigenen Aggressionen, die die Patientin wohl verdecken müsse.

Herr A. meint, er sehe in dieser Supervisionssitzung noch nicht, was eigentlich in der übrigen Behandlungsgruppe los gewesen sei. Von den anderen Gruppenteilnehmer:innen wurde bisher wenig berichtet.

Vielleicht bildet sich auch hier das Traummotiv des »Nicht-gesehen-Werden« symbolisch ab. Die anderen Gruppenteilnehmer:innen wurden bisher in dieser Reflexion der Supervisionsgruppe über die Behandlungsgruppe noch gar nicht gesehen. Wie hat die Behandlungsgruppe auf den Traum reagiert? Herr R. berichtet, die Gruppenteilnehmer:innen hätten der Patientin sehr heftig allerlei Ratschläge und Tipps erteilt – es sei ihm dabei »sehr unwohl gewesen«.

»Aber das ist doch gut«, entgegnet darauf Herr A., »dann konnten sie der Patientin ebenso aggressiv begegnen, wie es die Patientin der Gruppe gegenüber tut!«

Herr R. berichtet daraufhin von verschiedenen sehr depressiven Frauen in der Gruppe, die sich häufig mit verdeckten Aggressionen einbringen. Insgesamt erlebe er in dieser Gruppe »ein hohes aggressives Potenzial« angesichts von schwerwiegenden persönlichen Problemen der Einzelnen.

Hierbei kommt die besondere Situation von Herrn R. zur Sprache: Er hat sich als Psychotherapeut auf dem Land neu niedergelassen und muss sehr viele Patientinnen und Patienten versorgen. Sie haben keine Möglichkeit, eine alternative Therapie aufzusuchen. Das erklärt, dass Patienten mit einer sehr anspruchsvollen Haltung sich bei ihm versammeln. Sie kommen meist mit der Erwartung von Tipps und Ratschlägen. Ratschläge verhindern eine tiefergehende Behandlung von Beziehungsthemen. Sie sind als »Schläge« zu sehen und haben ein hohes aggressives Potenzial, das jegliche weiterführende Kommunikation »niederschlägt«. Das erschwert einen psychotherapeutischen Zugang.

Die Gesamtsituation von Herrn R. ist zurzeit sehr schwierig, da er sich mit starken Spannungen und Alltagsproblemen beschäftigen muss.

Herr R. sagt, dass er künftig seine Aufmerksamkeit auf das Manipulative und Aggressive in der Gruppe richten werde. Möglicherweise könnten klare und konsequente Regeln helfen. Er müsse sich den Patientinnen und Patienten gegenüber durchsetzungsfähiger zeigen, um seine Rolle als Gruppenleiter und Therapeut zu behaupten.

Herr R. wird nun abschließend gefragt, was er aus dieser Supervisionssitzung mitnehmen könne, und stellt fest: Auf seine Eingangsfrage habe er die Antwort bekommen, dass der Traum tatsächlich symbolisch die augenblickliche Situation in dieser Behandlungsgruppe zum Ausdruck bringt.

Es habe ihm gutgetan, einfach nur zu hören, was die Kollegen in freier Fantasie zum Traum seiner Patientin entwickelten. Das hatte für ihn sogar etwas »Unterhaltsames«. Auch ihm als Gruppenleiter ergehe es in der Gruppe wie dem Traum-Ich, weil er in seiner Funktion als Gruppenleiter und Psychotherapeut noch nicht wirklich gesehen werde.

In dem reichen Angebot von Überlegungen und Bildern aus den jeweiligen Imaginationen zur Gruppendynamik, fühle er sich von den Kollegen zum großen Teil bestätigt. Allerdings habe er die verdeckte Aggression hinter der vorgegebenen Opferhaltung der Patientin bisher nicht wahrgenommen. Die Umkehr von »Nicht-gesehen-Werden« in ein eher aggressives »Nicht-sehen-Wollen«, sei ihm jetzt erst deutlich geworden.

Schlussbetrachtung

Mein Anliegen ist es, die Bearbeitung von Patiententräumen mit imaginativen Techniken in Supervisionsgruppen vorzustellen und dafür zu werben.

Hierzu noch ein Zitat von Christian Roesler (2022, S. 113)

> »Der Traum nutzt das umfassendere Wissen des Unbewussten: Träume können weitreichendere assoziative Verknüpfungen herstellen als das Denken im Wachzustand, u. a. deshalb, weil beim Träumen mehr Hirnareale ins ›Traumdenken‹ einbezogen sind als im Wachen. Dies liegt sehr nahe an Jungs These, dass das Unbewusste, das die Träume hervorbringt, über ein umfassenderes Wissen bzw. eine größere Perspektive als das Bewusstsein verfügt.«

Wie ich beschrieben habe, wird zum tieferen Verständnis für die gesamte Gruppendynamik ein Patiententraum aus der eigenen Behandlungsgruppe von einer oder einem der Supervisand:innen ausgewählt und berichtet. Die anderen Kolleg:innen der Supervisionsgruppe werden aufgefordert, zum Traum der ihnen unbekannten Person (Gruppenpatient:in) eigene Gedanken, Bilder und Fantasien zu entwickeln – den Traum »nachzuträumen« und das eigene Unbewusste einzubeziehen. In dieser Phase stellen die Supervisand:innen eine Verbindung her zwischen ihrem eigenen Unbewussten und dem der unbekannten Träumer:in. Diese »aktive Imagination« hat etwas Spielerisches und bereitet den Teilnehmer:innen zumeist auch Freude. Es führt meist zur energetischen und libidinösen Aufladung der persönlichen Komplexe aller Beteiligten. So bewirkt es auch eine Veränderung der gesamten Gruppenmatrix der Supervisionsgruppe und führt zu einer vertieften Begegnung der Gruppenteilnehmer:innen und zu mehr Offenheit. Der beim »Nachträumen« entstandene Bilder- und Gedankenreichtum ermöglicht letztlich neue Erkenntnisse, die sich auch auf referierende Gruppenleiter:innen und deren Behandlungsgruppen auswirken.Das hier geschilderte Supervisionsverfahren für die Weiterbildung von Gruppentherapeut:innen zeigt, dass die Anwendung der Analytischen Psychologie auch für die Arbeit in Gruppen geeignet ist und sich bewährt. Besonders die Bearbeitung von Träumen mit imaginativen Techniken schafft eine Lebendigkeit und bunte Vielfalt, an der ich auch als Supervisorin teilhaben kann.

Abschließend danke ich Frau Isolde Mosch für ihre einfühlsame Unterstützung bei der sprachlichen Gestaltung meiner Arbeit. Ebenso möchte ich den drei Kollegen meiner Supervisionsgruppe ein herzliches Dankeschön dafür aussprechen, dass sie der Veröffentlichung des anonymisierten Berichts über unsere gemeinsame Arbeit zugestimmt haben.

Literatur

Bovensiepen, G. (2019): *Die Komplextheorie – Ihre Weiterentwicklungen und Anwendungen in der Psychotherapie.* Stuttgart: Kohlhammer.
Dally, A. (2014): Transparenz – Selbstoffenbarung – selektiv authentisch sein in Gruppenpsychotherapie und Gruppenanalyse. In: H. Staats, A. Dally & T. Bolm (Hrsg.) (2014): *Gruppenpsychotherapie und Gruppenanalyse* (S. 140–144). Göttingen: Vandenhoeck & Ruprecht.
Dorst, B. (2015): *Therapeutisches Arbeiten mit Symbolen.* Stuttgart: Kohlhammer.
Dorst, B. & Vogel, R. (2014): *Aktive Imagination.* Stuttgart: Kohlhammer.
Freyberger, H. (2010): Professionalisierung der Supervision. *Psychotherapeut,* 55(6), 465–470.

Hüther, G. (2013): *Die Macht der inneren Bilder.* Göttingen: Vandenhoeck & Ruprecht.
Jung, C.G. (1961/1990): *Traum und Traumdeutung.* München: dtv.
Jung, C.G. (1928/1985): *Allgemeines zur Komplextheorie.* GW 8 §§ 194–219.
Kahl-Popp, J. (2010): Kontextanalytische Supervision in der psychoanalytischen Ausbildung. *Psychotherapeut*, 55(6), 471–476.
König, O. & Schattenhofer, K. (2021): *Einführung in die Fallbesprechung und Fallsupervision.* Heidelberg: Carl Auer.
König, O. & Schattenhofer, K. (2020): *Einführung in die Gruppendynamik.* Heidelberg: Carl Auer.
Müller, L. & Müller, A. (Hrsg.) (2003): *Wörterbuch der Analytischen Psychologie.* Düsseldorf/Zürich: Walter.
Roesler, C. (2022): *Traumdeutung und empirische Traumforschung.* Stuttgart: Kohlhammer.

Claus Braun

Ein Beispiel traumzentrierter Gruppenpsychotherapie
Erfahrungen, Methode, Indikationen

Abstract

Es wird das Modell einer traumzentrierten analytischen Gruppenpsychotherapie vorgestellt, welches seit drei Jahren praktiziert wird. Nach einer theoretischen Positionierung und Überlegungen zum Arbeiten mit Träumen in einer Kleingruppe werden die Praxis und die Gruppenerfahrungen im Einzelnen geschildert. Es wird der Verlauf der Gruppe sowohl im Querschnitt einer Sitzung als auch im Längsschnitt beschrieben, mit beispielhaften Traumvignetten. Im Zentrum der Gruppenprozesse steht eine Phase des gemeinsamen Imaginierens zum jeweiligen Sitzungstraum, welche die hauptsächliche Qualität des Modells ausmacht. Der Einbruch soziopolitischer Ereignisse ins Gruppengeschehen wie der Covid-19-Pandemie und des Ukraine-Kriegs werden dargestellt.

Einleitung

Träume, die während einer Psychoanalyse geträumt werden, spielen oft eine entscheidende Rolle im Behandlungsprozess. Sie beleuchten die psychischen Auswirkungen problematischer aktueller und früherer Beziehungserfahrungen und machen diese zugänglich.

In diesem Text soll es darum gehen, die Bedeutung einer intensiven Traumarbeit in einem spezifischen Gruppensetting darzustellen. Die klassische Psychoanalyse beginnt mit einem vertieften Nachdenken über Träume: Sigmund Freuds *Traumdeutung* (1900) sieht den Traum als herausgehobene Möglichkeit, einen direkten Zugang zu haben zu den Inhalten der unbewussten Psyche. Gemeint war damit zunächst: Zugang zu haben zu verdrängten inneren und äußeren Erfahrungen, die im Wachbewusstsein nicht integrierbar waren.

Es ist das große Verdienst von C. G. Jung, entdeckt zu haben, dass Träumen ein aktiver, kreativer, schöpferischer Prozess ist, ein Prozess, der darauf hinausläuft,

Erfahrungen aus Vergangenheit und Gegenwart miteinander abzugleichen und zu verbinden mit der tendenziellen Möglichkeit, die Ergebnisse dieses Traumdenkens einer bewussten Auseinandersetzung zugänglich zu machen.

Als jungianischer Analytiker gehe ich davon aus, dass die unbewusste Psyche über den Traum eine ausgleichende Orientierungsfunktion sowohl im Rückblick auf Vergangenes als auch im Hier und Jetzt und im Blick auf die Zukunft (Finalität) zur Verfügung stellen kann.

Traumereignisse erinnern wir in Form von Traumepisoden, Traumgeschichten. Die Traummetaphern geben wieder, mit welcher Emotion oder Sorge, mit welchen Wünschen, mit welchen Konflikten die unbewusste Psyche der Träumerin oder des Träumers zum jeweiligen Zeitpunkt besonders beschäftigt ist. Sie zeigen in symbolischer Form die zugrunde liegenden und noch nicht integrierten Anteile traumauslösender Komplexe und Erfahrungen, die zunächst als emotionale, implizite Zustände erlebt werden, die dem Bewusstsein noch nicht verfügbar sind (vgl. Wilkinson, 2006, S. 295). Wie selbstverständlich gehen wir davon aus, dass die Analyse der mitgeteilten Träume in der Einzelpsychotherapie große Bedeutung hat unter der Voraussetzung, dass wir sie als Beziehungsgeschehen wahrnehmen können, als ein Ereignis, das sich zwischen Analysanden und Psychoanalytikern entfaltet. Wir haben die Vorstellung, dass das analytische *Paar* nicht nur auf der bewussten Ebene, sondern auch auf der Ebene des persönlichen und des kollektiven Unbewussten miteinander verbunden ist. In dieser Sicht lässt sich die Traumerzählung als Teil eines gemeinsamen Prozesses verstehen, der, als *Rêverie* oder wechselseitige *projektive Identifizierung* als Ausdruck einer liebevollen Beziehung gedacht (Bion, 1962/1997, S. 83ff.), das Auftauchen von Bildern, Stimmungen und Gefühlen in Übertragungs-Gegenübertragungs-Prozessen ebenso umfasst, wie konkrete Träume beider Beteiligter. Die Träume in einem analytischen Prozess sind neben anderen Inhalten auch eine Geschichte der Beziehungswirklichkeit des analytischen Paares und seiner mentalen Funktionsweise.

C.G. Jung schrieb in einem Brief an Dr. James Kirsch vom 29. September 1934, dass die Träume in der Psychotherapie zwischen dem Analysanden und dem Analytiker geträumt werden: »[…] im tiefsten Sinne träumen wir alle nicht aus uns, sondern aus dem, was zwischen uns und dem anderen liegt« (Jung, 1981, 223). Diese Verbindung nennt Jung *paticipation mystique*.

Auch in einer analytischen Gruppe bewirkt diese geheimnisvolle, unbewusste »mystische« Teilhabe aller ein Netzwerk der gemeinsamen Verbundenheit, die Gruppenmatrix. Träume gehen demnach auch im Gruppenkontext aus dem intersubjektiven Feld der Begegnung von Analysanden – Analytiker/-in hervor, welches sich in der Gruppenpsychotherapie nicht als bipersonal, sondern als multipersonell darstellt. Träumen als Prozess von Symbolisierung und der Erzeugung neuer Bedeutungen geht in der Gruppe aus der Begegnung zwischen den Analysanden und dem Gruppenleiter/der Gruppenleiterin hervor (Ferro, 2003, S. 136ff.).

In einer anderen Terminologie kann in diesem Feld der Traum als »Hologramm« eines gemeinsamen kreativen mental-emotionalen Prozesses (Moser, 2003, S. 745) aufgefasst werden.

Wenn wir den Traum als erzählerische Entfaltung einer inneren »Mikrowelt« verstehen (vgl. Moser & v. Zeppelin, 1996), dann beobachten wir im Traumgeschehen in Echtzeit und »gerade jetzt« den Versuch, ganz bestimmte Erfahrungen zu integrieren, eigene oder Handlungen anderer zu überdenken und Facetten, möglicherweise widersprüchliche, der eigenen Identität wahrzunehmen und auf der affektiven Ebene bewältigen oder regulieren zu können.

Viele Kolleginnen und Kollegen haben immer wieder berichtet, dass sowohl in Einzelbehandlungen als auch in der Gruppenpsychotherapie spontan mitgeteilten Träume in aller Regel eine dichte, emotional bewegte Zentrierung bewirken. Dies entspricht auch meiner Erfahrung sowohl in der analytischen Zweierkonstellation als auch in der analytischen Gruppenpsychotherapie.

Vor vier Jahren hatte ich eine Begegnung mit dem Traumforscher William Stimson (2018), einem Schüler des New Yorker Psychiaters und Psychoanalytikers Montague Ullman (1986). Auf seine Einladung hin entschloss ich mich, nach Taiwan zu reisen, um dort an seinem Masterkurs für die Leitung von Ullman-Gruppen teilzunehmen.

In dieser Gruppe machte ich berührende und anregende Erfahrungen und war beeindruckt von dem erlebten Gruppenprozess und vom Verfahren selbst.

Die Traumarbeit in dieser Gruppe sollte jedem Gruppenmitglied dazu verhelfen, die eigenen Träume in seinem Alltagsleben schätzen zu lernen, persönliche Bedeutung zu verstehen und Anregungen aus dem Traumgeschehen aufzunehmen, die aus Traummetaphern erschlossen werden könnten.

Claus Braun

Theoretische Fundierung

Meine gruppenanalytische Ausbildung habe ich bei der Internationalen Arbeitsgemeinschaft für Gruppenanalyse erhalten. Entsprechend orientiere ich mich in Hinsicht auf Gruppenprozessen und Gruppendynamik hauptsächlich an S. H. Foulkes (Siegmund Heinrich Fuchs), an dessen Freund Norbert Elias, an Alfred Bion und Kurt Lewin. Ich schätze die therapeutische Haltung von Irvin. D. Yalom.

In Bezug auf die Vorstellung einer psychischen Matrix folge ich der Auffassung von Foulkes, nach welcher die Gruppenmatrix die Grundlage aller wirksamen Beziehungen und Interaktionen von Gruppenmitgliedern ist. Sie ist die Bedingung eines unbewussten Verstehenkönnens und die Voraussetzung für Entwicklungsprozesse in psychotherapeutischen Gruppen (Foulkes, 1992, S. 164f.) unter der Voraussetzung, dass das soziale Unbewusste als weiterer Rahmen ebenso berücksichtigt werden kann, wie Einflüsse des kollektiven Unbewussten.

In einer bemerkenswerten Briefstelle vom 30. September 1948 schrieb C. G. Jung an Miss Sally Pinckney in New York, die dort einen *Psychologischen Club* gründen wollte:

> »Eine positive Beziehung zwischen dem Individuum und […] einer Gruppe ist sehr wichtig, da kein Individuum für sich lebt, sondern von der Symbiose mit einer Gruppe abhängt. Das Selbst, eigentliches Zentrum des Individuums, ist seinem Wesen nach eine Vielheit. Es ist sozusagen eine Gruppe. Es stellt eine Kollektivität dar und schafft Gruppen, wenn es im positiven Sinn wirkt.« (Jung, 1989, S. 130f.)

Das individuelle Selbst benötigt also Beziehungen als Existenzgrundlage. Das Selbst ist, wie Lesmeister betont, an sich ein *Beziehungsphänomen,* das »nicht innerhalb, sondern zwischen Subjekten existiert« (Lesmeister, 2009, S. 299) und in dem als psychische Realität immer auch der Andere lebt und uns bereichern kann, wenn wir offen für ihn sind.

Gerade die Teilnehmer einer analytischen Gruppe riskieren es für eine gewisse Zeit, an »Heilung und Individuation durch Beziehung« zu glauben. Sie wagen es, sich den Konflikten, Problemen und Persönlichkeiten zunächst ganz fremder Anderer auszusetzen in der Hoffnung, auf irgendeine Weise über das Eintauchen in einen Gruppenprozess besser zu verstehen, was ihr eigenes seelisches Leiden sagen möchte und wohin ihr eigenes Selbst will.

Ich sehe mich als Jungianer der intersubjektiven Richtung der Psychoanalyse zugehörig. Dialogische Prozesse sind für mich entscheidend für Wachstums-,

Heilungs- und Individuationsbewegungen in einer Psychotherapie. Dazu gehört auch, sich in diesen Prozessen auch als Gruppenleiter affizieren zu lassen von den Leiden und Nöten der Menschen, die sich als psychotherapeutische Gruppe zusammenfinden.

Arbeit mit dem Traum in einer Kleingruppe

Es lassen sich orientierend zwei Typen von Traumarbeit unterscheiden: eine eher inhaltsorientierte und eine auf die Art der Mitteilung hin orientierte Arbeit an Träumen. In Gruppenprozessen sollte erstere Vorrang haben. Im Umgang mit dem Traummaterial stelle ich eher Fragen nach möglichen Bedeutungen, als dass sich Deutungen geben würde. In der konkreten Arbeit an einem Traum lassen sich aus jungianischer Perspektive eine *Objektstufe*, eine *Subjektstufe* und eine *archetypische Deutungsebene* unterscheiden.

Auf der *Objektstufe* entsprechen Traumfiguren und Traumsymbole realen Beziehungskonstellationen, der Traum behandelt die Erfahrungen mit und die Beziehung des Träumers zu diesen. Beispielsweise erscheint es sinnvoll, mit einem Traum objektstufig umzugehen, wenn bekannte Personen oder andere, vielleicht situative Traumelemente auftauchen.

Schauen wir Träume *subjektstufig* an, dann verstehen wir Traumfiguren und deren Interaktionen als projizierte Darstellungen eigener seelischer Anteile: Das Traum-Ich begegnet der »Personifikation« seiner Ideenwelt.

Auf der *archetypischen Ebene* ist die Ebene des kollektiven Unbewussten und des sozialen Unbewussten angesprochen und es geht um solche Dimensionen im Traummaterial, die sich als archetypische Bilder oder archetypische Bereitschaften beispielsweise als psychodynamische Hintergründe von Übertragungs- und Gegenübertragungsprozessen abbilden. Beispiel wäre: Hinter einem aktuellen Angsterleben eines Gruppenteilnehmers wird plötzlich die Perspektive der dramatischen Vertreibungs- und Fluchtgeschichte seiner Familie am Ende des letzten Weltkriegs deutlich.

Ein wichtiges Ziel in der hier vorgestellten Gruppenarbeit ist, dass die eigenen Träume und deren Beziehung zum Alltagsleben allen Mitgliedern der Gruppe zugänglich werden und dass die eigenen Träume in ihrer Hinweisfunktion wertgeschätzt werden. Die Gruppenmitglieder sollen die Erfahrung machen, dass ihre Träume nicht der Deutung von Fachleuten mit Spezialwissen bedürfen, sondern dass sie sich auf die sinngebenden Inhalte der eigenen Traumintelligenz beziehen und verlassen können.

Sie sollen verstehen, dass die Traumsprache eine Bilder- und Metaphernsprache ist, die sich explizit auf die inneren und äußeren Erfahrungen des Träumenden in seinen sozialen Beziehungen bezieht.

Neben der Bewältigung sozialer Ängste, der Stärkung des Selbstwertgefühls und der Kommunikationsfähigkeit ist dies ein wichtiges Lernziel in unserem Modell einer *Einzelarbeit in einer traumzentrierten Gruppe*.

Praxis der traumzentrierten Kleingruppe

Ullman hatte gefunden, dass der Zugang zu den eigenen Träumen besonders fruchtbar wird, wenn sie in einer Gruppe mitgeteilt werden und eine Gruppe gemeinsam versucht, sich den mitgeteilten Traum in einer eigenen Imagination so zu eigen zu machen, als ob es ein selbstgeträumter Traum wäre. Dementsprechend war es die wichtigste methodische Entscheidung, für jede Gruppensitzung einen Traum oder ein Traumfragment einer Teilnehmerin oder eines Teilnehmers als Ausgangspunkt und als Zentrum des Gruppenprozesses zu setzen. In allen 130 Gruppensitzungen (zwischen Mai 2018 und März 2022) hat sich gezeigt, dass dieser einen Traum für alle Beteiligten jeweils so viel Anregungen für den Gruppenprozess bereitstellt, dass oft die Zeit nicht ausreichte, um das Traummaterial auszuschöpfen.

Rahmen und Setting

Die Gruppe ist als Slow-open-Group mit bis zu acht Teilnehmern konzipiert. Bei den Krankenversicherungen wird jeweils eine Kombitherapie beantragt, um die Möglichkeit zu haben, Einzelgespräche mit dem Gruppenleiter zu führen, für den Fall, dass für eine bestimmte Problematik nicht ausreichend Raum im Gruppenprozess zur Verfügung steht. Gelegentlich wurde diese Möglichkeit in Anspruch genommen in akuten Krisen über Erkrankungen, Jobverlust, Trennungs- und Verlustsituationen. Im Rahmen der Kombitherapie habe auch ich die Möglichkeit, ein Einzelgespräch vorzuschlagen, wenn es beispielsweise um Verlängerungen geht oder ich den Eindruck habe, dass bestimmte Ereignisse wie beispielsweise die Diagnose einer schwerwiegenden Erkrankung nicht genügend im Gruppensetting besprochen werden können.

Die Gruppe startete mit vier Teilnehmern und erweiterte sich innerhalb von drei Monaten auf acht Teilnehmer. Dies scheint im Rückblick eine ideale, aber auch maximale Größe zu sein für eine Gruppe mit einer Leiterin oder einem Leiter. Jede Sitzung ist auf 90 Minuten begrenzt. Gruppenurlaubszeiten werden im Voraus festgelegt. Die Gruppe hatte seit Beginn 14 Teilnehmerinnen und Teilnehmer (sechs Frauen, acht Männer).

Slow Open: Abschiede und Ankünfte

Dieses Gruppensetting bringt es mit sich, dass die Gruppe im Verlauf immer wieder mit Abschieden und Trennungen zu tun bekommt, aber auch immer wieder Neuankömmlinge begrüßen kann, mit unterschiedlichen Erwartungen.

Die Abschiede wurden immer sehr bedauert und werden in der Gruppe auch immer wieder betrauert. Gruppenmitglieder, die die Gruppe verlassen haben, werden erinnert und gelegentlich auch erwähnt.

Der Verlauf einer Sitzung

Die Traumarbeit in der Gruppe erfolgt in acht Schritten, die vom Leiter markiert werden. Diese Schritte werden jeweils mit der Frage eingeleitet, ob die Träumerin oder der Träumer weitergehen möchte in der Besprechung ihres oder seines Traumes. Dies kann ohne Weiteres auch verneint werden, ist aber so nie geschehen. Ganz zu Beginn besteht die Möglichkeit, dass zur letzten Sitzung noch etwas nachgetragen werden kann.

Zu Beginn fragt der Gruppenleiter nach einem Traum für diese Sitzung. Falls mehrere Träume mitgebracht worden sind, entscheidet die Gruppe über die Auswahl. Ich habe nur einmal eingegriffen, als ich den Eindruck hatte, dass ein Gruppenmitglied wiederholt altruistisch zurückgetreten war, einen eigenen Traum in die Gruppe einzubringen.

Alle Träume werden doppelt protokolliert: zum einen vom Leiter, zum anderen freiwillig von einem Gruppenmitglied; zu besprechende Träume können auch ausgedruckt mitgebracht und verteilt werden. Der Leiter fragt dann, wer aus der Gruppe bereit wäre, mitzuschreiben und entsprechende Traum in der »Payback-Runde« gegen Ende noch einmal vorzutragen.

Danach erzählt die ausgewählte Träumerin oder der Träumer ihren oder seinen Traum (*Schritt 1*).

Die Gruppe hat danach die Möglichkeit, zu einzelnen Inhalten und Traumbildern klarstellende sachliche Fragen zu stellen, zum Beispiel danach, ob Personen, Situationen oder Gegenstände aus dem Traum dem Träumer bekannt sind, das Traum ich in seinem Lebensalter entsprechend ist, ob es Umgebungsvariablen wie Wetter, Tageszeit, Jahreszeit usw. gibt (*Schritt 2*).

Schritt 3: Nun beginnen alle Gruppenmitglieder zusammen mit dem Leiter, sich den vorgetragenen Traum so vorzustellen, als ob es ein selbstgeträumter, eigener Traum wäre. Nach einiger Zeit der stillen Imagination beginnen die Gruppenmitglieder und der Leiter damit, aus der jeweils eigenen Perspektive über ihre Gefühle und Bedeutungsmöglichkeiten einzelner Traumbilder zu sprechen, sie teilen also deren möglichen metaphorischen Gehalt aus einer Ich-Perspektive mit. Der Leiter spricht immer als Letzter. Er konzentriert sich in seinen Mitteilungen auf Aspekte der jeweiligen Traumerzählung, die durch die Gruppenmitglieder noch nicht oder zu wenig beachtet worden sind. Dies sind oft mögliche subjektstufige Sichtweisen. Schon nach kurzer Zeit hatte sich die Vertrauensbasis in der Gruppe so weit entwickelt, dass jeweils alle Gruppenmitglieder ihre eigenen Einfälle und Assoziationen mitteilten.

Abschließend für diesen Schritt diskutieren die Gruppenmitglieder über ihre wechselseitigen Gedanken zu dem Traum, während die Träumerin oder der Träumer weiter einfach nur zuhört.

Im *Schritt 4* hat dann die Träumerin oder der Träumer die Möglichkeit, auf die Mitteilungen der Gruppenmitglieder zu reagieren. Dies geschieht meist in einer sehr nachdenklichen Haltung, in welcher dann plötzliche eigene Einsichten, Aha-Erlebnisse im Sinne des Wahrnehmens neuer Perspektiven oder der plötzlichen Wahrnehmung emotionaler Zusammenhänge aufleuchten.

Im *Schritt 5* gehen die Träumerin oder der Träumer und die Gruppenmitglieder in den Austausch miteinander. Nun kann nach dem Kontext des Traumes gefragt werden, nach auslösenden Situationen und Konfliktkonstellationen, nach den Lebensumständen, aus denen heraus geträumt wurde, und nach der Vorgeschichte.

Durch die imaginative Arbeit der Gruppenteilnehmerinnen und Gruppenteilnehmer wird das Traummaterial einer Träumerin oder eines Träumers amplifiziert und angereichert. Amplifizieren meint ein beabsichtigtes, innerlich empfangsbereites geistiges Umschreiten eines inneren Bildes oder eines anderen psychischen Inhalts in einem Prozess des inneren Sammelns und Bewusstmachens bedeutungsvoller Assoziationen einschließlich kultureller und archetypischer Elemente (vgl. Braun, 2016, S. 61 ff.). Die Gedanken, Gefühle und Bilder, welche die Gruppenmitglieder in ihrer Imagination eines fremden Traumes erleben, sind neben Eigenanteilen ein symbolischer oder protosymbolischer Ausdruck der unausgesprochenen und auch selbst noch nicht gefühlten Erlebniswelt der Träumerin oder des Träumers. Man könnte auch sagen: Analoge Einfälle der Gruppenmitglieder führen zum psychodynamischen Verstehen der Traumszenen und ihrer oft dramatischen Verwicklungen in Tiefendimensionen. Neben den subjektiven Assoziationen können auch Einfälle herangezogen werden, die bei der Imagination der Traumszenen auftauchen wie Filmszenen, Literaturbeispiele, Gedichte und Verszeilen, künstlerische Gestaltungen.

Nachdem die entsprechenden Fragen, Überlegungen und Fantasien ausgeschöpft sind, bittet der Leiter um das *Playback des Traumes* (*Schritt 6*), das heißt, der Traum soll von dem protokollierenden Gruppenmitglied noch einmal vorgetragen und an den Träumer oder die Träumerin zurückgegeben werden.

Im letzten Abschnitt ist Raum für weitere Überlegungen und hier kommen nun besonders auch die oben genannten jungianischen Blickwinkel und Zugänge ins Spiel. Es kann nun über biografische, konfliktverbundene oder prospektive Elemente des jeweiligen Traums gesprochen werden. Oft wird auch der aktuelle Traum mit früher mitgeteilten Träumen in Verbindung gebracht, mit der jeweiligen persönlichen Traumbiografie, die im Laufe des Gruppenprozesses entsteht.

Insgesamt geht es um den Mitteilungsgehalt der Traummetaphern und um die Einschätzung und das Gefühl der Träumerin oder des Träumers, welche qualitativen Bedeutungen der Traum und seine Elemente für den eigenen Alltag und das Selbstverständnis haben könnten (*Schritt 7*).

Am Ende jeder Sitzung hat der Träumer das letzte Wort (*Schritt 8*) – und wir verabschieden uns.

Meine regelmäßige Erfahrung in den wöchentlichen Sitzungen der Traumgruppe ist es, dass alle Teilnehmerinnen und Teilnehmer intensiv beteiligt und emotional bewegt sind. Nicht nur die Träumerin oder der Träumer verlassen angeregt und innerlich bereichert die Sitzung. Es wird immer wieder berichtet, wie einzelne Träume oder Traumthemen auch zwischen den Sitzungen zum Nachdenken angeregt haben.

Gemeinsames Imaginieren zum Sitzungstraum

Der kreative Höhepunkt jeder Gruppensitzung ist das gemeinsame Imaginieren zu jenem Traum, der das Zentrum der betreffenden Sitzung ausmacht. Der Traum wird vorgestellt, ist aufgeschrieben, die sachlichen Fragen zur Traumszene, zu Traumfiguren und Einzelheiten sind gestellt.

Nun fragt der Leiter die Träumerin oder den Träumer: »Wollen Sie zur nächsten Stufe übergehen?« Wenn diese Frage bejaht wird – wie bisher immer –, wendet sich der Leiter an die Gruppe mit folgender einleitender Aufforderung: »Stellen Sie sich bitte vor, Sie hätten diesen Traum selbst geträumt, er wäre Ihr eigener Traum – lassen wir die Trauminhalte und die Traumstimmung auf uns wirken und erzählen wir später der Träumerin oder dem Träumer, was wir aus dem Blickwinkel ›wenn das mein Traum gewesen wäre … ‹ erlebt haben und mitteilen wollen.«

Beispiel einer Traumszene (T114):

»Ich komme an auf einem kleinen Bahnhof. Das Schalterhäuschen ist ohne Persona l… Entschluss: Ich fahre weiter ohne Fahrkarte, Hauptsache, ich bekomme den Zug. Ein Bahnsteig war unten, einer oben, jeweils ein Gleis. Ich musste zum oberen Bahnsteig. Dorthin führt eine Leiter rechtwinklig hoch, sie war aus Metall, aus Edelstahl … Drei Kinder sind vor mir die Leiter hochgeklettert … Ich habe gerufen: Schneller! Schneller! Ich wollte ja den Zug erwischen – er fuhr 12:30 Uhr, es war 12:29 Uhr.«

Nach einer Zeit des Nachdenkens beginnen die Gruppenmitglieder spontan aus der Ich-Perspektive zu erzählen.

Häufige Einleitungssätze lauten so: »Ja, wenn das mein Traum wäre, er hätte mir erst einmal Angst gemacht. Mir fällt dazu eine Situation aus meinem Leben ein, die sich an einem ganz ähnlichen Ort abgespielt hat … ich war dort mit XYZ …. ich hatte damals keine gute Zeit.… usw.« Oder: »… als Fahrschüler bin ich sehr oft auf einem sehr ähnlichen Bahnhof gewesen wie der, welcher im Traum vorkommt … ich erinnere mich, dass ich schon auf dem Weg dorthin immer in Angst war, den Zug zu verpassen …« Oder: »… wenn es mein Traum gewesen wäre, wäre ich sehr am Fragen, warum ich ausgerechnet von einem Provinzbahnhof träume, so etwas kenne ich überhaupt nicht, das ist mir total fremd und so würde ich mich dort auch fühlen …« Ein anderer: »… dieser Traum erinnert mich an eigene Träume: So oft, die ganze Schulzeit über, musste ich sehr mühsam Treppen, Steilhänge, Berge hochklettern …« usw.

Es entsteht ein Kaleidoskop lebendiger Erinnerungsbilder, Assoziationen und Amplifikationen von elektrischen Eisenbahnen, Kindheitseindrücken, Ankünften und Abreisen, freudigen Erwartungen und traurigen Trennungen, Bahnhofszenen aus dem Film »Ladykillers« u. a. m. stehen im Raum. Die Träumerin oder der Träumer sitzt während dieser Phase schweigend dabei und hört zu, nimmt die imaginären »Welten« der anderen Gruppenteilnehmer und des Leiters auf.

Nachdem alle mitteilenswerten Gedanken, Gefühle, Assoziationen und Einfälle geäußert sind (es bedarf dabei keines beendigenden Eingriffs durch den Leiter) sprechen nun die Gruppenteilnehmer untereinander über ihre wechselseitigen Eindrücke und Beobachtungen, fragen vielleicht doch einmal nach Zusammenhängen, tragen Einfälle nach. Auch in dieser Phase schweigen die Traumurheber noch – meist schon ungeduldig darauf wartend, den anderen mitzuteilen, was deren Imaginationen möglicherweise ausgelöst haben an weiteren Erinnerungen an Lebensereignisse, anhand derer ein Rückbezug in die Vergangenheit, zu wichtigen Ereignissen der Lebensgeschichte, möglicherweise auch zu Verletzungen und Traumatisierungen möglich wird. Eine solche Perspektive eröffnet sich in der Regel, wenn nach den auslösenden Ereignissen im Sinne von aktuellen Konflikten und Tagesresten gefragt und gesucht worden war.

Für die Träumer eröffnen sich oft beeindruckende Perspektiven und Zusammenhänge, es wird nicht selten gesagt: »… in diese Richtung hatte ich noch nie gedacht.« Aus dem obigen Traumbeispiel ergab sich etwa ein intensives Nachdenken darüber, ob nicht im eigenen Leben tatsächlich eine Neuausrichtung notwendig ist, eingeleitet werden muss, nicht länger hinausgeschoben werden darf, um »den Zug« zur Weiterfahrt nicht zu verpassen.

Teilnehmerinnen und Teilnehmer

Diese Gruppe sollte besonders für Menschen geeignet sein, die nach einer längeren oder kürzeren Einzeltherapie die Notwendigkeit einer weiteren Bearbeitung sozial-neurotischer Konflikte oder Anpassungsstörungen hatten und bereit waren, mit Inhalten des eigenen Unbewussten insbesondere mit ihren Träumen zu arbeiten. Selbstverständlich hatten alle auch die Möglichkeit, ein anderes Modell einer psychodynamischen Gruppenpsychotherapie in meiner Praxis zu wählen.

Die Entscheidung, gerade in dieser Gruppe teilzunehmen, wurde in ausführlichen Vorgesprächen getroffen. Alle Gruppenteilnehmerinnen und -teilnehmer hatten zum Zeitpunkt ihres Eintritts in die Gruppe mit schweren inneren und äußeren

Belastungen und psychopathologischen, psychosomatischen und somatischen Beschwerden zu kämpfen, aus denen sich eine klare Indikation für eine weitere Psychotherapie ergab.

Seelische Ausgangssituationen

Ich möchte ausschnittweise beschreiben, mit welchen Problematiken einzelne Teilnehmer und Teilnehmerinnen zur Gruppe gekommen waren.

Herr A.: 60 Jahre alt, Rollstuhlfahrer, Immunerkrankung, chronische soziale Ängste, depressive Verstimmungen, Suizidgedanken »wegen der Verantwortung für das Leben«.

Herr B.: sozialer Rückzug, Lebenssinn infrage gestellt, Angst vor Mobbing, Zukunftsangst.

Frau C.: unerträgliche berufliche Situation, chronische Erkrankung der Wirbelsäule und des Bewegungsapparates, »wie soll es nur weitergehen?«.

Frau D.: sehr belastende familiäre Situation, schwere Erkrankung des Ehemannes, »ich verstummte mehr und mehr«.

Herr E.: rezidivierende depressive Verstimmungen, Minderwertigkeitskomplex, hohe berufliche Belastung, »ich erhoffe mir Entscheidendes von einem Blick nach innen«.

Herr F.: Kaum erträgliche berufliche Konflikte, Beziehungsgeflechte, familiäre Sorgen, chronische Niedergeschlagenheit.

Herr G.: langjähriger sozialer Rückzug, Gefühl des Scheiterns in zahlreichen Lebensbereichen, Einsamkeit: »Jede Begegnung kann mich unendlich anstrengen.«

Frau H.: Verunsicherung im Übergang von der Berufstätigkeit in die Rentensituation, »immer wieder schleichen sich diffuse Ängste an, ich möchte verstehen, warum, und sie endlich loswerden«.

Herr I.: hat sich mit einer schwerwiegenden chronischen Erkrankung auseinanderzusetzen und sich dem Geschehen gegenüber zu behaupten.

Herr K.: großes Misstrauen in sozialen Beziehungen, andauerndes Gefühl von Bedrohtsein.

Unvergessliche Momente im Verlauf

Zwei Beispiele von außergewöhnlichen prospektiven Verbindungen im Zusammenhang mit Traumerlebnissen:

A: T39.
Ich wollte in ein Krankenhaus. Ich betrat ein altes Backsteingebäude, der Flur war gewölbeartig, mit grauem Linoleum belegt. Eine Dame, wohl die Sekretärin, saß an einem Empfangstisch. Als ich heran kam sagte sie: »Wir sind voll, wir können sie nicht aufnehmen.« Ich sah dann weiter hinten ein Leuchtschild »Abteilung Familientherapie«. Ich fragte: »Gibt es da Plätze?« »Ja, da ist Platz!« sagte sie…

Kurze Zeit nach diesem Traum musste sich der Träumer wegen einer plötzlich einsetzenden heftigen körperlichen Erkrankung in stationäre Behandlung begeben.
B: Ein Teilnehmer berichtete einen Traum (T79), den er neun Monate zuvor geträumt hatte. Er hatte die Gewohnheit, seinen Träumen einen Titel zu geben. Dieser Traum hieß: »Kraft der Ahnen«. Ein Traumbild daraus: eine Bäckertüte mit zwei Beulen. Das Traum-Ich »wusste« den Inhalt: zwei Kalenderdaten – sein Geburtstag und ein weiteres Datum acht Tage später. Es stellte sich heraus, dass dieser Traum den Anstoß gegeben hatte, die Lebensgeschichte seines Vaters zu erforschen, den er nie kennengelernt hatte. Dabei stellt es sich heraus, dass er zwei Halbbrüder hat, zu denen er inzwischen Kontakt aufgenommen hatte. Es hatte sich eine herzliche Verbindung entwickelt. Das andere Datum war der Geburtstag seines Vaters.

Traumgedächtnis, Traumbiografie und die »Traumbibliothek« der Gruppe

Zu Beginn jeder Gruppensitzung wird mit einer gewissen Neugierde und Spannung erwartet, welch ein »Traumgast« in der Gruppe erscheinen wird.

Zur ersten Sitzung wurde ein *Gruppeninitialtraum* mitgebracht, der unmittelbar heftige Ängste eines Teilnehmers vor den Auswirkungen des Gruppenprozesses zum Ausdruck brachte. Das betreffende Traum-Ich erlebte, wie während eines harmlosen Waldspaziergangs plötzlich eine Bedrohungssituation entstand. Andere Menschen mussten von ihm unter Lebensgefahr gerettet werden. In der nachfolgenden Bearbeitung wurde es dem Träumer möglich, darüber zu sprechen, wie er immer wieder in Angst und Panik verfällt in zwischenmenschlichen Begegnungen. Auch andere Gruppenmitglieder konnten dann über ihre Gefühle zu Beginn der Gruppe sprechen.

Zu Anfang bestand eine gewisse Scheu oder Schüchternheit gegenüber »einfachen Träumen«, welche Alltagsthemen kommentierten. Es wurden deshalb zu Anfang oft Träume eingebracht, die entweder als »große Träume« in früheren Zeiten unvergesslich geblieben waren oder als Wiederholungsträume immer wieder auftauchten. Es dauerte einige Zeit, bis die Gruppe auch scheinbare belanglose Träume als wertvoll erkannte oder Traumfragmente, wenn also nur ein Ausschnitt und ein bestimmtes Bild aus einem Traum erinnert werden konnte. Die Gruppe erlebte mit der Zeit, dass auch solche Bruchstücke einer Traumgeschichte tiefgehende Einblicke ermöglichten oder aber auch den Fokus einer aktuellen Thematik ausmachten, die sich dann im Gruppenprozess ausarbeiten ließ.

Es wurde immer wieder mitgeteilt, dass die eigenen Träume nun auch im eigenen Leben anders gesehen werden und eine andere Bedeutung bekommen haben. Es entstand eine gewisse »gewohnheitsmäßige« Traumwahrnehmung. Sie wurde verstärkt durch die Neugierde darauf, was die eigene *Traumregie* wohl wieder in Szene gesetzt haben würde.

Einzelne Teilnehmer erlebten gelegentlich und zeitweise aber auch eine Überflutung mit Traummaterial. Phasenweise konnte sich plötzlich die Traumwahrnehmung derartig verstärken, dass verschiedene Träume aus einer Nacht so lebhaft erinnert wurden, dass das *Traumkino* als Belastung erlebt wurde. Eine solche Verstärkung konnte hervorgerufen werden einerseits durch den Druck äußerer Ereignisse, andererseits beispielsweise aber auch durch die Vornahme, möglichst alle Träume in einem Traumbuch zu notieren, was bei starker Traumaktivität zu einem hohen Stress durch den Anspruch des »Alles-Festhalten-Wollens« führte.

Haben Gruppenteilnehmer nach einiger Zeit mehrere Träume in die Gruppe eingebracht, wird eine individuelle *Traumbiografie* sichtbar, an welche sich auch die Gruppe erinnert. Die *Traumserie* über einen längeren Zeitraum macht sichtbar, dass es immer wieder ganz bestimmte *Komplexe* sind, die als *Komplexthemen* traumanregend wirken (vgl. hierzu Braun, 2022a).

So tauchte zum Beispiel bei einem Teilnehmer in verschiedenen Traumsituationen immer wieder die Trauer um den vermissten Kontakt mit dem verstorbenen Vater auf oder in anderen Traummetaphern Angst und Hoffnung im Blick auf eine in der Zukunft bevorstehende schwere Prüfung im Arbeitsfeld. Hier war es für den Träumer ermutigend, dass er in seinen Träumen immer im letzten Moment noch »die Kurve kriegte« oder einen Ausweg fand.

Mitglieder, die die Gruppe oft seit Langem schon verlassen hatten, werden besonders über die Erinnerung an von ihnen eingebrachte Träume erinnert: »… der heutige Traum erinnert mich sehr daran, was XY vor zwei Jahren in dem Traum vom xxx eingebracht hat …«.

Im Laufe der Zeit hat sich eine *Traumbibliothek der Gruppe* in Form von Erinnerungen an Traumtexte und deren Bearbeitung entwickelt. Frühere Träume oder auch einzelne Traumthemen oder Traumszenen einer Träumerin oder eines Träumers werden in Verbindung gebracht werden zu einem aktuell mitgeteilten Traum.

Selbstverständlich sind alle eingebrachten Träume vom Gruppenleiter dokumentiert und werden anonymisiert transkribiert.

Individuelle Auswirkungen intensiver Traumarbeit

Alle Teilnehmerinnen und Teilnehmer erlebten wiederholt, wie unterschiedlich ihnen die nächtlichen Träume zugänglich waren. Es gibt bei allen immer wieder auch längere Phasen eines *Traumschweigens*. Neben einer allgemeinen Überlegung, dass die unbewusste Psyche zu unterschiedlichen Zeiten mehr oder weniger kompensatorisch aktiv sein kann, scheint mir evident, dass das bewusste Annehmen eines Traums in dem *dreamy state* zwischen Schlafen und Aufwachen mit einer emotionalen Anstrengung verbunden ist. Wenn wir uns vorstellen, dass in der »Mikrowelt« der Träume (vgl. Moser & Zeppelin, 1996; Moser & Hortig, 2019) emotional konflikthafte, nicht integrierbare Szenen mit »heruntergeregelten« Emotionen durchgespielt werden, möglicherweise auch immer wieder, wie bei Albträumen, die ein und dieselbe Verfolgungssituation in unterschiedlichen Szenen wiederholt präsentieren, dann lässt sich vorstellen, dass auch mit einem *Angstwiderstand* in Bezug auf die Realisierung eines Trauminhalts und der mit diesem verbundenen Affekten zu rechnen ist.

Wird ein solcher Schutzmechanismus abgeschwächt oder außer Kraft gesetzt, in dem sich Träumer mit einem bewussten Impetus mehr oder weniger dazu zwingen, täglich Träume zu realisieren und aufzuschreiben, kann es zu sehr anstrengenden emotionalen Konfrontationen mit unbewussten Inhalten kommen. Ein Gruppenmitglied hatte deshalb darum gebeten, in eine andere analytische Gruppe wechseln zu können.

Als Empfehlung an die Gruppenmitglieder hat sich daraus ergeben, nach einer anfänglichen »Trainingsphase« der eigenen Traumwahrnehmung nur noch Träume aufzuschreiben, die sich auch noch einige Zeit nach dem Aufwachen in der Erinnerung halten.

Traumarbeit und therapeutische Beziehungen

In den mitgeteilten Träumen finden sich zahlreiche Angstthemen neben deutlich selteneren Trost- und Glücksmomenten. In der Gruppe entstand rasch das Gefühl, dass die Träume selbst eine eigene Offenheit und emotionale Beteiligung einforderten. Alle Teilnehmer machten immer wieder die intensive Erfahrung, dass sie mit eigener Beteiligung auf den zunächst fremden Traum eines anderen reagieren konnten. Es entwickeln sich daraus häufig intensive, emotionale Begegnungsmomente der Gruppenteilnehmer untereinander. Dazu trägt auch bei, dass sich auch der Leiter jeden Traum zu eigen macht und eigene Empfindungen und Überlegungen in die Gruppe einbringt.

Es scheint mir für das Vertrauen in die Gruppe und zum Leiter oder zur Leiterin entscheidend zu sein, dass jener oder jene sich nicht außerhalb stellt, sondern bei gebotener Asymmetrie der therapeutischen Beziehung auch persönlich sichtbar wird. Dies ist eine wichtige Voraussetzung für die Entwicklung von Kohärenz und Vertrautheit im Gruppenrahmen.

Die Beziehungen der Gruppenmitglieder untereinander beschränkten sich zunächst auf die Gruppensitzungen und Gespräche vor oder nach den einzelnen Sitzungen. Es wurde allen deutlich, dass sie wechselseitig mit ganz erheblichen Schwierigkeiten zu tun haben, diese bewältigen müssen oder anzunehmen haben. Es wurden erhebliche Traumatisierungen in der Lebensgeschichte sichtbar, ebenso schwerwiegende aktuelle Lebensprobleme in Arbeitssituation und Partnerschaften.

Der Zugang über die Träume macht es möglich, in einem hohen Maß innerhalb der Gruppe offen und ehrlich zu werden und dabei zu erleben, von einem starken und lebendigen Mitgefühl der anderen Teilnehmer getragen zu sein. Es gibt dabei Sicherheit, dass alle wissen, »dass der Leiter weiß«: Ihm sind ja aus den Vorgesprächen die wesentlichen Konflikte und seelische Schwierigkeiten bekannt, ohne dass er dieses Vorwissen aktiv in die Gruppe einbringen würde. Dieses »Leiterwissen« stabilisiert einerseits die Gruppenmatrix. Andererseits ist es aber auch ein »Sicherheitsnetz« im Blick auf die Risiken eines Sich-Öffnens in einem Gruppenprozess und im Blick auf Lebensereignisse, welche die gemeinsamen Bewältigungsmöglichkeiten in der Gruppe überschreiten könnten.

Gruppendynamische Beobachtungen

Zu Beginn entwickelte die Gruppe in kurzer Zeit den Charakter einer »Arbeitsgruppe« (Bion, 1961/2001, S. 71ff.) oder eine »Geschwistergruppe« (Neri, 2006, S. 53, dort: »Brüdergruppe«). Eine »Arbeitsgruppe« orientiert sich hauptsächlich an den Absichten, derentwegen sich die Mitglieder zu einer Gruppe zusammengefunden haben. Im Laufe der Zeit entsteht aber eine andere Verbundenheit untereinander, indem sich alle Teilnehmerinnen und Teilnehmer bewusst wurden, dass sie mit realen schwerwiegenden Problemen in ihren wechselseitigen Lebenssituationen zu tun haben und konfrontiert sind. Sie gingen immer persönlicher und mit größerer Anteilnahme miteinander um.

Die mitgeteilten Träume sind insofern als Wirkung eines »analytischen Dritten« zu sehen, als sie das kreative Denken der unbewussten Psyche in einer Form präsentieren, die an dessen Bedeutung, Eigenständigkeit und Würde keinerlei Zweifel lässt. Die Traumgruppe steht diesem Geschehen gemeinsam gegenüber. Sie erlebte sich zunehmend kompetenter in Traumdingen, sie sah sich immer wieder aufs Neue beeindruckt von der Art und Weise, wie die Traumregie des Unbewussten Metaphern und Symbole zur Verfügung stellt, die vorher gar nicht »denkbar« waren.

Ich folge der Auffassung, dass die mitgeteilten Träume der Einzelnen vor dem Hintergrund oder in der Verflechtung mit der Gruppenmatrix gesehen werden sollten, welche ein Ausschnitt aus dem gemeinsamen sozialen Unbewussten und eine Verbindung zum kollektiven Unbewussten beinhaltet. Ich halte es für gerechtfertigt, sowohl die Teilnehmerinnen und Teilnehmer als auch ihre Beziehungen untereinander und die eingebrachten Träume als Elemente eines gemeinsamen energetischen und sinnstiftenden Feldes zu sehen.

Im Lauf meiner Erfahrungen als Gruppenleiter kam ich dahin, eine Gruppe nicht nur als jeweils einmaliges, sondern auch als *individuierendes* Wesen zu betrachten, so sehr beeindrucken mich die unterschiedlichen Gestalten bzw. Eigenarten, kurz: »Gruppenselbste«, welche Gruppenmitglieder und Gruppenleiter miteinander im Verlauf erzeugen. Der Effekt eines gruppalen »Feldes« bringt die Entwicklung eines »Gruppenselbst« hervor, eine Art von gemeinsamer Identität bei aller individuellen Unterschiedlichkeit in der Auseinandersetzung mit den Lebensproblemen, die das Traummaterial induziert. Die individuellen Eigenschaften, die eine analytische Gruppe ausbildet, können wie die Träume als »Figurationen des analytischen Dritten« im Sinne Ogdens (2006) aufgefasst werden. Als »analytisches Drittes« wird das psychische Feld des gemeinsamen *intersubjek-*

tiven Unbewussten bezeichnet, das zwischen den Gruppenteilnehmern und den Leitern in einem analytischen Prozess erzeugt wird.

Der Erfolg jedes Einzelnen in einer therapeutischen Gruppe scheint mir darüber hinaus davon abzuhängen, inwieweit es ihr oder ihm gelingt, sowohl Teil der Gruppenmatrix zu sein, als sich auch für eine gewisse Zeit mit dem transpersonalen Gruppenselbst verbinden zu können. Menschen erfahren phylogenetisch und ontogenetisch Selbstbewusstsein und Selbstsicherheit durch die Wirkung von Gruppen als Außenselbst (Neumann, 1963, S. 190).

Wie es in der Gruppe über das Eingebettetsein in die Matrix ein geteiltes, *gemeinsames Bewusstsein* gibt, so ist dort auch von der Entwicklung eines geteilten, gemeinsamen *dynamischen Unbewussten* auszugehen. Dessen Entwicklung ereignet sich spontan ab der Formierung einer Gruppe um einen Leiter herum. Sie hat ihre Wurzeln in der »Gruppenrepräsentanz« des Einzelnen (vgl. Battegay, 2008, S. 78) und in der Transpersonalität des Selbst der einzelnen Mitglieder, die in der Projektion auf die Gruppe als »participation mystique« erfahren wird. Diesen Zusammenhang der genuinen Verflochtenheit jedes Ich mit seiner Gruppe wird projiziert erfahren als »Ahnen- oder Gruppen-Selbst« (beschrieben zuerst von Erich Neumann, 1986, S. 335, der an anderer Stelle darauf verweist, dass jede echte Gruppe die Tendenz hat, eine Historie zu bilden und dauerhaft zu werden; Neumann, 1963, S. 64).

Die »Historie« einer therapeutischen Gruppe entsteht aus den projektiven Bereitschaften der Teilnehmer und den realen Interaktionserfahrungen, die aus dem Wunsch der Teilnehmer entspringen, in der Gruppe »gesehen« und gerade in ihrer *Individualität* erkannt und »gespiegelt« zu werden.

Die Gruppenmitglieder gehen gemeinsam auf eine Art Expedition in die Sphäre des Unbewussten. Dort kann auch die Begegnung mit gefährlichen Angst- und Furchtkomplexen geschehen, wobei die Schutzfunktion der Gruppe mit ihrer konsequenten Strukturierung sehr hilfreich ist. Nahezu alle Gruppenteilnehmerinnen und -teilnehmer haben erlebt, wie die unterschiedliche Sicht- und Reaktionsweise der anderen auf den eigenen Traum einerseits beruhigend, andererseits Verständnis erschaffend wirkt.

In der Begegnung mit den Träumen haben sich in der Gruppe ausgeprägte Wir-Gefühle entwickelt: Wir sind gemeinsam dabei, uns Zugänge zu schaffen in die fremdartige und wunderbare Welt des Unbewussten. Erlebt wird dabei auch, dass es nicht darum geht, Ängste und Schrecken auszulöschen oder ungeschehen zu machen. Sie dürfen ihren Platz im lebensgeschichtlich strukturierten Biotop des Unbewussten behalten, zu denen sich sowohl das Traum-Ich als auch das bewusste Ich in Beziehung setzen und verhalten kann.

In einer anderen Terminologie können wir davon sprechen, dass die Gruppenteilnehmer eine Übertragung auf die Gruppenmatrix als Ganzes entwickeln, welche die Bedeutung eines mehr oder weniger spiegelnden oder idealisierten Gruppenobjektes annimmt. Von Beginn an wollen auch alle Teilnehmer etwas von den anderen haben: Sie sind auf der Suche nach Eigenschaften anderer Gruppenmitglieder, die für die Ausbildung eigener psychischer Struktur als Selbstobjekte projektiv, das heißt, im Sinne einer entwicklungsfördernden narzisstischen Übertragung verwendet werden können (vgl. Ornstein, 2001, S. 248).

Wer spielt welche Rolle?

Unter den Teilnehmern der Gruppe haben sich keine fixen Rollen etabliert. Wie in anderen Gruppenprozessen in kleinen Gruppen übernehmen die Teilnehmerinnen und Teilnehmer selbstverständlich bestimmte Rollen, so, wie sie es aus ihrer sozialen Umgebung gewohnt sind. Auch Projektionen und Übertragungskonstellationen treten auf. Sie sind aber eher Randphänomene, die gelegentlich angesprochen, vielleicht auch humorvoll relativiert werden, die aber gegenüber dem Traummaterial in den Hintergrund treten.

Da praktisch alle Teilnehmer über frühere psychotherapeutische Erfahrungen verfügen, sind sie auch in der Lage, solches gruppendynamischen Ereignisse zu beachten und anzusprechen, wenn sie sich in der Matrix der Gruppe zum Ausdruck bringt. Die Alpha-Position (vgl. Schindler, 1957) ist, was Setting und Rahmen betrifft, vom Leiter besetzt. Die Gruppenteilnehmer fordern auch regelmäßig ein, dass der Leiter diese Funktion so genau, wie angekündigt und besprochen wahrnimmt. Für andere »Leitungsfunktionen« sind wechselnde Gruppenmitglieder zuständig, zum Beispiel für »emotionale Leitung« (Beck, 2001). Über den mitgebrachten Traum treten die Träumenden aus dem »Hintergrund« der Gruppe hervor und werden auf dieser »Bühne« jetzt sichtbar. Sie werden ausführlich während einer ganzen Sitzung von der gesamten Gruppe willkommen geheißen, beachtet, angenommen und wertgeschätzt.

Claus Braun

Analytische und tiefenpsychologisch fundierte Arbeit mit Träumen

Die Traumarbeit in der Gruppe geschieht in einer gemischten analytisch-tiefenpsychologisch fundierten Haltung. Die Foki der anstehenden Konfliktkonstellationen werden über die Träume aus dem Unbewussten entfaltet. Es wird eher zur *Reflexion* über diese und der mit ihnen verbundenen Interaktionen angeregt, als dass eine unmittelbare veränderte Interaktion *vorrangig* angestrebt wäre. Die Arbeit mit den Träumen fördert das *Distanznehmen* zu interpersonellen Konflikten, das Nachdenken über diese, auch das Aufschieben von unmittelbaren Handlungen. Sie betont mehr die intrapsychischen Perspektive und die Beachtung und das Nachdenken über Projektionen und Übertragungen im sozialen Leben der Träumer. Andererseits folgt die Gruppe insofern einer *psychotherapeutischen Haltung* als sie auch zur aktiven Konfliktbewältigung ermuntert, zum Ausprobieren, zu Veränderungsprozessen. In der traumzentrierten Gruppe ist durch die Konzentration auf die Traumthemen, durch die Strukturierung des Ablaufs und durch die Form der Einzelarbeit in der Gruppe die Entfaltung einer Übertragungsgruppendynamik relativ abgebremst. Es geschieht eine Ausrichtung auf interaktionelle Konflikte in den Hier-und-jetzt-Beziehungen draußen und im lebensgeschichtlichen Zusammenhang.

Indikationen für traumzentrierte Gruppen im ambulanten und stationären Setting

Eine traumzentrierte Gruppe ist in erster Linie indiziert für Menschen mit sozialen und lebensgeschichtlichen Ängsten, die Zugang zu ihren Träumen haben und sich vorstellen können, dass ihre unbewusste Psyche etwas Wichtiges beizutragen und zu sagen hätte zu ihren aktuellen Symptomen und Konflikten. Sie ist besonders geeignet für Menschen, deren Einzelpsychotherapien in der Vergangenheit die Auseinandersetzung mit dem eigenen Unbewussten zu wenig leisten konnten. Dies nicht deshalb, weil die Einzelbehandlungen »nicht gut genug« gewesen wären, sondern weil es eine spezielle Dimension in der Gruppenarbeit gibt, die in der Einzeltherapie nicht erreichbar ist. Die Anreicherung mit den Assoziationen und den Amplifikationen der Gruppenmitglieder in der sozialen Matrix der Gruppe ergibt eine Mehrdimensionalität, die als Qualität in einem dualen intersubjektiven Prozess kaum erreicht werden kann.

Die Zentrierung der Gruppe auf den unbewussten Prozess über die eingebrachten Träume führt zu einem unmittelbaren Zugang zu den Aktualkonflikten der Träumerinnen und Träumer, die durch Abwehrprozesse wie Rationalisieren, Intellektualisieren usw. verstellt sind.

Wesentliche Themen der Gruppenteilnehmerinnen und und -teilnehmer kommen so von Anfang an, nur vermittelt durch die Träume, in die Gruppe. Durch den gemeinsamen Imaginationsprozess haben alle Gruppenteilnehmer sofort an diesen Themen Anteil.

Obwohl es bisher keine direkte Erfahrung mit einer traumzentrierten Gruppe im stationären Behandlungsraum gibt, so halte ich doch einen solchen Gruppenansatz für eine stationäre Umgebung für sehr geeignet. Ich beziehe mich dabei auf meine frühere lange Erfahrung in stationären, teilstationären und rehabilitativen Umgebungen. Gerade in einem stationären oder teilstationären Umfeld mit oft begrenzter Aufenthaltsdauer könnte eine solche Gruppe wichtige Anregungen geben für Patienten, sich den eigenen Träumen und ihren sinngebenden Aspekten zuzuwenden.

Bei der Auswahl der Gruppenteilnehmer sollte allerdings darauf geachtet werden, dass ich-strukturell ein gewisses Strukturniveau nach OPD-2 (Arbeitskreis OPD, 2009, S. 255ff.) erreicht ist: nämlich überwiegend das mäßig strukturierte Niveau.

Effekte und Bedeutung der Gruppen-Einzel-Kombitherapie

Im Rahmen der Richtlinienpsychotherapie ist es seit einiger Zeit möglich, eine Gruppen-Einzel-Kombinationstherapie zu beantragen. Dieses Verfahren befindet sich zurzeit in einer Probephase, es wäre auch möglich, dass die Einzelpsychotherapie und Gruppenpsychotherapie gleichzeitig von unterschiedlichen Psychotherapeutinnen/Psychotherapeuten durchgeführt werden könnten. Ich habe dieses Verfahren gewählt, um etwas mehr Möglichkeiten für Einzelsitzungen im Verlauf zu haben, als es die bisherige Regelung erlauben würde, nach der zehn Prozent der Gruppensitzungen in antragsfreie Einzelsitzungen umgewandelt werden können.

Ich hatte mich anfänglich für diesen Antragsweg entschieden, weil ich auch Menschen mit schweren körperlichen und psychosomatischen Erkrankungen in die Gruppe aufgenommen habe, deren Verlauf nicht absehbar war. Inzwischen war dieses Verfahren wegen der Einwirkungen der Corona-Pandemie besonders wegen des zeitweisen Lockdowns geeignet, um ohne weitere Genehmigungen beispielsweise Videoeinzelsitzungen durchführen zu können.

Claus Braun

Sozialpolitische Erschütterungen 1: Auswirkungen der Covid-19-Pandemie

Die Beziehung der einzelnen Teilnehmer zum Gruppenselbst als *Imago* oder inneres Vorstellungsbild sind dabei wechselnd und waren besonders unter den Einschränkungen der Corona-Schutzmaßnahmen starker Belastung ausgesetzt. Es war in dieser Situation die Aufgabe des Leiters, diesen »Stress« in der Anfangsphase oder der Abschlussrunde zu thematisieren. Individuelle Nöte waren immer wieder auch im Rahmen von Einzelgesprächen aufzugreifen.

Die Corona-Pandemie war und ist nicht nur für jeden Einzelnen eine große Belastung, sondern auch für die Gruppe und den Gruppenprozess insgesamt. Während der beiden Lockdowns von März bis Mai 1920 und von Dezember 1920 bis Mai 1921 hatten wir große Kontinuitätsprobleme in der Gruppe. Besonders im ersten Lockdown musste die Gruppe über Wochen pausieren. Es war auch leider nicht möglich, weil nicht erlaubt im Gegensatz zur Einzelpsychotherapie, Gruppensitzungen als Videokonferenz durchzuführen.

Nach einiger Zeit konnten wir den Gruppenprozess fortsetzen mit strengen Sicherheitsvorkehrungen wie Maskenpflicht, mit Raumtrennungen, Ventilations- und Luftreinigungseinrichtungen. Die Gruppe konnte sich jeweils nur noch in halber Besetzung treffen mit wechselnden, je vier Teilnehmern, um die nötigen Sicherheitsabstände zu wahren.

Da drei Mitglieder der Gruppe Impfgegner sind, ist auch diese Diskussion in den Gruppenprozess eingegangen. Die geimpften Gruppenmitglieder hatten überwiegend Verständnis für die Ängste der Impfgegner, gemeinsame Sitzungen konnten aber auf längere Sicht nicht stattfinden, sodass ich die Impfgegner auf die Möglichkeit von Einzelgesprächen mit mir verweisen musste. Da alle drei über lange Zeit wichtige und wertvolle Mitglieder der Gruppe waren, ist diese vorläufige Trennung auf der intellektuellen Ebene von allen einsehbar, auf der emotionalen Ebene aber sehr traurig; sie fehlen gegenwärtig im Gruppenprozess.

Die immer noch laufende Pandemie mit dem sich als wechselnd und gefährlich darstellenden Erregervirus stellt eine ständige Belastung dar im Gruppenprozess, zumal sich einzelne Mitglieder auch angesteckt hatten, inzwischen aber wieder gesundet sind. Ängstigende Traumbeispiele zur Corona-Bedrohung:

T 78. (fünf bis sechsmal ganz ähnlich geträumt):
Ich habe ein Mobiltelefon in der Hand. Ich bemerke plötzlich, wie es in meiner Hand in Zeitlupe kaputtgeht und in seine Einzelteile zerfällt. Ich versuche, das wieder zusammenzudrücken, es ist aber richtig kaputt…
T 83.
Es wächst eine natürliche Maske im Mund nach der Impfung – eine Membran….

Sozialpolitische Erschütterungen 2: Der Ukraine-Krieg und seine Auswirkungen

Der am 24. Februar 2022 begonnene und zum Zeitpunkt der Abfassung dieses Beitrags noch fortdauernde russische militärische Überfall auf die Ukraine lastet derzeit wie ein Albtraum auf den Gruppenmitgliedern und dem Leiter. Erstmalig konnte in einer Sitzung kein Traum behandelt werden. Die aktuellen politischen Ereignisse drängten das Traumerleben völlig in den Hintergrund. In der betreffenden Sitzung wurde deutlich, wie sehr die Nerven blank lagen bei allen Mitgliedern, es kam zu Missverständnissen, projektiv erlebten Verletzungen, als ob die Kriegsspannung auch in die Gruppe eingedrungen wäre.

In der Sitzung danach kehrte die Gruppe zu einem Traum zurück, der vordergründig ein Überforderungsproblem in einer beruflichen Situation beschrieb, hintergründig aber ein Panorama entfaltete von Abschiednehmen, die Stadt verlassen, weit wegfahren.

Eine Teilnehmerin musste sich für diese Sitzung entschuldigen wegen einer akuten Corona-Erkrankung ihres Kindes.

In die aktuellen Träume (Mitte März 2022) sind die Kriegsbilder noch nicht eingeflossen. Vorahnungsbilder tauchten aber immer wieder auf im Verlauf.

Claus Braun

Was nehmen Teilnehmerinnen und Teilnehmer mit?

Stimmen aus einer Feedback-Runde am 4. Dezember 2021 (auf Vorschlag eines Gruppenmitglieds einvernehmlich mit Mikrofon aufgenommen):

»Die Gruppe hat mir sehr viel gebracht: sowohl bei den anderen zuzuhören als auch in der Betrachtung der eigenen Träume. Ich kam in die Gruppe, weil ich das intensive Gefühl hatte: Dir fehlt noch was. Nach vordergründiger Neugier hat sich ein persönliches Kennen der anderen eingestellt und das Kennenlernen ihrer Lebensgeschichten. Es gab tiefgründige Schlüsselerlebnisse.«

»Ich bin in der Traumgruppe, weil ich viel träume und die Träume eine große Bedeutung in meinem Leben haben. Ich habe in meinem Leben fast mehr geträumt, als ich wach gewesen bin. Das sehe ich aber nicht als Verlust, sondern als eine andere Ebene, eine Mehrdimensionalität. Ich beobachte, wie sich mein Bewusstsein im Laufe der Jahre für diese andere Welt entwickelt hat. Mit den anderen Teilnehmern habe ich erfahren, dass das scheinbar Persönliche auch aus einer kollektiven Schicht, aus einem kollektiven Bilder- und Informationsraum kommt und mein eigener Traum auch ein Traum von allen ist. Dabei spürt man auch seine eigene Verbundenheit. Ich fand es immer spannend, welche Themen angesprochen sind bei den anderen und was das dann wieder bei mir selbst anspricht.«

»Ich hatte vor zwei Jahren zwei ganz intensive Träume, dann kam ich hierher zur Einzeltherapie, nach einer längeren Pause hatte ich dann wieder einen Traum, aus denen ich schreiend aufgewacht bin. Zu Anfang habe ich mich sehr fremd gefühlt in der Gruppe, ihr kanntet euch ja schon 100 Jahre gefühlt, und da gab es einen Tag, da hatte ich das Gefühl: So jetzt bin ich in der Gruppe drin: Unter den Coronabedingungen habe ich mich gar nicht wohl gefühlt, besonders als es dann auch den Plastikvorhang zur Abtrennung in der Praxis gab. Ich habe dann pausiert. Ich hatte aber viele Träume weiter, sodass ich wiederkommen wollte. Und ich habe mich dann ganz schnell in der Gruppe wiedergefunden. Ich komme mit vielen Ideen und Reizen nach Hause und denke noch lange darüber nach, was alles gesagt worden ist, das ist ja unglaublich viel. Zum Beispiel, dass ich ganz wichtige Wünsche, eigene Wünsche nicht erkannt habe. Es entstehen so viele Ideen aus der Gruppe, auf die ich allein nicht komme.«

»Ich bin ja noch ganz frisch hier, möchte aber sagen, dass ich mich gut fühle in der Gruppe schon nach kurzer Zeit. Ich hatte eigentlich eine Einzeltherapie machen wollen, bin aber jetzt sehr angesprochen von der Traumarbeit in der Gruppe, das geht weit über eine Traumarbeit in der Einzeltherapie hinaus. Das geht auch sehr viel tiefer in der Gruppe, als das, was man sonst so macht in der Traumarbeit. Ich bin wirklich überrascht. Über diesen Zugang lernt man die anderen noch einmal völlig anders kennen als über irgendwelche Fakten oder Diagnosen.«

»Ich habe die Entscheidung getroffen, auch ohne die Traumgruppe weiter an meinen Träumen arbeiten zu wollen. Weil ich in der Gruppe gelernt habe, dieses zu können. Wenn ich aufwache, bin ich im Dialog mit meinen Träumen und weiß dann auch, was sie bedeuten. Ich habe damit mein Ziel erreicht. Diese Arbeit ist für mich in dieser Form essenziell geworden, seitdem ich damit begonnen habe, das, was die Gruppe tut, in andere Ebenen zu überführen. Beispielsweise habe ich begonnen, die Bilder, die mir im Traum gekommen sind, im Netz aufzufinden. Über diese Bildersuche sehe ich, dass meine Traumbilder weite, sehr erstaunliche Zusammenhänge haben. Dieser Versuch der Verselbstständigung ist für mich so wichtig geworden, weil ich extremen Herausforderungen in meinem Leben ausgesetzt bin. Er hat mir geholfen, diese mit meinen Träumen in Verbindung setzen zu können. Über die Traumarbeit weiß ich, dass ich in der Bewältigung dieser schweren Lebensaufgaben nicht alleinstehe. Wir haben hier im Verlauf der Begegnungen und Dialoge eine Riesenqualität entwickelt. Ohne diese Arbeit würde ich hier nicht so fröhlich sitzen. In Folge meiner Entscheidung empfinde ich euch gegenüber Dankbarkeit und auch Wehmut.«

Literatur

Altmeyer, M. & Thomä, H. (Hrsg.) (2006): *Die vernetzte Seele. Die intersubjektive Wende in der Psychoanalyse*. Stuttgart: Klett-Cotta.

Arbeitskreis OPD (Hrsg.) (2009): *Operationalisierte psychodynamische Diagnostik OPD-2. Das Manual für Diagnostik und Therapieplanung*. Bern: Hans Huber.

Battegay, R. (2008): *Narzissmus und Objektbeziehungen*. Bern: Hogrefe/Hans Huber.

Beck, A.P. (2001): Gruppenrollen und informative Gruppenleitung in der Gruppenpsychotherapie. In: V. Tschuschke (Hrsg.) (2001): Praxis der Gruppenpsychotherapie. Stuttgart: Thieme, S. 127–131.

Bion, W.R. (1961/2001): *Erfahrungen in Gruppen und andere Schriften*. Stuttgart: Klett-Cotta.

Bion, W.R. (1962/1997): *Lernen durch Erfahrung*. Frankfurt a. M.: Suhrkamp.

Braun, C. (2010a): Editorial. *Analytische Psychologie*, 162, 393–397.

Braun, C. (2010b): Individuation und Träume. *Analytische Psychologie*, 162, 445–457.

Braun, C. (2016): *Die therapeutische Beziehung. Konzept und Praxis in der Analytischen Psychologie C. G. Jungs*. Stuttgart: Kohlhammer.

Braun, C. (2022a): Die traumzentrierte Gruppe. Methodik einer jungianischen Gruppen-Einzel-Kombitherapie. *Analytische Psychologie*, 197, 143–162.

Ferro, A. (2003): *Das bipersonale Feld*. Gießen: Psychosozial.

Foulkes, S.H. (1992): *Gruppenanalytische Psychotherapie*. München: Pfeiffer.

Freud, S. (1900): *Die Traumdeutung*. Leipzig/Wien: Franz Deuticke.

Georg, H. (2016): Traumarbeit in Gruppen. In: M. Schimkus & U. Stuck (Hrsg.) (2016): *Selbst, Ich und Wir. Theorie und Praxis der analytischen Gruppenpsychotherapie* (S. 218–229). Frankfurt a. M.: Brandes & Apsel.

Jung, C. G. (1981): *Briefe I.* Olten/Freiburg: Walter, 3. Aufl.

Jung, C. G. (1989): *Briefe II.* Olten/Freiburg: Walter, 3. Aufl.

Lesmeister, R. (2009). *Selbst und Individuation.* Frankfurt a. M.: Brandes & Apsel.

Moser, U. & Zeppelin, I. v. (1996): *Der geträumte Traum. Wie Träume entstehen und sich ändern.* Stuttgart: Kohlhammer.

Moser, U. (2003): Traumtheorien und Traumkultur in der psychoanalytischen Praxis (Teil II). *Psyche*, 57, 729–750.

Moser, U. & Hortig, V. (2019): *Mikrowelt Traum. Affektregulierung und Reflexion.* Frankfurt a. M.: Brandes & Apsel.

Neri, C. (2006): *Gruppenprozesse. Theorie und Praxis der psychoanalytischen Gruppentherapie.* Gießen: Psychosozial.

Neumann, E. (1963): *Das Kind. Struktur und Dynamik der werdenden Persönlichkeit.* Zürich: Rhein.

Neumann, E. (1986): *Ursprungsgeschichte des Bewusstseins.* Frankfurt a. M.: Fischer.

Ogden, Th. H. (2006): Das analytische Dritte, das intersubjektive Subjekt der Analyse und das Konzept der projektiven Identifizierung. In: M. Altmeyer & H. Thomä (Hrsg.) (2006): *Die vernetzte Seele. Die intersubjektive Wende in der Psychoanalyse.* Stuttgart: Klett-Cotta, S. 35–64.

Ornstein, A. & Ornstein, P. H. (2001): *Empathie und therapeutischer Dialog.* Gießen: Psychosozial.

Ornstein, P. H. (2001): Der Gesundheitsbegriff der Selbstpsychologie. In: A. Ornstein & P. H. Ornstein (2001): *Empathie und therapeutischer Dialog.* Gießen: Psychosozial, S. 247–270.

Schimkus, M. & Stuck, U. (Hrsg.) (2016): *Selbst, Ich und Wir. Theorie und Praxis der analytischen Gruppenpsychotherapie.* Frankfurt a. M.: Brandes & Apsel.

Schindler, R. (1957): Grundprinzipien der Psychodynamik in der Gruppe. *Psyche*, 11, 308–314.

Stimson, W. R. (2018): *Dreams for Self-Discovery.* North Charleston: Create Space (Amazon).

Ullman, M. & Zimmerman, N. (1986): *Mit Träumen arbeiten.* Stuttgart: Klett-Cotta.

Wilkinson, M. (2006): Die träumende Psyche – das träumende Gehirn. *Analytische Psychologie*, 145, 294–313.

Yalom, I. D. (2003): *Theorie und Praxis der Gruppenpsychotherapie.* Stuttgart: Klett-Cotta.

Hildegunde Georg

Inspirierende Wirkung der Arbeit mit Träumen in Gruppen

Einführung

»Durch die Teilnahme an der Traumgruppe werde ich inspiriert, meinen eigenen Weg zu gehen; für mich selbst und im Abgleich mit meinen sozialen Herausforderungen« … »Durch die Traumgruppe erlebe ich mich aus meiner Alltäglichkeit befreit« … »Ich finde Sinn und fange an, mir selbst zu vertrauen; zu vertrauen auf eine Weisheit in mir, nach der ich immer Sehnsucht hatte. Die unterschiedlichen Beiträge der Gruppe helfen mir zu erkennen, dass ich zu dieser Weisheit Zugang habe. Allerdings brauche ich die Gruppe, um das jeweils neu misstrauisch wahrnehmen und erleben und glauben zu können. Es haut mich um, was am Ende einer Stunde herauskommt und bewegt mich tagelang« … »Die Traumgruppe inspiriert mein Leben, ganz einfach« … »Eigentlich spricht ja jede und jeder von sich, bei allen Symboldeutungen, jeder und jede bringt sich selber ein, aber mitzuerleben auf welche Art und Weise sich dieser jeweilige Zugang äußert, das fasziniert mich immer wieder aufs Neue und erweitert erstaunlicherweise meinen Horizont« … »Ich fühle mich geborgen und getragen von einer inneren Führung, die ohne meine Mitsprache nicht arbeiten kann. Ohne die Traumgruppe hätte ich dieses Phänomen nicht entdecken können. Es ist die Entdeckung der Quelle meiner eigenen Inspiration« …

Dies ist eine lose Feedback-Sammlung aus meiner Traumgruppe. Wie kommt es, dass eine Gruppe, die sich der Aufgabe verschrieben hat, nächtliche Träume zu deuten, zu solchen Aussagen kommt?

Die Zusammensetzung der Gruppe

Seit gut 20 Jahren leite ich Traumgruppen; einmal pro Monat, jeweils eingeteilt in Winter- und Sommersemester mit jeweils vier Sitzungen pro Semester. Eine Sitzung dauert eineinhalb Stunden. Es wird jeweils nur ein Traum behandelt, den ein Teilnehmer einbringt und mit dem sich die Gruppe beschäftigt. Manche Teilnehmer bleiben bis zu zehn Jahren in der Gruppe. Die aktuelle Traumgruppe zählt sechs Teilnehmer, männlich und weiblich gemischt, Alter 50 bis 80 Jahre, keine Vorerfahrungen erforderlich.

Der praktische Ablauf einer Gruppensitzung

Für den praktischen Ablauf einer Sitzung habe ich angelehnt an die Balint-Gruppenarbeit Regeln entwickelt, die eingehalten werden, um sich ganz der Deutung zuwenden zu können (Georg, 2016), und eine Anleitung zur Traumdeutung, auf die immer wieder Bezug genommen werden kann und die jeder Teilnehmer zu Beginn der Gruppenarbeit erhält.

Regeln

1. Gemeinsame Abstimmung, wer heute einen Traum vorstellt.
2. Der gewählte Teilnehmer erzählt seinen Traum und wird in seiner Erzählung nicht unterbrochen.
3. Am Ende der Traumvorstellung können die anderen Teilnehmer Verständnisfragen an den Träumer stellen, die seinen Traum betreffen.
4. Gemeinsam mit dem Träumer findet die Gruppe heraus, welche Symbole in der Traumfolge auftauchen. Diese werden von der Leiterin aufgeschrieben (Flipchart, Handzettel, Zoom-Bildschirm).
5. Jetzt arbeitet die Gruppe ohne den Träumer weiter. Er sitzt sozusagen (wie in der Balint-Gruppenarbeit) im »Außenkreis«. Er schweigt und hört ausschließlich zu, während die Gruppe die Traumsymbole amplifiziert (Herzstück der Gruppenarbeit, 50 Minuten).
6. Am Ende kommt der Traumvorstellende wieder in die Gruppe hinein und berichtet, wie es ihm gegangen ist, während des Zuhörens. Die anderen schweigen, um die Wortfindung für seine Erlebnisse nicht zu stören.
7. Sharing-Runde als Schlussrunde (nur eigenes Befinden = Ich-Botschaft, keine Du-Botschaft)

Traumdeutung Anleitung

»Jeder Traum ist Informations- und Kontrollorgan und darum das wirksamste Hilfsmittel beim Aufbau der Persönlichkeit« (Jung, 1934, §332).

Jung zufolge wird der Traum unter der Regie des Selbst (vgl. Daniel, 2018) gestaltet und informiert den Träumer über seine aktuelle Lage, indem er diese symbolisch darstellt und die bewusste Einstellung korrigiert.

Der Träumende wird zum *Dialog* mit dem Unbewussten aufgerufen.

In welcher aktuellen Lage befindet sich die träumende Person?

Zur deutenden Person (gilt für eigenen wie fremden Traum):
– spontane Einfälle notieren.
– eigene Gefühle, Stimmungen und Reaktionen beachten.
– Fantasien und Bilder, die sich zeigen wollen, zulassen
– »mäanderndes« Vorgehen ist sinnvoll, Amplifikationen beisteuern.

Die Information aus dem Unbewussten:
– Welche *Dramaturgie* ist erkennbar?
  1. Anfang: Ort, Personen, Stimmung?
  2. Bildfolge, Wandlungen?
  3. Ende: mit oder ohne Lösung?
– Welche *Stimmung* wird vermittelt?
– Welche *Bilderfolge* entsteht bzw. welche *Symbolfolge*?
– Was fällt auf und ein?
  1. Bezug zu Märchen, Mythen?
  2. Bezug zum Lebensalter/Zeitalter?
  3. Entspricht das Verhalten des Traum-Ich dem gewöhnlichen Verhalten der träumenden Person?

Zum *subjektstufigen* Vorgehen:
– Alle Traumgestalten sind Ausdruck der eigenen Charakterzüge und Stimmungen der Seele.

Zum *objektstufigen* Vorgehen:
– Die Traumgestalten zeigen/verzerren das Verhältnis, das sie real zum Träumenden haben.

Auf welche Art erweitert der Traum mein Bewusstsein?
- Worauf soll das Ich hingewiesen werden? Womit ist es konfrontiert?
- Beziehungsklärung?
- Alltagsproblemaufzeigung?
- Komplexaufzeigung?
- Visionärer Traum?
- Komplementäre Botschaft?
- Verstärkende Botschaft in's »Positive« oder »Negative« hinein?
- Überzeichnung/Untertreibung?
- Tagesrest?

Traumbeispiel einer Gruppensitzung

Eine Träumerin erzählt ihren Traum:

> »Das Wasser kocht über und ich bin am Herd und drehe schnell die Hitze herunter.«

Frage aus der Gruppe: »Wie kocht denn das Wasser über in deinem Traum? Läuft es auf die Erde? Wird etwas nass? Gibt es eine Überschwemmung?« Träumerin: »Nein, ich drehe rechtzeitig runter, bevor ein Schaden entsteht.« Frage aus der Gruppe: »Wie hast du dich gefühlt beim Aufwachen?« Träumerin: »Nicht gut, so schuldig, im Sinne: Oh je, wieder nicht aufgepasst.« »Worin war das Wasser?« Träumerin: »Na, in so einem mittelgroßen Topf, wie ich ihn zum Suppe kochen nehme.«

Keine weiteren Fragen. Jetzt ist die Träumerin ausschließlich Zuhörerin und die Gruppe beginnt, die Bedeutung der Traumsymbole zu erforschen. Der Gruppe ist bekannt, dass, wenn keine weiteren Personen im Traum auftauchen, der Traum subjektstufig (s. o.) zu deuten ist.

Vier Symbole umkreisen wir: *Wasser, Topf, Hitze, Herd.*

Was fällt uns dazu ein? Jetzt wird, zu jedem Symbol einzeln, alles an eine Flipchart (oder auf Zoom am Bildschirm) geschrieben, was den Einzelnen einfällt. Ich ermuntere dazu, alles auszusprechen, was sich zeigt. Die anfängliche Scheu ist schnell überwunden, wenn Neue dazukommen und merken, wie die Gruppe mit Begeisterung alles in den Raum wirft, was den Einzelnen in den Sinn kommt. Jeder Einfall ist willkommen, später erleben wir, warum das so ist.

Wasser:
Nässe, Leben, Erde besteht aus mehr Wasser als Land, Trinken, Durst, flüssig, Fruchtwasser im Uterus, Weltenbaum wächst aus dem Wasser, Blut ist ein ganz besonderer Saft, Meer, Wellen, Land und Fluss, Flussbett, Tsunami, Sturm, haushohe Wellen, gekräuselte Wellen, Sonne, Wind und Meer, Körperflüssigkeiten, Wasser ist in allen Zellen, Sonne bewegt das Wasser, Tränen, Regen, Mensch in der Wüste = tödlich, wenn Wasser fehlt, Saufgelage, Trunksucht, Tautropfen, Nebel über den Wassern, Haie, Schwimmen, sich vom Wasser tragen lassen, Ertrinken, Tauchen, Wassersport, Segelschiff, Kreuzfahrt, Swimmingpool, Eis und Schnee, Gletscherschmelze, Wasser riecht, Weihwasser, Heilwasser, Sprudelwasser, Tee trinken, Caféhaus, Whisky, Suezkanal, Tümpel, Moor, Märchen: das Wasser des Lebens, Märchen: der süße Brei, Märchen: der liebste Roland, Märchen: Froschkönig, Brunnenwasser, Brunnenkresse, am Brunnen vor dem Tore, Gesang über den Wassern, Sonnenuntergang am Meer, Sehnsucht, Element Wasser entspricht Gefühl, oder?, nah am Wasser gebaut = Tränen fließen schnell, Überschwemmung des Landes, Überschwemmung des Ich, über die Ufer treten, Poseidon, Nymphen, Venus, Nebelschwaden, Erlkönig und seine Töchter, Land unter = Erschöpfungsbegriff, Wasserkraft, Wasserwerk, Wasserdruck, Wasserdampf, Suppe, woanders wird auch nur mit Wasser gekocht, die Sonne zieht Wasser von der Erde nach oben in die Wolken und von da regnet es wieder auf die Erde, Wasser springt über die Steine, Wasser erfrischt, Wasser ist zum Waschen da, alles fließt, alles verändert sich ständig, für Wasser brauche ich ein Gefäß, um es zu schöpfen, jede Schneeflocke hat eine einzigartige Struktur, kristallklares Wasser, Matsch, Wattenmeer, Eiskunstlauf …

Irgendwann gemahnt uns die Zeit daran, zum nächsten Symbol überzugehen, obwohl spürbar ist, dass zu dem Symbol, das wir verlassen, noch viele weitere Einfälle möglich wären.

Wieder sammeln wir alles, was uns zu den weiteren Symbolen einfällt, wiederum so ausführlich wie möglich.

Topf:
viele Köche verderben den Brei, jeder Topf braucht einen passenden Deckel, Blechnapf, Goldbecher, Töpfe klopfen = Kinderspiel, Wasserkocher, Topfhut, Töpfe finden sich in jedem Haushalt, gibt es überhaupt einen Haushalt ohne Topf?, schon in früher Vorzeit wurde ein Kessel über das Feuer gehängt und darin wurde gekocht, Töpfe sind rund, Spirituskocher, Emailletopf, Kupfertopf, Eisenkessel, Stahltopf, Topf auf dem Kopf, Suppe kochen, köcheln, sprudelnd kochen, sieden, garen, vor Wut kochen, in die Suppe spucken, ein Topf ist irgendwie so

geduldig wie Wasser, Wasser fließt überall hin, Topf nimmt alles auf, was man in ihn hineingibt, Blumentopf, in dem Märchen »die schöne Wassilissa« fliegt die Hexe Baba Yaga in einem Mörser durch die Luft, das ist ja auch so eine Art Topf, Küche, Topf im Rucksack, Eintopf, Topfkuchen …

Hitze:

Leidenschaft, heiß werden, Schwitzen, Liebesglut, hitzige Diskussion, feurig, Feuer und Wasser, Hitze ist mehr als Wärme, Hitze geht schon über das Angenehme hinaus Richtung Verbrennen, große Hitze macht durstig, Wüste, trocken, es kann einem heiß und kalt werden, Sonne, Scheiterhaufen, Osterfeuer, Hufschmied, Stahlofenarbeiter, Eisen kann nur in großer Hitze bearbeitet werden, wenn es glüht, Hephaistos und Mars, Kriegsgefahr bei großer Hitze, Demeter hält das Kind der Königin in die Flammen, weil sie ihm übermenschliche Kräfte geben will, als Göttin kann sie das, aber die Königin, die die Göttin nicht erkannt hat, reißt ihr schreiend das Kind aus den Händen, durch die Hölle gehen, Dantes göttliche Komödie, Zauberflöte: Pamina und Tamino müssen durch Feuergluten und Wasserfluten, um die Prüfung zu bestehen, Individuationsweg geht nicht ohne Gefahr, die Götter mögen uns bewahren vor den Gefahren, Schwitzkasten, Sauna, Hitze verlangt nach Kühlung, wie schön ist es, schwimmen zu gehen im Sommer, zu heiß ist hitzig, feurig, zu viel, in Bedrängnis sein …

Herd:

Küche, Kochen, Backen, Braten, Ofen, Backofen, Hänsel und Gretel, der Herd ist das Herz des Hauses, in einer Jurte ist das Feuer in der Mitte, Hestia ist die Göttin des Herdes und Symbol für das Herz der Familie, Wärmequelle, gute Nahrung, Herd muss kontrolliert werden, wenn er beheizt wird, kalter Herd, kaltes Herz, man sagt ja auch, wo der Herd ist, ist es warm, mit dem Feuer darf man nicht spielen, mit Eros auch nicht, so wie es Mozart in dem Lehrstück zur Schulung der Liebenden in *Così van tutte* beschreibt, Feuer braucht ein Gefäß und ein Herd ist wie eine Zivilisationsleistung für den Umgang mit Hitze und Feuer zum Wohl des Menschen, Elektroherd, Gasherd, Campingkocher, Herdplatte .

Der *innere* Raum der Gruppe

Wir haben etwa eine Stunde Zeit, um das zusammenzutragen, was uns zu den Symbolen einfällt. Dieses Zusammentragen ist das Herzstück der Traumgruppenarbeit. Hier wird der *lebendige innere Raum* der Gruppe gestaltet, und zwar durch unsere Einfälle, für die die Gruppe das Sammelbecken bildet. Jeder Teilnehmer fragt sich: »Was würde mir der Traum sagen?« (vgl. Braun, 2022). Welche Einfälle kommen mir und wie werde ich durch die Einfälle der anderen beeinflusst? Welcher Einfall bereichert mich und welchen lehne ich ab? Alle sind angehalten, aufmerksam die eigenen inneren Regungen zu beachten, die die Gruppenarbeit auslöst. Wir sind Gestaltende und Beobachtende, Lernende und Wissende, Rat- und Hilfesuchende und -gebende. Unsere Beiträge werden eingebunden, gesehen und reflektiert.

Die Arbeit im *inneren Raum* ist assoziativ und sprudelnd, die Gruppenmitglieder überbieten sich mit Einfällen. Das ist beabsichtigt. Würden wir uns streng an den Traumverlauf halten, würden die Symbole nicht zu uns sprechen können. Würde dann zum Beispiel jemand zum Symbol Wasser »Meer« sagen, könnte derjenige durch den Verweis eingeschränkt werden, dass Meerwasser wohl kaum mal im Kochtopf ist. Das ist ja korrekt in unserer Wirklichkeit, wird aber der Wirklichkeit, aus der der Traum kommt, nicht gerecht. Und wir wollen ja den Traum verstehen.

Einschub:

Die Assoziationen, die wir zu den einzelnen Symbolen sammeln, unterscheiden sich von der Freud'schen Anweisung, Assoziationen zu den Trauminhalten vom Patienten zu erhalten, um Neurosen zu erkennen. Freud lässt seine Patienten assoziieren, um auf deren Neurosen zu stoßen (Freud, 1900/1929, S. 136ff). Jung lässt seine Patienten assoziieren, um deren Neurosen zu heilen.

Für Freud *verhüllt* der Traum die wahren Beweggründe des Individuums, für Jung *enthüllt* er sie (Ermann, 2005, S. 44). Nach Jung ist der Traum ein Selbstheilungsakt der Psyche und macht den Träumer mit ihm noch unbewussten Seiten seiner Persönlichkeit bekannt, die zu seiner Ganzheit (dem Bewussten und Unbewussten) gehören und seine Entwicklung fördern.

Der Traum entspringt dem Selbst, seine Sprache ist die der Bilder und Symbole. Mit dem Selbst bezeichnet Jung die zentrale Instanz in der Psyche, ihren Mittelpunkt und ihre transzendente Ganzheit (Daniel, 2018), die zum einen die Gesamtheit aller psychischen Funktionen umfasst und die zum anderen die Entwicklung der Person in Richtung auf diese potenzielle Ganzheit vorantreibt.

Die empirische Traumforschung

Die empirische Traumforschung unterstützt aktuell die Auffassung Jungs, dass Träume Einsichten fördern und kreative Lösungsmöglichkeiten für psychische Probleme anbieten und unabweisbar eine Bedeutung, im Sinne eines Selbstheilungspotenzials, haben. Offenbar ist das Gehirn im Schlaf im Gegensatz zum Wachbewusstsein in der Lage, größere Bereiche und mehrere Funktionen gleichzeitig zu aktivieren und miteinander zu verknüpfen. Dadurch ist es im Traum eher als im fokussierten Wachbewusstsein möglich, zu neuen Lösungen zu kommen. Im Traum kann das Gehirn in einen Verarbeitungsmodus wechseln, in dem es nicht mehr, wie im Wachzustand, dauernd neuen Input verarbeiten muss. So hat es größere Kapazitäten frei, um sich mit ungelösten Problemen zu beschäftigen und diese kreativ zu bearbeiten (Roesler, 2022, S. 50ff.).

Damit, dass das Gehirn arbeitet, während der Mensch schläft, ist es aber in der Auffassung der Analytischen Psychologie nicht getan. Nach Jung ist der Mensch aufgerufen, sich in seinem Individuationsprozess im *Dialog* seines Bewusstseins mit seinem Unbewussten zu entwickeln.

Die inspirierende Wirkung in der Gruppenarbeit

Die Regie des Traumes führt nach Jung das Selbst und dieses informiert den Träumenden über seine Bewusstseinslage und erweitert sie entwicklungsfördernd.

Um die Trauminformationen zu entschlüsseln, müssen wir zunächst die einzelnen Symbole anreichern mit unseren Assoziationen, Fantasien und Bildern, um dann aus der Fülle und Weite unserer Sammlung zurück zum Traumverlauf zu kommen.

Interessanterweise ist es so, dass, je mehr Assoziationen wir zusammenbringen, umso eher eine Ahnung aufleuchtet, was die Symbole im einzelnen Fall sagen wollen. Zu jedem können sie etwas anders sprechen. Hier gibt es keine Eindeutigkeit, aber auch keine Beliebigkeit. Die Einzelnen sind aufgerufen, genau hinzuhören: Wie wirken die Symbole in mir und was bewirken sie in der Gruppe? Was sagen sie dem Einzelnen und was lösen sie im Kollektiv aus? Die Symbole beginnen zu klingen und wir sind das Orchester, das ihr Lied spielt.

> Schläft ein Lied in allen Dingen,
> die da träumen fort und fort
> und die Welt hebt an zu singen,
> triffst Du nur das Zauberwort.
> (v. Eichendorff, 1838; Görner, 2006, S. 131)

Das Zauberwort muss gesucht werden. Gemeinsam gehen wir zur Amplifikation über. Wie passen die Symbole zueinander und in welcher Reihenfolge erscheinen sie?

Wasser im Topf auf dem Herd läuft über, könnte symbolisch heißen: Lebensfluss hat einen Rahmen, sprudelt heiß im Zentrum der Familie, läuft über, wird gerade in letzter Minute reguliert ... Alle sind angehalten, ihre Ideen einzubringen. Aus der Weite der Sammlung geht es jetzt darum, auf einen Punkt zu kommen. Welches Bild aus der großen Sammlung scheint mir hier das entscheidende, auf das ich mich reduziere? Für jedes Symbol nur *ein* Wort: vier Worte! Oder ein Titel als Überschrift für den Traum. Was finden die Einzelnen? Wir tauschen uns darüber aus, wenn möglich. Austausch ist nicht Pflicht, in diesem Fall. Oft reicht es auch aus, wenn ich erkenne, wie sehr die Bilderfülle im Raum meine eigenen Lebenserfahrungen belebt und was die Gruppe an Bilderfülle zusammengetragen hat.

In der rückblickenden Betrachtung unserer Arbeit wurden wir zunächst mit der Tatsache bekannt gemacht, wie lebensnotwendig, heilsam, mitunter lebensbedrohlich, faszinierend und bedeutungsvoll für Menschen, Tiere und Pflanzen, für das ganze Ökosystem der Erde das Wasser ist; kein Wunder, dass es zum Beispiel für die alten Ägypter, aber auch in anderen Religionen, als heilig angesehen wurde. Das Symbol zu erkunden machte Freude, die in der Gruppe spürbar wurde, wir wurden alle lebendiger und hatten viele spontane Einfälle. Dieses Kraftelement ist in einem Gefäß (Topf). Nach C. G. Jung wird das Thema des Traumes mit dem ersten Bild angezeigt. Das würde bedeuten: Die Träumerin hat etwas Wertvolles, etwas, das freudig stimmt, aber auch Respekt und Ehrfurcht verlangt, in einem offenen Gefäß. Dieses Wertvolle ist heiß und sprudelnd lebendig und kocht über, der Träumerin wird rechtzeitig bewusst, dass sie die »Erregung« herunterschalten kann und sie tut es.

Jetzt kommt die Träumerin aus dem Außenkreis in den Innenkreis dazu und kann berichten, wie es ihr geht. »Danke!« sagt sie »das hätte ich nicht gedacht! Ich habe gerade Probleme mit meiner Tochter, die mich ständig korrigiert in Bezug auf meinen Umgang mit den Enkelkindern. Ich wäre zu nachsichtig und würde nicht richtig aufpassen und so bin ich ja auch aufgewacht: ›wieder nicht aufgepasst, wieder was falsch gemacht‹. Der Traum, so wie ihr ihn aufgerollt habt, sagt jetzt, dass ich meine Lebendigkeit ganz gut im Griff habe, dass sie wertvoll ist, dass mein Herz an der Familie hängt und dass es sein kann, dass ich auch mal platze, weil es mir zu viel wird. Aber wenn ich mal überkoche, kriege ich es auch mit und kann mich einbremsen. Das ist gut so. Als ich zuhörte, war ich zuerst ganz aufgeregt, aber dann bin ich innerlich immer zuversichtlicher geworden.«

In der Schlussrunde geht es um ein sharing. Was ist kollektiv und bei den Einzelnen durch die Traumarbeit aktiviert worden? Hier wird die Inspiration sowohl für den Einzelnen als auch für die Gruppe erfahrbar. In welcher Stimmung befinden sie sich?

»Ich kann es noch gar nicht auf den Punkt bringen, ich bin so aufgewühlt und mir fällt soviel ein: römische Brunnen, Italien, Urlaub, Konflikte, wo ich vor Wut koche, der Adrenalinspiegel ist hoch, aber positiv.« »Ich bin beeindruckt, dass so ein kleiner Traum so viel Bedeutung haben kann.« »Wir legen aber auch sehr viel in die Bilder rein, oder? Das macht mich misstrauisch. Ob der Traum nicht auch was ganz anderes sagen will? Zum Beispiel: Pass besser auf und träum nicht so in den Tag hinein!« »Ja, das ist ja gerade das Spannende! Zu dir könnte der Traum das sagen. Die Träume antworten auf die Art, wie ich sie ansehe, ich fühle mich hier wie in der Quantenphysik: Die Dinge verändern sich durch meine Art der Betrachtung und sind zu einer unglaublichen Vielfältigkeit fähig, durch die verschiedenen Arten der Betrachtung, die hier zusammenkommen, das inspiriert mich! Mir geht's gut.« »Mir geht es ähnlich. Ich bin fasziniert, dass ich erleben kann, dass meine Wahrnehmung wichtig und richtig ist und dass es auf meine Entscheidung ankommt, wie ich die Dinge sehen will. Hier ist meine eigene Einstellung gefragt, nicht mein Strickmuster aus der Kindheit. Das ist einfach Klasse.«

Die Kraft der Symbole und Archetypen

Die inspirierende Wirkung, die sich durch die Traumdeutung in der Gruppe einstellt, schreibe ich der gemeinsamen Zuwendung zu den Symbolen zu, die der Traum uns liefert. Die Möglichkeit, durch die Gruppe je in die Erfahrung der eigenen Inspiration zu kommen, ist das Herzstück der Traumgruppenarbeit (s. o.: der *innere* Raum).

Im Verständnis der Analytischen Psychologie sind Symbole Projektionsträger für unbewusste Inhalte. Der Begriff Symbol (griechisch symbállein = zusammenlegen, zusammenwerfen) bezeichnete ursprünglich ein besonderes Erkennungszeichen. Wenn Freunde sich trennen mussten, zerbrachen sie eine kleine Münze aus Ton (oder einen Ring aus Ton) in zwei Teile und jeder behielt einen Teil. Als Erkennungszeichen beim Wiedersehen mussten beide Teile zueinander passen. Was Symbole so emotional auflädt, geht nach C. G. Jung zurück auf die Strukturdominanten der kollektiven Psyche, die er Archetypen genannt hat (Dorst, 2014, S. 52, 55; Kast, 1994, S. 17–22).

In der Traumsymbolik werden wir also konfrontiert mit einem Teil eines »Tonstückes«, dessen anderer Teil im Unbewussten verborgen ist (aufgeladen durch die emotionale Kraft eines Archetypus) und den es zu erkunden gilt. Das Traum-Ich hat via Traum ein Stück erhalten und der andere Teil, das passgenaue Stück dazu, ist in der Fremde, im Unbewussten, und da lebt es auch. Das macht die Faszination des Symbols aus. Es ist eine Information von einem »Bekannten« in der Fremde, gestaltet von einem Archetyp, der, obwohl zu uns gehörig, nicht in unserem Bewusstsein ist. In jeder Seele drückt er sich auf je eigene Art aus und ist fraglos erlebbar, auch wenn er an sich unanschaulich bleibt.

> »Der Archetypus ist ein an sich leeres, formales Element, das nichts anderes ist als eine ›facultas praeformandi‹, eine a priori gegebene Möglichkeit der Vorstellungsform … er kann im Prinzip benannt werden und besitzt einen invariablen Bedeutungskern, der stets nur im Prinzip, nie aber konkret seine Erscheinungsweise bestimmt. *Wie* (kursiv im Text; Anm. der Verfasserin) zum Beispiel der Mutterarchetypus jeweils empirisch erscheint, ist aus ihm allein nie abzuleiten, sondern beruht auf anderen Faktoren.« (Jung, 1939/1954, §155)

> »Die folgenschwerste Entdeckung C. G. Jungs war […] die Entdeckung, dass die gesamte Psyche im Selbst, im Unbewussten *zentriert* ist und dass das Ich von dort her überwacht, korrigiert, aber auch geleitet und befruchtet wird.« (Obrist, 2013, S. 143)

In diese Erfahrung wollen wir bei der Deutung der Träume kommen, indem wir die Symbole eines Traumes für uns aufschließen. Je mehr Zeit wir uns für ein Symbol nehmen, desto näher kommen wir der Erfahrung einer Bewusstseinserweiterung und der Erkenntnis von etwas Neuem.

Das Ende einer Traumgruppensitzung wird durch die Zeit bestimmt. Eine Sitzung dauert eineinhalb Stunden. Wenn die Gruppe einmal von der Kraft der Symbole erfasst worden ist, ist es kaum möglich, inhaltlich zu einem Schluss zu kommen.

Immer wieder fällt jemandem noch etwas ein und vielleicht können wir auch nur so sicher sein, dass wir um ein Symbol kreisen.

Sobald wir aber glauben zu wissen, was ein Symbol uns sagen will, haben wir seinen Wirkungskreis verlassen, dann kann es nicht mehr zu uns sprechen. Nur wenn wir seine Unergründbarkeit akzeptieren, sehen wir seine Wirklichkeit und kommen in die Nähe seiner Lebendigkeit, die uns erfasst und ansteckt und belebt. »Symbole haben eine Ursprungszeit, eine Blütezeit und eine Zeit des Vergehens …« (Kast, 1994, S. 22).

Das durch den Traum aktivierte Symbol vermittelt uns die Erfahrung, uns mit einem Bein im Bewusstsein und mit dem anderen Bein im Unbewussten verankern zu können. Auch das ist natürlich symbolisch gemeint und eine Erfahrung, in der eigenen Mitte zu sein, die manchmal wie ein Blitzlicht aufleuchten kann und dann ein Wissen hinterlässt, kurzfristig das Ewige im Zeitlichen erlebt zu haben.

> O Leben Leben, wunderliche Zeit
> von Widerspruch zu Widerspruche reichend
> im Gange oft so schlecht so schwer so schleichend
> und dann auf einmal, mit unsäglich weit
> entspannten Flügeln, einem Engel gleichend:
> O unerklärlichste, o Lebenszeit.
>
> Von allen großgewagten Existenzen
> kann eine glühender und kühner sein?
> Wir stehn und stemmen uns an Grenzen
> und reißen ein Unkenntliches herein
> (Rainer Maria Rilke, 1913/2006, S. 599)

Durch die Umkreisung der Traumsymbole wird eine ganze Gruppe in die Erfahrung getaucht, die Sprache des Unbewussten zu vernehmen und sie mit eigenen Worten und Einfällen wiederzugeben. Hier sind wir alle wie Kinder, die einer fremd erscheinenden Sprache lauschen und sie schöpferisch zu entschlüsseln versuchen und plötzlich in eine Ahnung kommen können, dass es unsere Muttersprache ist, die wir vergessen hatten und wiedererkennen. Hier berührt uns etwas, das wir bislang gesucht haben und leuchtet als Wissen in uns auf, das uns in eine tiefe Erschütterung und Dankbarkeit versetzen kann.

Nach C. G. Jung wird hier der Archetyp des Kindes aktiviert:

»Das ›Kind‹ tritt als eine Geburt des Unbewussten aus dessen Schoß hervor, gezeugt aus der Grundlage menschlicher Natur, oder besser auch, der lebenden Natur überhaupt. Es personifiziert Lebensmächte jenseits des beschränkten Bewusstseinsumfanges, Wege und Möglichkeiten, von denen das Bewusstsein in seiner Einseitigkeit nichts weiß, und eine Ganzheit, welche die Tiefen der Natur einschließt.
Es stellt den stärksten und unvermeidlichsten Drang des Wesens dar, nämlich den, sich selber zu verwirklichen […]. Der Drang und Zwang zur Selbstverwirklichung ist Naturgesetzlichkeit und daher von unüberwindlicher Kraft, auch wenn der Beginn ihrer Wirkung zunächst unansehnlich und unwahrscheinlich ist.« (GW 9/1, §289)

Indem wir als Gruppe von einem Gruppenarchetyp (Dorst, 2007, S. 55) erfasst werden, erleben, gestalten und bewegen wir ihn und werden von ihm bewegt. In *Faust I* erscheint Faust ein gewaltiger, flammender Erdgeist, dessen Anblick er kaum erträgt, aber er sagt zu ihm: »geschäftiger Geist, wie nah fühl ich mich Dir« und er antwortet: »Du gleichst dem Geist, den du begreifst, nicht mir.« (Goethe, 1808, S. 26) In der Gruppe können wir erleben, wie wir nur den Geist erfassen, den wir jeweils begreifen und wie jede und jeder dies auf seine Weise tut. Wir können in ein Wissen darüber kommen, dass es darüber hinaus noch eine Unendlichkeit gibt, die wir nicht begreifen, aus deren Unendlichkeit wir aber konkrete Hinweise und Botschaften erhalten. Wir sind auf dem Weg und in Bewegung und werden inspiriert durch die Kraft der Symbole, diesen Weg weiterzuverfolgen, wenn wir in das Erleben kommen: Die Träume sprechen zu *mir*!

In seinen Erinnerungen schreibt Jung:

»Schon nach kurzer Zeit (*nach der Trennung von Freud; Anm. der Verfasserin*) erkannte ich, dass es richtig war, die Träume tel quel als Grundlage der Deutung zu nehmen, denn so sind sie gemeint. Sie sind die Tatsache, von der wir auszugehen haben. Natürlich ergab sich durch meine ›Methode‹ (*der ›Amplifikation‹ im Gegensatz zur ›Assoziation‹, die Freud für die Traumdeutung anwandte; Anm. der Verfasserin*) eine fast unübersehbare Vielfalt von Aspekten. Mehr und mehr stellte sich das Bedürfnis nach einem Kriterium ein, fast möchte ich sagen: das Bedürfnis nach einer ersten und anfänglichen Orientierung. Damals erlebte ich einen Augenblick ungewöhnlicher Klarheit, in der ich meinen bisherigen Weg überschaute. Ich dachte: Jetzt besitzt du den Schlüssel zur Mythologie und hast die Möglichkeit, alle Tore zur unbewussten menschlichen Psyche zu öffnen« (C. G. Jung in Jaffé, 1987, S. 174).

In erster Linie sah Jung wohl im Archetypenbegriff einen Schlüssel zur Erforschung des Unbewussten. Sein Gedankengang dürfte Folgender gewesen sein: Mit diesem Begriff kann man die Mythen *verstehen*. Durch Vergleich von Mythen kann man die Sprache des Unbewussten am besten erschließen, und wenn man die Sprache des Unbewussten kennt, kann man aus dem, was in Träumen, Visionen und Fantasien dargestellt wird, Rückschlüsse auf die *Struktur* des Unbewussten ziehen (Obrist, 1990).

Mythen zeigen archetypische Inszenierungen unbewusster Kräfte (»Verhalten der Götter«) auf, Märchen archetypische Lösungswege für den Menschen. Träume sind individuelle archetypische Wegweiser für den eigenen Lebensweg.

Träume haben das Ziel, den Mensch zur Ganzheit zu führen. Das heißt, zur Erkenntnis seiner eigenen höchsten und niedrigsten, seiner hellsten und dunkelsten Seiten. Jung zufolge ist die Conjunctio, die Vereinigung der Gegensätze, das Ziel des Individuationsprozesses. Auf seinem Individuationsweg wird der Mensch in die Freiheit seiner Entscheidung gestellt. Die Traumgruppenerfahrung kann dazu verhelfen, in die Erkenntnis dieser erfahrbaren Lebensaufgabe zu kommen.

Künstliche Intelligenz und Traumdeutung

Aktuell gibt es empirische Projekte, die einer KI (Künstlichen Intelligenz) ein Deep-Learning-Programm für die Aufschlüsselung von Traumsymbolen einspeisen und damit eine mögliche Deutung eines jeden Traumes anbieten wollen.

Mit diesen Möglichkeiten sind wir schon jetzt und in der Zukunft konfrontiert. Eine solche KI wird unendlich viel mehr Assoziationen zusammenführen können als die, die wir in einer Traumgruppensitzung zusammentragen können. Was wir zum Beispiel zum Symbol Wasser zusammentragen, kann von einer KI noch um Seiten verlängert werden und dann im Kontext der weiteren Symbole in einen Zusammenhang gebracht werden, der einer allgemeinen Zusammenfassung, aber niemals einem in einer Gruppe zusammengetragenen Kontext entsprechen kann. Die Gruppe lebt von der Imagination, Inspiration und Intuition der einzelnen Teilnehmer. Der Archetyp der Gruppe wechselt seine Ausdruckskraft von Gruppe zu Gruppe. Diese Qualität ist nicht über eine KI abbildbar, weil das System der KI die geistigen Zugänge der Teilnehmer nicht abbilden kann. Diese aber werden in der Gruppe erlebbar werden und sind im Lebendigen im ständigen Wandel.

Fazit

Die Teilnehmer der Traumgruppe kommen ursprünglich nicht in die Gruppe, um etwas über sich oder ein bestimmtes Thema zu erfahren, sondern sie kommen, um etwas über ihre Träume zu erfahren.

Als Leiterin gehe ich, ganz im Sinne der jungianischen Schule, davon aus, dass die Träume unseren Lebensweg definitiv unterstützen, dass sie eine entwicklungsfördernde Wirkung haben, sowie Heilungspotenzial und ihren Ursprung aus einer Weisheit des Unbewussten nehmen, die weit über unser kognitives Wissen hinausgeht.

Wenn ich also dem Traum zutraue, dass er mir etwas vermitteln kann, was meine eigene Weisheit übersteigt, kann er es dann? Oder bin ich es, die aus einer mir verborgenen Weisheit meines und/oder des kollektiven Unbewussten heraus, dem Traum die Projektion zukommen lässt, dass er es kann?

Nach C. G. Jung ist es die eigene Projektion, die in einer archaischen Weltsicht die Götter im Außen sieht, und die Aufgabe des heutigen Menschen ist es, diese Projektion zurückzunehmen (Obrist, 2013, S. 154).

Werden Teilnehmer der Traumgruppe gefragt, ob der Traum mehr Weisheit habe, als sie sich ausdenken könnten, sagen sie uneingeschränkt »Ja!«

Werden sie gefragt, ob sie sich vorstellen können, dass es vielleicht ihre eigene Projektion ist, die hier eine Weisheit zutage fördert, die in der Tiefe des eigenen Inneren schlummert, werden sie eher unsicher und finden die Frage »interessant«. Sicherer sind sie sich in der Aussage, dass sie sich durch die gemeinsame Bearbeitung der Träume auf eine Art bereichert fühlen, die sie sich nicht hätten vorstellen können.

In den Traumbildern begegnen wir unserem individuellen und eigenen Mythos, diesen zu entdecken, belebt und inspiriert auf je eigene Art und Weise den Einzelnen.

Die Träume begleiten und unterstützen uns, unseren Individuationsweg zu gehen, sozusagen im Einklang mit der inneren Stimme. In der Traumgruppe können wir erfahren, dass wir kollektiv als Menschen alle in diese Aufgabe gestellt sind und uns gegenseitig inspirieren und unterstützen können, aus unserer Mitte heraus handeln zu können.

»Viele Wege führen zum zentralen Erlebnis. Wer zu seiner eigenen Tiefe vorgedrungen ist, erkennt auch Wert und Berechtigung anderer Wege, die zur Mitte führen. Das Wissen um ihre Vielfalt macht Fülle und Sinn des Lebens aus« (Jung, 1961, in Jaffé, 2021, S. 221).

Literatur

Braun, C. (2022): Die traumzentrierte Gruppe. Methodik einer tiefenpsychologisch fundierten jungianischen Gruppen-Einzel-Kombipsychotherapie. *Analytische Psychologie*, 197, 144–163.

Daniel, R. (2018): *Das Selbst. Grundlagen und Implikationen eines zentralen Konzepts der Analytischen Psychologie.* Stuttgart: Kohlhammer.

Dorst, B. (2007): *Therapeutisches Arbeiten mit Symbolen. Wege in die innere Bilderwelt.* Stuttgart: Kohlhammer.

Dorst, B. (2014): Symbole als Grundlage der Aktiven Imagination. In: B. Dorst & R. T. Vogel (Hrsg.): *Aktive Imagination. Schöpferisch leben aus inneren Bildern* (S. 52). Stuttgart: Kohlhammer.

Dorst, B. & Vogel, R. T. (Hrsg.): *Aktive Imagination. Schöpferisch leben aus inneren Bildern.* Stuttgart: Kohlhammer.

Eichendorff, J. v. (1838): Wünschelrute. In: Görner, L.(2006): *Das große Gedichtebuch zum Lyrikwürfel* (S. 131). Weimar: GPP Media.

Ermann, M. (2005): *Träume und Träumen.* Stuttgart: Kohlhammer.

Freud, S. (1900 und 1929/2005): *Die Traumdeutung.* Frankfurt a. M.: Fischer.

Georg, H. (2016): *Traumarbeit in Gruppen.* In: M. Schimkus & U. Stuck (Hrsg.) (2016): *Selbst, Ich und Wir. Theorie und Praxis der analytischen Gruppenpsychotherapie* (S. 218–229). Frankfurt a. M.: Brandes & Apsel.

Goethe, W. (1808/2009): *Faust I* (S. 23). Berlin: Suhrkamp, BasisBibliothek.

Görner, L. (2006): *Das große Gedichtbuch zum Lyrikwürfel.* Weimar: GGP Media.

Jaffé, A. (1987): *Erinnerungen, Träume, Gedanken von C. G. Jung* (S. 174). Olten: Walter.

Jaffé, A. (2021): *Streiflichter zu Leben und Denken C. G. Jung's* (S. 221). Einsiedeln: Daimon.

Jung, C. G. (1934 und 1969/1991): *Die praktische Verwendbarkeit der Traumanalyse.* In: Praxis der Psychotherapie, *Gesammelte Werke Bd. 16* (S. 158). Olten: Walter.

Jung, C. G. (1939/1992): *Zur Psychologie des Kindarchetypus.* In: Die Archetypen und das kollektive Unbewusste, *Gesammelte Werke Bd. 9/1* (S. 184). Olten: Walter.

Jung, C. G. (1939 und 1954/1992): *Die psychologischen Aspekte des Mutterarchetypus.* In: Die Archetypen und das kollektive Unbewusste, *Gesammelte Werke Bd. 9/1* (S. 96). Olten: Walter.

Jung, C. G. (1961/1991): *Zugang zum Unbewussten.* In: Jung et.al. (1961/1991): *Der Mensch und seine Symbole* (S. 28).

Jung, C. G., v. Franz, M. L., Henderson, J. L., Jacobi, J. & Jaffé, A. (1961/1991): *Der Mensch und seine Symbole.* Olten: Walter.

Kast, V. (1994): *Die Dynamik der Symbole. Grundlagen der Jungschen Psychotherapie.* Solothurn/Düsseldorf: Walter.

Obrist, W. (1990): *Archetypen. Natur- und Kulturwissenschaften bestätigen C. G. Jung.* Olten: Walter.

Obrist, W. (2013): *Das Bewusste und das Unbewusste.* (S. 154). Stuttgart: opus magnum.

Rilke, R. (1913/2006): *Die Gedichte.* Frankfurt a. M./Leipzig: Insel.

Roesler, C. (2022): *Traumdeutung und empirische Traumforschung.* Stuttgart: Kohlhammer.

Schimkus, M. & Stuck, U. (Hrsg.) (2016): *Selbst, Ich und Wir. Theorie und Praxis der analytischen Gruppenpsychotherapie.* Frankfurt a. M.: Brandes & Apsel.

Elisabeth Grözinger

Zu meiner Funktion als Leiterin einer Traumgruppe therapeutischer Expertinnen
Überlegungen zum »Jungianischen« in einer spannenden Aufgabe

Abstract

Geschichte und Prozedere der Traumgruppe werden skizziert, sodass das besondere Profil der Gruppe erkennbar wird. Ferner werden der Hintergrund und Aufgaben der Leiterin der Gruppe geschildert. Auf der Basis einer Fallvignette werden diese Beschreibungen konkretisiert, wodurch auch die jungianischen Elemente in der Auseinandersetzung mit den Träumen wie Imagination und Amplifikation deutlich werden. Die Autorin fragt nach dem spezifisch »Jungianischen« in der Wahrnehmung ihrer leitenden Funktion. Ausgehend vom in der Gruppe wirksamen »Archetyp der Gruppe« (B. Dorst) weist sie auf ihren kooperativen Leitungsstil und vermutet vor allem im Prinzip »Teilhabe« am lebendigen Prozess der Traumgruppe das signifikant Jungianische ihrer Leitungspraxis.

Ich leite eine Gruppe von lebens- und therapieerfahrenen Frauen. Therapieerfahren meint hier, dass die meisten der Teilnehmerinnen sowohl Therapien des eigenen inneren »Kosmos« erlebt haben als auch jahrzehntelang selbst therapeutisch, beratend, pflegend oder in leitender Funktion tätig waren bzw. sind. Es sind bis zu acht Frauen aus unterschiedlichen psychotherapeutischen Richtungen, die sich seit 2016 einmal im Monat für zwei Stunden treffen mit dem Ziel, die eigenen Träume besser zu verstehen. Wir besprechen in diesem Zeitraum mehrere Träume, im Interesse einer intensiven Arbeit daran manchmal auch nur einen Traum. Die meisten der Teilnehmerinnen sind – wie ich auch schon seit Langem – über 60 Jahre alt. In ihrem Kern ist die Gruppe konstant.

Zwei der ursprünglichen Teilnehmerinnen sind verstorben. Andere sind aus terminlichen Gründen ausgeschieden oder sind verzogen. Nach sorgfältiger Abstimmung in der Gruppe wurden neue Mitglieder aufgenommen.

Seit Mitte 2020 treffen wir uns digital, wobei ich mindestens einmal im Jahr noch einen »Märchentag« anbiete, der nach Möglichkeit analog stattfindet. Ziel des »Märchentags« ist es unter anderem, das jungianische Verständnis archetypischer Symbolik zu erweitern. Aber es geht natürlich auch um das vertiefte Verständnis der Bedeutung solcher Märchen, die in der Kindheit Spuren gegraben haben und deren Komplexthemen noch immer aktuell sind.

Die Gruppe ist keine psychotherapeutische Gruppe in dem Sinn, dass psychische Verhaltensmuster durch die Traumerzählungen und das Verhalten in der Gruppe bzw. das Verhalten von Gruppenmitgliedern zu mir als Leiterin analysiert und in einen therapeutischen Prozess integriert werden (vgl. dazu den freudianisch orientierten Beitrag von Battegay, 1987, S. 108–117, oder Yalom, 2004). Übertragungen in der Gruppe beispielsweise werden nicht thematisiert.

Diese traumzentrierte Selbsterfahrungsgruppe ist also in einem weiten Verständnis des Begriffs psychoedukativ; besser passt vielleicht wegen der Kompetenz und der damit verbundenen Fähigkeit zur Eigenverantwortung der Gruppenmitglieder: auto-psychoedukativ. Die Gruppe dient der Erweiterung der Kenntnisse um die persönlichen Themen und Potenziale im Licht der Tiefenpsychologie Jung'scher Prägung. Darum tauchen immer wieder Fragen an mich zum jungianischen Traum- oder Symbolverständnis auf. Trotz des »informativen« Aspekts kann ich mich nicht wie eine Dozentin verhalten, der es allein um die Vermittlung von Wissen geht. Für mich gilt auch, was R. Battegay, Psychiater freudscher Provenienz, bereits vor mehr als dreißig Jahren im Blick auf eine psychotherapeutische Traumgruppe schrieb:

> »Bei aller – therapeutisch gebotenen – Distanz ist aber eine positive emotionale Präsenz des Therapeuten von ausschlaggebender Bedeutung für das Durcharbeiten der in der Gruppe vorgebrachten Träume und die Konsequenzen, die auf der Einsichts- und Verhaltensebene daraus gezogen werden.« (Battegay, 1987, S. 117)

Obwohl mit dieser Terminologie kaum hinreichend erfasst wird, worauf ich später noch eingehe, so gehört eine »positive emotionale Präsenz« zweifellos zu meiner Haltung in der Gruppe. Ich empfinde sie einmal als elementares Interesse für alle Gruppenmitglieder und für ihre – manchmal ihnen selbst unbedeutend erscheinenden – Traumnarrative. Zum anderen aber zeigt sich die »positive emotionale Präsenz« an meinem Interesse an den Ressourcen, die in Träumen aufschimmern. Bereits das mag sehr »jungianisch« sein, setzte Jung doch auf den selbstregulativen Prozess der Psyche, den er »Individuation« nannte. Jung schrieb dem Traum

Zu meiner Funktion als Leiterin einer Traumgruppe therapeutischer Expertinnen

ein im Vergleich zum Bewusstsein erweitertes Reservoir an Coping-Strategien zu, indem er unter anderem vermutet:

> »Wie es nun auch im Bewusstsein nicht nur Wünsche und Befürchtungen, sondern noch unendlich viele andere Dinge gibt, so besteht auch die allergrößte Wahrscheinlichkeit dafür, dass unsere Traumseele über einen ähnlichen, vielleicht sogar noch viel größeren Reichtum an Inhalts- und Lebensmöglichkeiten verfügt als das Bewusstsein, dessen essentielle Natur Konzentration, Einschränkung und Ausschließlichkeit ist.« (Jung, 1931/1947/1995, §317)

Ich jedenfalls bin nicht auf Defizite oder Schattenseiten fokussiert, die im Traum auftauchen. Ich meide die Rolle einer Pädagogin, die ständig den Finger an Wunden hat, um die Betreffenden zu »bessern«, was mir anfangs sicher weniger gelang. Ich habe den Verdacht, dass ich während der ersten Treffen meinen professionellen Blick auch einsetzte, um meine Rolle zu bestätigen, meine Kompetenz zu zeigen, um meine Leitungsposition zu rechtfertigen, also letztlich um mich selbst zu schützen. Mittlerweile kann ich aber hoffentlich unbefangener auf »Empowerment« setzen und so zu einer Gruppenatmosphäre beitragen, in der Scham oder Angst vor den Reaktionen der anderen zwar nicht gänzlich verschwunden sind, aber kaum dominieren.

»Meine« Traumgruppe entstand aufgrund einer Initiative aus der Psychologischen Gesellschaft Basel. Die meisten Frauen kennen sich aus deren Umfeld. Wegen des gemeinsamen Hintergrunds bestand bereits ein Vertrauensverhältnis unter einigen der Teilnehmerinnen. Dieses hat seine Wurzeln somit vor und nach wie vor auch außerhalb der Begegnungen in der Gruppe.

Anfangs waren die Treffen ausgesprochen niederschwellig. Es zeichnete sich zwar eine gewisse Verbindlichkeit wie z. B. die Verpflichtung auf Verschwiegenheit ab. Ich habe aber wenig Struktur vorgegeben, da ich selbst noch viele Unklarheiten über meine Rolle und die Qualität meines Tuns in der Gruppe hatte. Ich hatte mich weitgehend abwartend, beobachtend verhalten und sammelte intuitiv Informationen darüber, was die Gruppe von mir bräuchte. Unsicher aber war ich auch, weil ich keine gruppenanalytische Ausbildung für die Leitung einer Traumgruppe hatte. Ich musste und muss mir meine Leitungsfunktion vor allem auf der Basis meiner Erfahrungen selbst erarbeiten. Ich rief mir deshalb zum Beispiel in Erinnerung, dass ich jahrelang Gruppen von Erwachsenen unterrichtet hatte. Schon dabei hatte ich ein Gespür für die Reaktionen der Zuhörenden entwickeln müssen. Ich konnte auch auf meine Ausbildung zur Psychodrama-Assistentin zurückgreifen sowie auf mein Vertrauen in die »Schwarmintelligenz« von Gruppen, das ich während meiner tiefenpsychologischen Ausbildung am Jung-Institut Zürich und in Intervisionen aufgebaut hatte. Ich war außerdem lange Teil einer jungianisch ausgerichtet Balint-Gruppe bei Stefan Alder gewesen. Da hatte ich mir immerhin Gruppenleitung »abgucken« können sowie etwas Wissen darüber erworben, was in einer tiefenpsychologisch orientierten Gruppe zu beachten ist.

Mein Interesse gerade an Traumgruppen war durch eigene gute Erfahrungen in Traumgruppen während europäischer IAAP-Kongresse (z. B. 2015 in Triest) geweckt worden. Diese Gruppen hatten mich hinsichtlich der Ergebnisse staunen lassen, und sie hatten mir schlicht Spaß gemacht. Die Freude am Einbringen von Träumen in eine Gruppe trug sicher wesentlich zu meiner Motivation für eine Traumgruppe bei, obwohl ich – anders als in den Traumgruppen, die sich an die Social-Matrix-Konzeption von G. Lawrence anlehnen – weniger an unbewussten kollektiven Prozessen interessiert war, sondern mehr an dem individuellen Ereignis »Traum«. Präzisiert wurde mein innerer »Kompass« für die Traumgruppenleitung 2019 durch die Teilnahme an Traumgruppenreflexionen, die Claus Braun anbot. Er zitiert in einem Beitrag für den IAAP-Kongress 2019 in Wien M. Ullman: »Ullman has taught the experience that access to one's own dreams becomes particularly fruitful when a group of people tries to make the dream of the protagonist their own in imagination, as if it were a dream by themselves« (Braun, 2019). Dieser Ansatz voller Vertrauen in das weite assoziative und imaginative Feld, das eine Gruppe öffnen kann, entspricht meiner Haltung zwar sehr, weil die zeitlich begrenzte Identifikation aller Gruppenmitglieder mit dem Traum eines Mitgliedes eine Atmosphäre voller Empathie und Solidarität entstehen lassen kann. Dennoch wurde dieses Konzept nicht allein leitend für unser Vorgehen in der Gruppe.

In der zentralen Phase unserer Gruppentreffen hört die Traumurheberin schweigend den Reaktionen der anderen Teilnehmerinnen zu. In dieser Phase äußern die Teilnehmerinnen zwar auch Bilder, die sich in ihnen durch das Nachspüren der Traummotive entwickeln, es steht also durchaus die Identifikation mit dem präsentierten Traum im Vordergrund. Kommentieren die Traummitglieder in diesem Zeitraum aber die Träumerin, so sind sie zumindest gebeten, dies in der dritten Person zu tun. Sie identifizieren sich dann also nicht mit dem Traum bzw. der Traumautorin, sondern geraten in die Rolle einer kundigen Beobachterin und sprechen so über die Träumerin, als sei sie nicht im Raum. Wir (auch ich) sprechen diese mit unseren Vermutungen also nicht direkt an. Wir äußern nur Hypothesen. Wir wählen dabei (so jedenfalls die Idee) eine distanzierende Sprache. Ich halte dies für hilfreich, weil es die einzelnen Gruppenmitglieder aus dem vertrauten

Zu meiner Funktion als Leiterin einer Traumgruppe therapeutischer Expertinnen

Zuwendungsverhältnis zu den anderen Frauen lösen kann. Auf diesem Weg lassen sich Erwägungen mitteilen, die im direkten Dialog aus Rücksicht und/oder aus konventionellen Gründen verschwiegen werden bzw. gar nicht erst bewusst werden. Während dieses Zeitraums gerät die Gruppe in eine nachdenkliche, in eine gedanklich tastende Haltung. Es besteht mit der Verwendung der dritten Person jedoch die Gefahr von nicht sensibel auf die Träumerin bezogenen Traumkommentaren. Das Risiko einer Verletzung wechselseitiger Achtsamkeit aber scheint mir deshalb relativ gering, da jede Teilnehmerin weiß, dass – wenn es um ihren Traum geht – auch über sie als Traumverfasserin in der dritten Person gesprochen wird.

Die Chance der Traumreflexion in der dritten Person besteht darin, dass dieser grammatikalische »Trick« allen Beteiligten – inklusive der Traumautorin – eine Phase der Lösung nicht nur aus Konventionen, sondern auch aus Identifikationen, eine Phase der Distanzierung und damit die Erkundung ungewohnter Perspektiven erlaubt. Ich selbst erlebte dieses Prozedere unter anderem in systemisch ausgerichteten Gruppen, wo ich es ebenfalls als nicht verletzend empfand. Für mich war es vielmehr spannend, dem lauschen zu dürfen, was andere über mich zu sagen hatten. Dies war vielleicht mit ein Grund dafür, dass ich dieses Vorgehen der Gruppe empfahl.

Zurück zu dem »Rucksack«, mit dem ich in die Traumgruppe startete. Dazu bleibt noch nachzutragen: Die, die mich fragten, ob ich eine Traumgruppe leiten wolle, kannten mich als Psychotherapeutin und Referierende zu Jung'schen Themen. Ihr Zutrauen zu mir als Tiefenpsychologin, das mir mit der Anfrage entgegengebracht wurde, sowie mein eigenes Zutrauen zu mir gehören zu dem Proviant, von dem ich in der Traumgruppe zehren kann. Meine Unsicherheit aber schwand mit dieser gerade anfangs sehr dürftig empfundenen Ausrüstung nicht wirklich. Es blieben Bedenken, ob ich in der Wahrnehmung der erfahrenen Gruppenmitglieder deren Ansprüchen genügen würde. Vielleicht hatte ich im Hintergrund auch Furcht vor Rivalitäten in dieser Expertinnengruppe.

Meine Unsicherheit schwand allmählich vor allem durch drei Interventionen von Gruppenmitgliedern. Eine Frau äußerte einmal, dass die Gruppe eine Leiterin bräuchte, weil jemand das Gespräch moderieren müsse. Ihr Votum gab mir die Sicherheit, dass ich meine Funktion als Leiterin der Gruppe so ausgefüllt hatte, dass die Gruppenmitglieder sie als notwendig empfunden hatten.

Meine »Rollenunsicherheit« hatte sich auch daraus ergeben, dass ich manche der Teilnehmerinnen nicht nur als Gruppenleiterin traf, sondern auch als Mitglied der Psychologischen Gesellschaft. Ich war somit Teil von zwei »Gruppen«:

Mitglied der Gruppe »Psychologische Gesellschaft« und Mitglied der »Traumgruppe«. Nur in dieser letzten Gruppe wurde mir die spezielle »ordnende« Funktion zugesprochen. Diese habe ich mir bewusst zu halten und möchte sie so wahrnehmen, dass sie nicht durch meine funktionsfreien Beziehungen innerhalb der Psychologischen Gesellschaft Basel beeinträchtigt wird.

Mir hilft es, ein professionelles Profil als Handwerkszeug zu nutzen, wenn ich mir selbst meine Aufgabe in einer Gruppe klar mache. Mein Rollenverständnis in der Traumgruppe geht nun allerdings über die ordnend-moderierende Aufgabe hinaus. Es definiert sich für mich als Aufgabe, den einzelnen Teilnehmenden durch meine Moderation, durch mein tiefenpsychologisches Wissen und durch meine therapeutische Erfahrung als eine Art »Hebamme« zur Seite zu stehen. Ich wünsche mir, einen Gruppenprozesse zu initiieren, der einen bewussteren Umgang mit den Traumgeschichten ermöglicht. In diese Aufgabe eingeschlossen ist die Hoffnung, dass sich alle Beteiligten mit der Zeit zu »Hebammen« in den Traumdeutungsprozessen entwickeln. Ein solcher Gruppenprozess könnte meine Rolle noch mehr in Richtung Moderation verändern und hat in den letzten Jahren bereits eingesetzt.

Die zweite stabilisierende Intervention eines Gruppenmitglieds bezog sich auf meine Honorierung. Ich hatte über Monate vor jedem Treffen von jeder Teilnehmerin »in die Hand« einen Obolus erhalten. Konnten bei einem Treffen z. B. wegen überraschenden Glatteises kaum Teilnehmende präsent sein, war mein »Ertrag« gering. Das ärgerte eine Teilnehmerin, weil sie gerade aufgrund ihrer eigenen Biografie andere Frauen adäquat bezahlen wollte. Sie schlug deshalb vor, dass alle Frauen von nun an für jeweils drei Treffen eine Gebühr entrichten sollten, unabhängig davon, ob man teilnehmen könne oder nicht. Ich erlebte das als Zeichen der Wertschätzung der Gruppe und meiner Funktion, was mir half, meine Rolle bewusster wahrzunehmen.

Zuvor hatte eine Teilnehmerin (dritte Intervention) die Idee gehabt, die Termine der Meetings zu schematisieren. Seitdem fragen wir (in der Regel) nicht mehr danach, ob jemand Zeit hat zu kommen oder nicht. Es steht (ziemlich) fest: An einem bestimmten Wochentag der zweiten Woche eines Monats findet die Traumgruppe statt. Das gibt Planungssicherheit für alle Teilnehmenden.

Die »Institutionalisierung« der Gruppe zeigte mir, wie wichtig die Gruppe den Teilnehmenden im Lauf der ersten Monate geworden war, was wiederum Auswirkungen auf mein Rollenverständnis hatte. Ich begriff erneut, dass niemand etwas persönlich so Bedeutsames wie einen Traum in ein – und sei es nur terminlich – unsicheres Gefäß geben will. Eine Traumgruppe braucht klare und schützende

Strukturen, weil darin sehr Privates ans Licht kommen kann. Für diese Sicherheit fühlte ich mich nun wesentlich stärker verantwortlich als noch im ersten Jahr der Entstehung der Gruppe. Meine Leitungsfunktion konnte ich selbst mehr und mehr als sinnvoll akzeptieren.

Anfangs allerdings war ich noch den hierarchiekritischen Frauenwelbsterfahrungsgruppen der 1970er, 1980er Jahre verhaftet gewesen. Diese (innere) Orientierung wirkte jedoch allenfalls leicht verunsichernd und unterminierte mich nie so, dass Chaos in der Gruppe entstanden wäre. Immerhin hatte meine zurückhaltende Art in der Gruppe den Vorteil, dieser den Raum zu geben, selbst solche Strukturen zu etablieren, die von den Teilnehmerinnen nicht als verordnet, sondern als sinnvoll erkannt werden konnten.

Die Gruppe hatte so die Rahmenbedingungen selbst erarbeiten können. Das Prozedere jedoch, das innerhalb dieses Rahmens im Interesse der Traumerkundung möglichst regelmäßig gelten sollte, habe ich vorgeschlagen. Ich sorge in Abstimmung mit den Gruppenmitgliedern auch tatsächlich dafür, dass unsere Besprechungen immer wieder in den vereinbarten Schritten vollzogen werden, weshalb ich einmal auch als »Dompteurin« wahrgenommen wurde. Das ertrage ich und mahne mich durch solche Zwischenrufe zu einem vorsichtigeren, bewussteren Umgang mit der Leitungsfunktion. Ich will schließlich niemanden »zähmen«, sondern mithilfe von Strukturen einen Raum der Kreativität in der Traumarbeit eröffnen.

Das »Regelwerk« unserer Traumbesprechungen skizziere und erläutere ich nun, schicke aber voraus, dass wir es eben nicht immer konsequent einhalten. Die Spontaneität der Gruppenmitglieder sowie eingefahrene Muster der direkten Kommunikation erschweren zum Beispiel wieder und wieder die Umstellung der Kommunikation auf den Modus der kommentierenden Traumreflexion in der Gruppe.

Die Treffen beginnen mit Begrüßung und einem Rückblick auf die zuletzt besprochenen Träume. Anschließend erzählen die Träumerinnen, die einen Traum einbringen wollen, einen kleinen Ausschnitt aus ihren Traumgeschichten (»Appetithäppchen«). Es folgt eine Phase der Stille, in der alle in sich hereinhorchen und für sich erspüren, welchem Traum sie sich zuerst widmen wollen. Es wird der Traum ausgewählt, für den sich die meisten aussprechen. So ist gewährleistet, dass die Träumerin auf eine sehr hohe Offenheit für ihren Traum bauen kann.

In einer zweiten Phase widmen wir uns dem Traum ausführlich. Der ausgewählte Traum wird nun so detailliert wie möglich erzählt, wobei manchmal Traumnotizen zur Hilfe genommen werden. Es folgen Informationsfragen.

Wieder werden alle still. Dann hört die Traumautorin nur zu und erfährt, was die anderen Teilnehmerinnen einander über ihre inneren Bilder zu dem Traum mitteilen und (gegebenenfalls) was ihnen zum Traum-Ich einfällt.

In der letzten Phase reagiert die Träumerin auf das Gehörte und teilt mit, was sie von dem Gehörten als zu ihr gehörig und für sie fruchtbar mitnehmen kann. Auch diese Phase ist in der Regel von Akzeptanz und Diskretion geprägt. Wir reagieren zwar auf die Kommentare der Träumerin, auch indem wir sie auf etwas hinweisen, was uns in der vorhergehenden Phase der »Traumspiegelung« wichtig war. In meiner Leitungsfunktion versuche ich darauf zu achten, dass diese Reaktionen einen Angebotscharakter behalten. Zudem versuche ich zu erspüren, wann die Träumerin mehr von ihrem persönlichen Kontext erzählen möchte und wann nicht. Möchte sie erzählen, so ist uns dies willkommen. Ist dies nicht der Fall, so akzeptieren wir das fraglos, weil ich, weil wir der Kompetenz der Träumerin vertrauen, nur das von sich selbst zu »veröffentlichen«, was für sie hilfreich ist.

Die Anfangs- und die Schlussphasen sind die jeweils sensibelsten Abschnitte im Gruppengeschehen. Es gibt Gruppensitzungen, in denen ich mir Gedanken über die späteren Folgen des Abends mache. Zwar kann ich davon ausgehen, dass jede Teilnehmerin eigene (therapeutische) Rückzugsorte hat, in denen sie die Träume individuell weiterbearbeiten kann. Zudem weiß jede Teilnehmerin, dass sie auch einen Extragesprächstermin mit mir vereinbaren kann, was auch bereits vorgekommen ist. Aber ich bin nicht sicher, ob diese Vorsichtsmaßnahmen immer greifen. Das Besprechen von Geschichten, die aus dem eigenen Innersten kommen, kann aufwühlen. Der in der Gruppe in Gang gesetzte Prozess ist mit dem Ende eines Treffens eben nicht zu Ende. In meiner Traumgruppenarbeit lebe ich daher mit einem »Restrisiko« – zwar mit viel schützender Vorsicht, aber auch mit großem Vertrauen in die Potenziale der lebens- und therapieerfahrenen Teilnehmerinnen. Oft staune ich über deren Kraft, die sich zum Beispiel darin zeigt, dass wir am Ende einer bewegenden Traumsitzung wieder und wieder doch verblüffende (Zwischen-)Lösungen erreichen, die plausibel erscheinen und uns ruhig auseinandergehen lassen.

Auch die Anfangsphase erwies sich immer wieder als delikat, weil es zu Rivalitäten kommen konnte. Teilnehmerinnen stellten sich die Frage, wie sie ihre Träume so attraktiv präsentieren könnten, dass sie von der Gruppe für die ganze Traumerzählung gewählt würden. Wir haben dieses Problem des Wettkampfs ums »Drankommen« so gelöst, dass wir beschlossen, Träume, die nicht thematisiert wurden, prioritär im folgenden Treffen zu behandeln, falls es sich dann noch als nötig erweisen soll. Wir haben das auch so praktiziert und dabei festgestellt, dass selbst Träume, die bereits Wochen zuvor geträumt worden waren, noch eine erstaunliche, frische Lebendigkeit entfalten konnten.

Ich habe allerdings immer auch darauf hingewiesen, dass es in der Traumgruppe nicht allein darauf ankommt, ob die selbst geträumte Traumgeschichte erkundet wird. Meiner Ansicht nach ist nämlich jeder Traum ein Geschenk an die gesamte Gruppe. Der Traumprozess findet in der Gruppe seine Fortsetzung. Sobald ein Mensch sich emotional und kognitiv auf dieses »Geschenk«, auf den Traum eines anderen Menschen einlässt, wird nämlich auch sein Unbewusstes aktiviert, und »frau« beginnt, im Kontakt mit den anderen Gruppenmitgliedern auch für sich selbst neue Möglichkeiten zu imaginieren, zu verbalisieren und sich diese damit ins Bewusstsein zu holen. Es ist also gar nicht unbedingt nötig, dass die eigene Traumgeschichte in einem Treffen »vorkommt«, weil die eigene Lebensgeschichte ohnehin immer tangiert wird, wo immer man in die Auseinandersetzung mit unbewusstem Material wie einem Traum involviert ist.

Ich wandele hier für das Geschehen innerhalb der Gruppe ab, was Verena Kast für die therapeutische Dyade geltend macht: »Träume entstehen zwischen Menschen, werden verstanden im gemeinsamen Gespräch über Träume, in dem gelegentlich ihr kreatives Potential aufscheinen kann« (Kast, 2021, S. 12). Mittlerweile scheint die von mir vertretene Ansicht von einem ins Wachbewusstsein und darüber hinaus sogar in das Gruppenfeld erweiterte, alle Gruppenmitglieder involvierendes Traumverständnis überzeugend geworden zu sein. Ich habe jedenfalls den Eindruck, dass Teilnehmerinnen auch dann von einem Treffen »profitieren«, wenn ihr eigener Traum nicht Thema sein kann.

Ein Traum wird meistens in unterschiedlichen Versionen erzählt: anfangs in einer Kurzform, dann ausführlich in der mittleren Phase. Oft wiederhole ich das Erzählte noch, sodass die Träumerin Ergänzungen anbringen kann und/oder die Bestätigung findet, dass sie mit ihrer Geschichte verstanden wurde. Das wiederholte Präsentieren des Traums ist ein zeitraubender Vorgang, was nicht allen gefiel. Wir haben das intensive Erzählen nach kurzen Überlegungen aber beibehalten, weil deutlich wurde, dass wir einen längeren Rezeptionsprozess brauchen, um uns den Traum eines anderen Menschen zu eigen machen zu können. Ein Traum wirkt zwar vielleicht manchmal blitzartig, aber er hinterlässt zweifellos deutlichere Spuren im Unbewussten anderer Menschen, wenn sie die Gelegenheit haben, sich durch mehrfaches Hören wirklich darauf einzulassen. Erst im engagierten Erzählen und Zuhören entsteht, was ich heute mit Verena Kast einen »gemeinsamen Vorstellungsraum« nenne (vgl. Kast, 2021, S. 14).

Das Erzählen ordnet, indem es die Informationen in einen Prozess von Anfang und Ende eingliedert. Es dient somit auch der Sinnfindung. Darüber hinaus berührt es aber mehr als nur unsere mentalen Areale. Zu diesem »Mehrwert« schreibt Kast in ihrer Darstellung individueller Jung'scher Traumbearbeitung:

»Durch das vorstellungsbezogene Erzählen des Traums mit Konzentration auf Bilder und damit verbundene Emotionen von beiden, dem Träumer und der Analytikerin, werden diese Traumerfahrungen vernetzt mit Erfahrungen im Alltag, mit aktuell wichtigen Erinnerungen und Erwartungen, mit anderen Träumen und Imaginationen. Die mit den Inhalten verbundenen Emotionen, auch die Emotionen aus der Gegenübertragung des Analytikers, gebenden Inhalten ihre aktuelle Valenz.« (ebd.)

Die mittlere Phase unserer Traumbesprechungen ist zweifellos diejenige mit den ausgeprägtesten, offensichtlichsten »jungianischen« Elementen. Der Kontext kommt in den Blick, Imaginationen entstehen, Kenntnisse über Symbole und Archetypen tauchen auf und werden ausgetauscht, Hypothesen zu Bedeutung des Traums für die Träumerin werden formuliert. Ich empfinde diesen nachdenklichen Zeitraum als den ruhigsten in unseren Treffen. Ich beteilige mich am Gespräch, achte aber auch darauf, dass alle, die zu Wort kommen möchten, dazu auch die Gelegenheit erhalten. In diesem Zeitraum bin ich entspannt und doch mehrgleisig unterwegs. Ich habe die oben beschriebenen ordnenden und schützenden Funktionen im Blick auf jede Einzelne in der Gruppe und im Blick auf die ganze Gruppe. Ich höre der jeweils Sprechenden zu. Ich höre auch dem zu, was sich still in mir abspielt. Ich bin – soweit es mir möglich ist – orientiert an meinen bewussten Aufgaben und (hoffentlich) offen für die Regungen aus dem Unbewussten. Ich bin bei den anderen, und ich bin sehr deutlich bei mir. Ich frage mich: Was taucht auf in mir, und später dann: Ist, was in mir hochkommt, vernetzt mit dem Material, das andere vorbringen? Ich bin ausgerichtet auf das, was mein persönliches Unbewusstes – angeregt durch den Traum – freigibt, und auf die »Funken« aus dem Unbewussten, die sich in der Gruppe konstellieren. Diese doppelte Ausrichtung kann – so meine Hoffnung – zu einem Traumverstehen führen, wie es C. G. Jung postuliert hat. Er formulierte seine Ziele in der Traumarbeit allerdings nicht auf der Basis von Gruppenarbeit, sondern aufgrund seiner Erfahrungen mit der therapeutischen Dyade. So sprach er etwa 1931 in einem Vortrag zur Traumanalyse von einem »Einverständnis, das die Frucht gemeinsamer Überlegungen ist« und erläuterte: »Der Patient muss nämlich nicht von einer Wahrheit belehrt werden – so wendet man sich nur an seinen Kopf –, sondern er muss sich vielmehr zu dieser

Zu meiner Funktion als Leiterin einer Traumgruppe therapeutischer Expertinnen

Wahrheit entwickeln – und so erreicht man sein Herz, was tiefer ergreift und stärker wirkt« (Jung, 1931, §314). Für das Begreifen eines Traums war es für Jung wesentlich, dass das therapeutische Paar sich dem Unbewussten so nähern kann, dass eine »Assimilation« unbewusster Inhalte an das Bewusstsein erfolgen kann. Dieses »Angleichen« nennt er als Ziel der Traumarbeit:

> »Im Traum kommen ihre (der Psyche; EG) aus primitivster Natur abstammenden Bilder und Triebe zu Wort. Durch die Assimilation unbewusster Inhalte gleichen wir daher das augenblickliche und vom Naturgesetz nur allzu leicht abweichende Bewusstseinsleben diesem wieder an und bringen so den Patienten wieder zu seiner natürlichen Eigengesetzlichkeit.« (a.a.O., §351)

Demnach kann die Resonanz auf einen Traum nur dann eine differenzierende Entwicklung fördern, wenn in der Kommunikation über einen Traum auch die unbewusste Beziehung zwischen der Traumautorin und dem kommentierenden Menschen zusammenschwingt. Ein solches Verstehen wünsche ich mir für die Traumgruppe; dem soll die mittlere Phase unserer Traumgespräche dienen.

Es mag sein, dass auch I. Yalom, der mehr von Freud als von Jung beeinflusst ist, eine solche, unbewusste Potenziale berücksichtigende Beziehung in der Kommunikation mit Patienten vorschwebt, obwohl er das Unbewusste nicht explizit betont. Auch Yalom warnt jedenfalls in seinem gruppentherapeutischen, existenziell-psychologischem Konzept vor Traumkommentaren, die primär die Expertise des Therapeuten leuchten lassen: »Eine Deutung, selbst die eleganteste ist nutzlos, wenn der Patient sie nicht aufnimmt« (Yalom, 2004, S. 116). Er führt aus:

> »Die Deutung kommt selten an, bevor nicht die Beziehung des Patienten zum Therapeuten stimmt. Einem Patienten z. B., der sich von seinem Therapeuten bedroht fühlt und mit ihm konkurriert, wird kaum eine Deutung helfen. Selbst die wohldurchdachteste Deutung wird versagen, weil der Patient sich vielleicht vom Beweis der überlegenen Scharfsichtigkeit des Therapeuten besiegt oder gedemütigt fühlt. Eine Deutung wird nur dann optimal wirksam, wenn sie in einer Atmosphäre der Annahme und des Vertrauens gegeben wird.« (a.a.O., 117)

Akzeptanz und Vertrauen bestimmen unsere Gruppenatmosphäre. Reibungslos, ganz frei von unangenehmen Emotionen, verlaufen die Treffen deshalb nicht. Manchmal bringe ich z. B. Mutmaßungen zum Verständnis eines Traums in die Gruppe ein, die bei der Träumerin nicht auf Akzeptanz zu stoßen scheinen.

Manchmal – ich habe den Verdacht: noch immer zu oft – lasse ich auch meine Rolle als Jung'sche Analytikerin überflüssig deutlich durchschimmern. Vielleicht bleiben gerade dann Reaktionen aus, was mich durchaus kränken kann. Ich muss manchmal (innerlich) einräumen, dass ich komplett daneben liege. Es könnte aber auch sein, dass ich einen »springenden Punkt« getroffen habe, zu dem die Traumverfasserin sich nicht äußern will oder aus welchen Gründen auch immer nicht äußern kann. Ich versuche, das offen zu lassen. Ich versuche, der Rechthaberei zu entgehen. Ich insistiere möglichst wenig. Ich verstehe die Ablehnung einer Hypothese zu einem Traum nämlich in der Regel nicht als Widerstand, sondern als Hinweis darauf, dass sowohl die Traumautorin als auch vielleicht die gesamte Traumgruppe inklusive meiner Person, kurz: dass wir alle uns noch nicht zu der »Wahrheit« hin entwickelt haben, die ein Traum uns – vielleicht – zeigen könnte.

Ich skizziere nun eine Sequenz aus einer Traumgruppensitzung. Wir »treffen« uns in einer Videokonferenz. Eine Teilnehmerin ist nach Covid-Infektionen in ihrem familiären Umkreis erstmals wieder dabei. Sie berichtet anfangs ausführlich von ihrer Situation. Wir widmen uns dann für ca. eine Stunde dem Traum eines anderen Mitglieds. Eine bezeichnet deren Traum als »Schubladentraum«, weil er schon vor Monaten geträumt wurde, in einer »Schublade« aufbewahrt wurde und immer noch von Bedeutung ist. Ich habe den Eindruck, dass es in diesem Traum um einen neuen Schritt im Individuationsprozess geht, was nie leicht ist. Am Morgen nach der Sitzung denke ich, dass wir alle Mühe haben, uns aus unseren »Komfortzonen« zu wagen. Wir werden alle nicht gefragt, ob wir das wollen oder nicht. Verweigerung scheint nicht zielführend, Annehmen aber schon. Während unseres Treffens war das Wort: »Per aspera ad astra« gefallen. Daran denke ich noch beim Frühstück. Dies Sitzung wirkte nach und vielleicht nicht nur bei mir.

An jenem Abend hatte es in den fünf Minuten nach der Besprechung des ersten Traums eine Pause gegeben. Die Stimmung war heiter geworden, ausgelassen fast. Die Teilnehmerinnen experimentierten fröhlich und verblüffend erfolgreich mit den Möglichkeiten der Videotelefonie. Obwohl diese spielerische Unterbrechung im Ergebnis erstaunlich zum vorhergegangenen Traumgespräch passte, spürte ich, dass mich das Verweilen in der Pause nervte. Ich fühlte mich für den Fortgang der Traumreflexionen in der verbleibenden halben Stunde verantwortlich. Ich kam lange nicht durch mit meinem Versuch, die Pause zu beenden. Schließlich lehnte ich mich vom Bildschirm zurück und wartete. Konzentration kehrte ein. Nur die Teilnehmerin mit der Covid-Geschichte in den letzten Monaten hatte noch einen Traum zu präsentieren, sodass wir nicht zeitraubend entscheiden mussten, mit welchem Traum wir fortfahren würden. Der Traum war kurz:

Zu meiner Funktion als Leiterin einer Traumgruppe therapeutischer Expertinnen

Die Träumerin nahm einen Schluck Wasser aus einem Glas. Sie fühlte in ihrem Mund eine Scherbe aus Panzerglas. Die spuckte sie aus. Entsetzt fragte sie sich, wer ihr das in das Glas gelegt hatte. Wie bereits aufatmend sagte sie sich aber auch, dass es gut war, dass die Scherbe gerade in ihrem Munde gewesen war, weil sie in der Lage war, sie rechtzeitig zu bemerken und auszuspucken.

In der Fragerunde stellt sich heraus, dass die Scherbe nicht scharfe, sondern abgerundete Ränder gehabt hatte, wie es bei einer bestimmten Glassorte (»Panzerglas«, Sicherheitsglas – wie die Träumerin vermutete) der Fall ist. Es wurde deutlich, dass es sich bei dem Wasser um Wasser aus dem Wasserhahn gehandelt hatte und bei dem Gefäß um ein alltäglich benutztes Glas. Dieses Glas war nicht zerbrochen; die Scherbe kam aus einem nicht bekannten Kontext.

Wir ließen Bilder und Gedanken zu dem Traum in uns aufsteigen und teilten sie dann miteinander. Die Träumerin hörte zu, war aber so engagiert, dass sie sich einmal in das Gespräch einschaltete. Ich habe interveniert, was ich nie gern tue. Aber es kommt wohl nicht darauf an, was ich gern tue, sondern nur darauf, dass ich eine ruhige Atmosphäre für die Reflexion ermögliche. Vielleicht muss ich aushalten, dass ich mich durch direktiv anmutende Interventionen unbeliebt mache.

Aus technischen Gründen erteilte ich den einzelnen Sprecherinnen das Wort. Die hielten sich selten an unsere Abmachung, in dieser Phase in der dritten Person von der Träumerin zu sprechen. Ich habe das hingenommen. Vielleicht war ich müde, war an jenem Abend nicht so gut in Form. Ich habe jedenfalls nur da für die Beachtung des vereinbarten Rahmens gesorgt, wo ich das für wirklich nötig gehalten habe. Vielleicht war ich auch vom Vertrauen in die Gruppe geleitet, die schon zu einem Ziel finden würde.

In der Austauschrunde wurden viele Aspekte zu Wasser und Glas zusammengetragen: Beides ist transparent, wobei aber das Glas, faszinierend entstanden aus Sand und Feuer, Härte symbolisieren kann. Es steht im Gegensatz zum Wasser mit seiner Beweglichkeit, zum Wasser als Symbol des Lebens. Kristall glitzert wie Wasser in der Sonne, aber ist doch ein Kulturprodukt. Eine Glaskugel kann als Orakel dienen, bei dem man Zuflucht sucht, wenn man Auskunft zum Fluss des Lebens sucht. Die Glasscherbe wird ein verstörender Fremdkörper wahrgenommen. Gegen Ende der Runde dominierten – so meine Erinnerung – Äußerungen zum Wasser als Symbol des Lebens. Das Thema Resilienz tauchte auf. Die Frage, ob eine Verwandte für die Scherbe verantwortlich war oder aber eine Schicksalsmacht, kam irgendwann auch auf.

In der Schlussphase der Gruppe nahm die Traumverfasserin sorgfältig zu allen Voten Stellung. Sie habe sich alles notiert. Emotional reagierte sie in der Rezeption des Aspekts »Resilienz«. Bewegt beschrieb sie sich als resilient dank ihrer familiären Ressourcen. Der Traum hatte sich ihr neu erschlossen und scheint ihre Gewissheit zu stärken, eine unerwartete Krise, einen »Fremdkörper«, aufgrund der Unterstützung aus ihrer ureigensten und vertrauten Quelle – der Familie – überwunden zu haben.

Die Atmosphäre war gegen Ende aufgelockert. Jedenfalls habe ich sie so wahrgenommen. Es war zwischen uns eine Stimmung der Zuversicht entstanden. Die war meines Erachtens spürbar, obwohl wir uns nur digital begegnet waren.

Eine der letzten Sätze an jenem Abend war: »Scherben bringen Glück.« Das allerdings war mir zu einfach. Es brach aus mir, die ich oft mit meinem Hang zur Skepsis zu kämpfen habe, mitten in die Heiterkeit der Satz heraus: »Glück und Glas, wie leicht bricht das.« Ich weiß nicht, ob der Satz überhaupt noch gehört wurde. Sehr glücklich bin ich mit dieser Äußerung nicht. Ich empfand mich als »unprofessionell« und hätte mich lieber zurückgehalten. Warum respektierte ich die Erleichterung nicht, die sich ausgebreitet hatte? Ich erwäge zu meinen Gunsten, dass ich vielleicht noch einen unbewussten Aspekt versuchte, laut werden zu lassen, einen Aspekt, der aus dem Bewusstsein ausgeschlossen werden sollte, der noch unverträglich war. Vielleicht wollte die Gruppe sich am Abend nicht mehr von Gedanken an Schmerz oder Unglück beunruhigen lassen. Vielleicht. Vielleicht fällt mir als Leiterin auch manchmal spontan die Rolle einer Kassandra zu, die ausspricht, was aufstören könnte. Vielleicht gehört zu meiner analytischen Leitungsfunktion auch die Aufgabe, kleine Steinchen in ein ruhiges Wasser zu werfen, die nicht sofort, aber irgendwann den Blick doch noch mehr schärfen.

Am Morgen nach dem Treffen fällt mir eine Gedichtzeile von Bertolt Brecht aus dem Gedicht »Legende von der Entstehung des Buches Taoteking auf dem Weg in die Emigration« ein: »Daß das weiche Wasser in Bewegung / mit der Zeit den mächtigen Stein besiegt. / Du verstehst, das Harte unterliegt« (Brecht, 1973, S. 661).

Der Traumgruppenabend via Videotelefonie war zwar ein Abend vor Bildschirmen und war doch kein Fernsehabend. Er hat mich berührt, hat in mir weitergewirkt. Das Harte, das, was mich an mir stört, akzeptiere ich nun, weil es vielleicht auch Teil des Prozesses vom Abend davor war. Mein Hinweis auf die Gefahr des Unglücks, das Glasscherben angeblich signalisieren, gehörte vielleicht tatsächlich zum vollständigen Verständnis des Traums, in dem es sowohl um eine schmerzhafte Gefährdung als auch um die Dankbarkeit für deren Meisterung ging. Die

Zu meiner Funktion als Leiterin einer Traumgruppe therapeutischer Expertinnen

Symbolik von Wasser und Glaskugel finden in meiner inneren und bewussten Auseinandersetzung mit dem Traum in der Nacht nach dem Treffen zusammen: Beide haben mit der Zukunft zu tun und zwar mit einer Zukunft der Bewegung und ohne harte Brocken. Das beruhigt mich. Ich kann nun das Gefühl der Dankbarkeit, das die Traumautorin zum Schluss des Treffens betonte, noch besser verstehen. Sie spuckte ja einen Fremdkörper aus und löste sich vom Harten.

Ich weiß nicht, wie das Traumgeschehen auf die Teilnehmerinnen wirkte. Vielleicht hat es in uns allen lösende Prozesse angeregt. Die Teilnehmerinnen werden das selbst überprüfen können. Sie werden lesen, was ich schreibe. Dieser Text gehört somit zum Gruppengeschehen, obwohl er außerhalb der Gruppe entsteht. Er wird trotzdem den zukünftigen Gruppenprozess verändern, hatte möglicherweise bereits schon Auswirkungen, da ich die Teilnehmerinnen über meine Absicht, diesen Beitrag zu schreiben, informierte. Sie wussten sogar, dass ich die oben beschriebene Sitzung skizzieren würde. Vielleicht habe ich deshalb am Tag danach mehr E-Mails als sonst bekommen. In diesen Reaktionen zeigte sich, dass die Traumgruppe als Raum des Empowerments, der Resilienzpflege wahrgenommen wurde. Die Mails gingen übrigens nicht nur an mich, sondern an alle Mitglieder. Eine Teilnehmerin signalisierte uns, dass sie sich durch das Traumgespräch als »unglaublich beschenkt durch Assoziationen, Gedanken, Gefühle« empfunden habe. Die Traumgruppe mag ein Ort geworden sein, zu dessen Möglichkeiten Brigitte Dorst 2014 in einem Vortrag über den »Archetyp der Gruppe« schrieb: »Die lebensnotwendige Kooperativität, in der jeder die anderen zu seiner Selbstwerdung benötigt und umgekehrt für die anderen wichtig ist, wird im Kräftespiel der Gruppe immer wieder erfahrbar und macht die schwer beschreibbare Numinosität von intensiven Gruppenerfahrungen aus« (Dorst, 2015, S. 358).

Dieser Beitrag ist – obwohl ich mittlerweile sicherer bin in der Ausübung einer in Kooperativität eingebundenen Leitungsrolle – ein Risiko und fordert mich deshalb heraus. Ich bin es nicht gewohnt, meine Unsicherheiten so deutlich zu zeigen und Gefühle zuzugeben, die nicht wie sonst im Zusammenhang mit Traumerzählungen stehen. Ich weiß noch nicht, welche Veränderungen dieser Artikel in der Gruppe bewirken wird, aber ich hoffe auf Gruppenprozesse, die uns alle (noch mehr) einer Integration des Unbewussten und lebensfreundlichem Verhalten (noch) näher bringen.

Die Traumgruppe hat sich etabliert und institutionalisiert. Sie ist noch immer niederschwellig. Es besteht keine Anwesenheitspflicht, nur die Bitte um Abmeldung, wenn man verhindert ist. Wir protokollieren die Treffen nicht. Damit entfällt Nacharbeit, aber es wird unmöglich, Verläufe zu dokumentieren. Positive oder negative Entwicklungen einzelner Mitglieder, Wechselwirkungen unter den Gesprächen über Träume unterschiedlicher Teilnehmerinnen können nicht systematisch aufgezeigt werden.

Ich weiß auch nicht wirklich, wie die Teilnehmerinnen mit den Begegnungen umgehen. Es ist zum Beispiel jeder selbst überlassen, ob sie ihre Träume und die Besprechungen aufzeichnet oder nicht. Anders als in therapeutischen Zweierbegegnungen kenne ich wenig Details von den Auswirkungen unserer Traumgespräche. Obwohl ich am Anfang der Treffen nach Folgen unserer Reflexionen frage, erfahren wir dazu ja meistens nur kurze Statements. Es bleibt auch hier jeder Einzelnen überlassen, was sie von ihrer Situation preisgeben will. Die Teilnehmerinnen sind eben nicht Mitglieder einer therapeutischen Gruppe mit den entsprechenden Bedingungen. Und aufgrund meiner Leitungsfunktion bringe ich in diese Gruppe zwar meine Haltung als Jung'sche Analytikerin und Therapeutin ein, aber ich habe kein therapeutisches Mandat. Was die Gruppe alles nicht bietet, verbuche ich nun nicht als Defizit, sondern als Gewinn. Die »Niederschwelligkeit« erlaubt nämlich Freiheit: Sie fördert die Kompetenz und die Eigenverantwortlichkeit der Teilnehmerinnen. Diese Gruppe lebt vom Vertrauen auf einen nicht zudringlichen Umgang miteinander. Wir sind diskret – nach außen und nach innen. Wir respektieren, wo eine Teilnehmerin schweigen möchte. In der Gruppe werden keine Rezepte verteilt, sondern nur Angebote zum Traumverständnis geteilt. So ermöglicht sie Distanz zu belastendem Traumgeschehen. So löst sie aus der einsamen Konfrontation mit verunsicherndem Träumen. Es können spielerisch, aber mit Interesse aneinander und mit Empathie füreinander Möglichkeiten eröffnet werden. Dabei besteht – auch für mich – kein Druck, Heilungseffekte zu erzielen.

Die Arbeit in dieser Gruppe impliziert dennoch Verantwortung, weshalb ich meine Rolle immer wieder neu mit durchaus belastenden Selbstzweifeln erarbeite. Diese tauchen auf, wenn ich an Regeln erinnere, wenn ich »wunde Punkte« mehr oder weniger leicht berühre oder wenn ich fürchte, dominant zu sein, was übrigens durch die Bedingungen der digitalen Kommunikation begünstigt werden könnte.

Ich weiß jedoch mittlerweile von mir selbst, dass ich belastenden Fragen, wo immer ich mich engagiere, nicht ausweichen kann. Sie wirken zwar stressend, aber auch motivierend, solange ich offen für das Erleben der Freude an dieser Arbeit bleibe. Was also freut mich an der Traumgruppe?

Da ist sicher ist einmal das, was ich hier den »jungianischen Stil« nennen möchte. Ich habe die dazu gehörenden Methoden wie das intensive Erzählen und die imaginativen Elemente in der zweiten Phase der Traumgespräche schon erwähnt.

Deutlich wurde ferner in meiner Skizze zu dem Traum über Wasser und Glasscherbe, dass wir die Methode der Amplifikation nutzen (zu Amplifikation vgl. Roesler, 2010, S. 85). Zudem bringen einige Teilnehmerinnen ihr von C. G. Jung geprägtes Vorwissen und ihre entsprechende Haltung in die Erkundung der Träume ein. So gesehen ist die Traumgruppe für mich ein konzeptionell vertrauter Ort, in dem ich gern arbeite. Mich freut, dass die Gruppe sich konsolidiert hat, dass sie Entwicklungsprozesse fördert, und auch, dass ich dort akzeptiert worden bin. Aber das beantwortet noch nicht die Frage nach dem »Jungianischen« in der Ausübung meiner Leitungsfunktion und erst recht nicht die Frage, warum mich diese Arbeit so fasziniert, dass ich den Stress dabei als notwendigen Teil dieses Tuns begreifen kann.

Zentral scheint mir für die Beantwortung meiner Fragen, dass ich die Traumgruppe als etwas erlebe, was über die anfangs erwähnte »positive emotionale Präsenz« (Battegay) weit hinausgeht und was ich als »Teilhabe« begreife. Ich nehme am Gruppengeschehen teil, obwohl ich darin eine »externe« Position habe. Ich bringe meine Träume zum Beispiel nicht ein. Ich werden nämlich nicht dafür honoriert werde, dass die Gruppe mir hilft, mir über mich bewusster zu werden. Ich werde für eine tiefenpsychologisch ausgebildete Präsenz mit leitender Funktion honoriert. Die schließt Teilhabe nicht aus. Sie beinhaltet im Gegenteil sogar Teilhabe. Jung hat sich in der Einleitung zu dem Buch *Die Psychologie der Übertragung* ausführlich zum Verhältnis Arzt – Patientin geäussert. Ich gehe davon wieder aus, dass das, was er für die psychotherapeutische Dyade schrieb, zumindest tendenziell auch für mich in der Traumgruppe gilt. Jung sagte:

> »…insbesondere muss der Psychotherapeut sich darüber klar sein, dass psychische Infektionen, auch wenn sie ihm überflüssig erscheinen, im Grunde genommen schicksalsbedingte Begleiterscheinungen seiner Arbeit sind und daher der instinktiven Disposition seines Lebens entsprechen. Diese Einsicht bedeutet zugleich auch die richtige Einstellung zum Patienten. Der Patient geht ihn dann nämlich persönlich etwas an, und damit ist für Behandlung die günstigste Basis geschaffen.« (Jung, 1946/1995, §365)

Die »günstige Basis«, die es in der Traumgruppe braucht, ist nicht die für eine Behandlung, sondern die für gelingende Selbstbehandlungen der Teilnehmerinnen. An der aber wirke ich als Gruppenleiterin mit, weshalb ich mich gern auf eine »Infektion« durch das Traumgeschehen einlasse. Übertragungen, die sich in den Beziehungen in der Gruppe ausbilden, sprechen wir zwar, wie anfangs erwähnt, nicht an. Wir nutzen aber die Übertragungen, die eine Traumerzählung auslöst.

Sie sind notwendig, um sich auf eine Traumerzählung einzulassen, um Bilder, Ideen und Gedanken dazu in sich aufsteigen zu lassen und miteinander zu teilen. Diese »Teilhabe« mag von anderen Gruppenteilnehmerinne wie selbstverständlich erwartet werden, während bei einem Menschen mit leitender Aufgabe in der Regel Überblick, Moderation und auch Abstinenz vorausgesetzt werden. Für mich als jungianisch geprägte Traumgruppenleiterin aber gilt nicht Abstinenz, sondern reflektierte Teilhabe als »Königsweg«. Diesen allerdings erlebe ich als »anspruchsvolle« Aufgabe, »welche nicht nur den Verstand oder das Mitgefühl, sondern den ganzen Menschen in die Schranken fordert« (Jung, 1946/1995, §367). So gesehen kann ich den Stress, den ich im Kontext der Traumgruppenarbeit auch erlebe, die Grenzen, an die ich im Zuge dieser Arbeit stoße, als Aspekte meiner »Teilhabe« akzeptieren. Zwar wird meines Wissens kaum über Selbstzweifel und Unsicherheiten von Menschen publiziert, die für eine Gruppenleitung verantwortlich sind. Solche »Irritationen« sind trotzdem »normal«. Ich stehe damit sicher nicht allein. Meine Beunruhigungen und Unsicherheiten kann ich jedenfalls noch leichter als erwartbar akzeptieren, wenn ich bei C. G. Jung lese: »Eine gewisse Beeinflussung des Arztes ist unvermeidlich und ebenso eine gewisse Störung beziehungsweise Schädigung seiner nervösen Gesundheit« (Jung, 1946/1995, §358). Es gehört wohl zu meiner Art der »Teilhabe« in der Gruppe, dass ich aufgrund meiner Professionalität gerade »Störungen«, die ein Traumnarrativ bewirken kann, wahrnehme, mich davon berühren lasse und sie verarbeite.

Professionalität in einer kooperativen Gruppenleitung Jung'scher Prägung erlaubt mir keinen Rückzug auf Zertifikate und Diplome. In meiner Sorge, den Ansprüchen der gut ausgebildeten und erfolgreichen Teilnehmerinnen zu genügen, mag mir die so ausgewiesene und abgestützte Selbstvergewisserung zuerst eine gewisse Sicherheit geboten haben. Wo es aber nicht mehr gibt als formale Professionalität, da führt sie m. E. nur zu Distanzierung von den anderen Teilnehmerinnen. Solche Distanz blockiert die Aufnahmefähigkeit. Sie vereitelt Teilhabe. Zu der Professionalität, die ich als Jung'sche Psychotherapeutin entwickelte, gehört Bescheidenheit. C. G. Jung, der sich immer wieder auf die Tradition der Alchemisten bezog, weist – wie gerade erwähnt – auf die besondere Problematik in der Arbeit mit dem Psychischen hin. Er hielt auch fest:

> »Die Bearbeitung der prima materia, des unbewussten Inhaltes, erfordert endlose Geduld, Ausdauer…, Wissen und Können vom Arzte; vom Patienten aber Anstrengung seiner besten Kräfte und eine Leidensfähigkeit, die auch den Arzt nicht unbeteiligt lässt.« (Jung, 1946/1995 § 385)

Zu meiner Funktion als Leiterin einer Traumgruppe therapeutischer Expertinnen

Jung schreibt das Gelingen dieser Arbeit nicht allein den Verdiensten des therapeutischen Paares zu. Er nimmt die Terminologie der Alchemisten auf, die auf ein »Deo concedente« verwiesen (vgl. ebd.), um seine Haltung zur »Wirksamkeit« deutlich zu machen. Für diesen Hinweis scheint er sich sogleich zu entschuldigen, gilt doch seiner Meinung nach die Ausübung der recht verstandenen ärztlichen Kunst normalerweise als Ursache einer heilenden Wirkung (vgl. ebd. §386). Jung hält fest: »Wir behandeln ... nicht den Körper, sondern die *Seele*« (ebd.). Und er erläutert:

> »Das ›Deo concedente‹ ist kein ästhetischer Stil, sondern drückt eine bestimmte Einstellung des Menschen aus, der sich nicht einbildet, es unter allen Umständen besser zu wissen, und der sich dessen bewusst ist, dass er im vorliegenden unbewussten Stoff ein *Lebendiges* vor sich hat...« (ebd.)

Teilhabe an einer Traumgruppe ist Teilhabe an etwas Lebendigem. Lebendiges fasziniert mich. Mehr noch: Es vitalisiert mich, wofür ich sehr dankbar bin. Mir ist aber klar, dass Vorsicht geboten ist, wo eine lebendige Dynamik konstelliert ist. Lebendiges ist nicht nur dynamisch, sondern auch irritierbar und vulnerabel. Das Handwerkswerkszeug, dass ich mir Lauf meiner professionellen Biografie aneignete, setze ich daher behutsam ein und in dem Vertrauen darauf, dass die selbstregulativen Potenziale des Unbewussten meistens meinem bewussten Vermögen überlegen sind. Die Leitungsfunktion in der Traumgruppe versuche ich daher so auszuüben, dass ich die Grenzen meiner bewussten Professionalität respektiere, dass ich mein Handwerkszeug transparent, situationsgemäß und bescheiden einsetze, aber vor allem so, dass ich auf die Kraft vertraue, die sich unter uns therapie- und lebenserfahrenen Frauen ausbreitet, wenn wir uns einem Traum widmen. »Jungianisch« an meiner Art zu leiten scheint mir – so meine Hoffnung – die Möglichkeit, meine Leitungsfunktion durchaus selbstbewusst, aber in Kooperation mit den Teilnehmerinnen und in Bescheidenheit angesichts dessen, was stärker ist als all unsere Expertisen, auszuüben.

Die Expertisen, die wir alle in die Traumgespräche einbringen, mögen schimmern wie frisch geputzte Kristallgläser. Von mir erwarte ich dabei noch eine hinreichend belastbare Professionalität in der Ausübung der Leitungsfunktion. Zu all dem, zu den Expertisen und zur Professionalität aber gehört, was Bertolt Brecht formulierte: »Dass das weiche Wasser in Bewegung / mit der Zeit den mächtigen Stein besiegt. / Du verstehst, das Harte unterliegt« (Brecht, 1973, S. 661).

Alle Teilnehmerinnen lasen diesen Beitrag. Keine erhob Einwände. Ihre Reaktionen waren sehr genau und persönlich, waren differenziert auf den Text bezogen. Ich war tief beeindruckt, erfreut und dankbar von diesen Echos aus einer Gruppe von Frauen, die alle in ihren Rückmeldungen ihre Expertisen und ihre Solidarität zum Ausdruck brachten.

Literatur

Battegay, R. (1987): Die Bedeutung des Traums in der Gruppenpsychotherapie. In: R. Battegay & A. Trenkel (1987): *Der Traum aus der Sicht verschiedener psychotherapeutische Schulen* (S. 1087–117). Bern: Hans Huber.

Braun, C. (2019): *The Dream Centered Group: Experiences with a shared dream work in a small Jungian Group.* Wien, Vortragsmanuskript IAAP-Tagung 2019.

Brecht, B. (1973): Legende von der Entstehung des Buches Taoteking auf dem Weg des Laotse in die Emigration. In: B. Brecht (1973): *Gesammelte Werke, Bd. 9*. Frankfurt a. M.: Suhrkamp.

Dorst, B. (2015): Der Archetyp der Gruppe. Gruppen als Erfahrungsräume der Individuation und Ko-Individuation. *Analytische Psychologie*, 181, 336–360.

Jung, C. G. (1931/1947/1995): Die praktische Verwendbarkeit der Traumanalyse. *Gesammelte Werke 16* (S. 294–169). Solothurn: Walter.

Jung, C. G. (1946/1995): Die Psychologie der Übertragung. *Gesammelte Werke 16* (S. 167–319). Solothurn: Walter.

Kast, V. (2021): Traumbearbeitung in der Jung'schen Psychotherapie. *Psychotherapie-Wissenschaft*, 11(2), 11–20.

Roesler, C. (2010): *Analytische Psychologie heute. Der aktuelle Stand der Forschung zur Psychologie C. G. Jungs*. Basel: Karger.

Yalom, I. D. (2004): Die Arbeit des Therapeuten im Hier und Jetzt. In: I. D. Yalom: *Liebe Hoffnung, Psychotherapie* (S. 64–117). München: Random House.

Wolfgang Kleespies[1]

Der Traum in der analytischen Gruppentherapie

Abstract

Nach kurzer Darstellung neuerer Ansätze zum Traumverständnis, wie sie sich schulenübergreifend entwickelt haben, wird der Traum im Zusammenhang mit Gruppenprozessen untersucht, wobei insbesondere Jungianische Ansätze verfolgt werden. Dies gilt für die Auffassung der Gruppe als archetypische Netzwerkstruktur, mit dem archetypischen Bild des »Kreises« und seiner Zentren bildenden Funktion. Mit seiner Plastizität lässt der »Kreis« jeweils für den Einzelnen oder die ganze Gruppe neue Konfigurationen entstehen. Es wird sodann die Funktion von Träumen, etwa in ihrem kommunikativen Aspekt und der damit verbundenen Einübung von Empathie und Introversion und in ihrer Auswirkung auf die Individuation, untersucht. Eine Fallvignette mit signifikanten Traumbeispielen verdeutlicht die Ausführungen zum Abschluss und rundet sie ab.

Einleitung

Bekanntlich stellen Träume, die ein Patient im Rahmen seiner Psychotherapie mitteilt, eine wichtige Informationsquelle dar, um das Unbewusste des Patienten zu erforschen. Hierbei enthalten die Träume oft verschlüsselte Botschaften, die es in der therapeutischen Arbeit zu verstehen gilt. Spätestens hier beginnen die Schwierigkeiten: Auf welche Art verstehen wir die Träume, nach welcher Methode richten wir uns? Je nach Schulrichtung gibt es sehr unterschiedliche Theoriekonzepte, nach denen vorgegangen werden kann. C. G. Jung empfahl, dass man am Anfang eines geschilderten Traums seinen ganzen theoretischen Ballast abwerfen und unvoreingenommen, das heißt, unmittelbar den berichteten Traum

---

[1] Erstveröffentlichung: Zeitschrift *Analytische Psychologie* Heft 162, 4/2010; Zweitveröffentlichung mit freundlicher Genehmigung der Familie Kleespies und der Zeitschrift *Analytische Psychologie*.

auf sich einwirken lassen sollte. Hierbei war es von Bedeutung, sorgfältig auf die in einem selbst auftauchenden Bilder, Affekte und Emotionen – wir würden heute sagen, auf die eigene Gegenübertragung – zu achten. Man könnte dieses Sich-Öffnen als schulenunabhängige »Naturmethode« bezeichnen.

Es kann aber nach unserem heutigen Verständnis auch bei diesem einfachen Vorgehen nicht davon abgesehen werden, unter welchen Bedingungen Träume mitgeteilt werden, wer also wem, wie und was berichtet. Auf diesen speziellen Mitteilungscharakter des Traums, der etwas mit dem Beziehungsfeld zu tun hat, welches sich zwischen Therapeut und Patient aufgespannt hat, ist erst in den vergangenen 20 Jahren differenziert eingegangen worden (Morgenthaler, 1988; Ermann, 2005; Bion, 1990 [1962]). Es geht hierbei um die entstandene unbewusste Beziehungsfantasie, die im Traumbericht mitschwingt.

Wenn wir zu einer therapeutischen Haltung, zu einem therapeutischen Umgang mit den berichteten Träumen kommen wollen, dann können wir es bei der so genannten »Naturmethode« natürlich nicht bewenden lassen, sondern müssen uns letztlich zu einer Theorie des Traums und seiner Bearbeitung bekennen. Tun wir das nicht bewusst, dann schleicht sich irgendeine Theorie »unbewusst« ein, was das ganze Vorhaben unübersichtlich bis fragwürdig macht.

Übereinstimmende Positionen der einzelnen Schulrichtungen

Hierzu ist zu bemerken, dass in den vergangenen Jahrzehnten in der Traumforschung ein gewisser Konsens zwischen den verschiedenen Schulen zustande gekommen ist. Ich möchte hier unter Verweis auf meine frühere Arbeit in der Zeitschrift *Analytische Psychologie* (Kleespies, 2007) nur die wichtigsten Punkte, teilweise um neuere Mitteilungen ergänzt, zusammenfassen:

Es bleibt weiterhin unbenommen, mit schulenspezifischen Konzepten und der zugehörigen Terminologie an unbewusstes Material heranzugehen. Weitgehend einig ist man sich hierbei heutzutage über die grundlegenden Funktionen des Traums. So wurde beispielsweise das triebtheoretisch begründete Konzept von Freud deutlich erweitert, wonach die Träume unerfüllte Triebwünsche halluzinatorisch zu erfüllen trachten. Viele Träume enthalten eben andere Informationen, die man viel besser etwa mithilfe der Selbstpsychologie oder der Objektbeziehungstheorie verstehen kann.

Da wir nun viele Aspekte im Traum finden, wie etwa Ich-Aspekte, Selbstaspekte, Triebaspekte oder Bindungs- und Beziehungsaspekte, erscheint es sinnvoll, das Gemeinsame in diesen Bereichen zu unterstreichen. Man spricht daher heute lieber im übergeordneten Sinne von der Problemlösefunktion des Traums. Diese ist Teil einer generell adaptiven Funktion des Traums, wie es die schulenunabhängige »psychologische Traumforschung« bezeichnet (Schredl, 1999, S. 136). Die meisten klinischen Arbeiten gehen in den vergangenen Jahrzehnten mehr in die Richtung einer generellen Tendenz des Traums, emotional bedeutsame oder konfliktträchtige Ereignisse zu einer Lösung zu bringen. Insgesamt finden wir also einen finalen Ansatz im Traumgeschehen (vergleichbar Jungs prospektiv-finalem Ansatz) mit verschiedenen Akzenten. Dieser Verstehenszugang zum Traumgeschehen sollte meines Erachtens unbedingt auch die emotional-affektiven Komponenten des Traums umgreifen. Der Traum tendiert nicht nur zu einer Lösung von Konflikten, sondern dient auch den basalen Bedürfnissen der Psyche nach einer Spannungsregulierung.

Hierzu gehört auch eine ausgleichende Tendenz des Traums (dies wäre eine weitere adaptive Funktion) gegenüber zu einseitigen bewussten Haltungen und Einstellungen. Über den Traum werden wir dann von etwa einseitigen Ich-Idealen auf bislang zu wenig beachtete oder sogar unliebsame Seiten von uns aufmerksam gemacht. Zu erinnern ist hier an den »Schatten«, der ja auch nicht integrierte und frevelhafte Seiten enthält.

Wir treffen hier auf eine kompensatorische Funktion der Träume (z. B. GW 8, §483), wie Jung es genannt hat. Man könnte in diesem Zusammenhang auch von einer konfrontativen Funktion der Träume sprechen, da sie das bewusste, erlebende Ich zur inneren Auseinandersetzung herausfordern, was oftmals im Traum recht drastisch vonstatten geht.

Ferner ist man sich heute weitgehend einig, dass Träume auch eine assoziativ erweiternde Funktion haben. Ein sicherlich weitreichender und bedeutsamer Befund. Das heißt, dass die Träume einen gegebenen psychischen Sachverhalt assoziativ noch weiter ausfantasieren. Dies können wir vor allem gut an Komplexen studieren, deren assoziative Strukturen auf diese Weise durch Erkenntniszuwachs weiter ausgebaut werden. Wenn ich mich beispielsweise in einer Therapie mit einer autoritären Mutterfigur auseinandersetze, dann kann ein Traum auch ängstliche Seiten von ihr enthüllen. Dies wären gänzlich neue Seiten, die ich bisher noch nicht bemerkt habe und die

so mein bisheriges Bild von ihr um die wichtige und neue Erkenntnis erweitern, dass sie sich in vielen Dingen aus Hilflosigkeit und Angst autoritär gebärdete. Man spricht von der »weitergehenden Assoziation« des Traums gegenüber unserem Wachbewusstsein und in Anlehnung an die Neurowissenschaften von so genannten »konnektiven Netzen« (E. Hartmann 1999, S. 132f.) des Unbewussten im Vergleich zu einer eher seriellen, linearen Funktion des Bewusstseins. Wir können sogar gänzlich neue Erfahrungen in den Träumen machen, die wir so bislang noch nicht gemacht haben. Eine komfortable Lösung unserer Phylogenese. Wir müssen nicht jede Erfahrung des Lebens buchstäblich draußen im Leben selbst machen, wir partizipieren am kreativen Potenzial unseres Unbewussten.

Dieser »Wissenszuwachs« kann auch im Rahmen einer Gruppentherapie durch die Assoziationen der Gruppenmitglieder gefördert werden, die dadurch helfen, das assoziative Netzwerk des Träumers – aber auch der Gruppe (!) – noch einmal zu erweitern. Der dadurch entstehende größere Assoziationsreichtum ist der große Vorteil der Traumbearbeitung in Gruppen. Insgesamt wird über die Assoziationen – ob intrapsychisch oder sich im Rahmen von Gruppenprozessen interpersonell abspielend – eine schöpferische Aktivität des Unbewussten sichtbar, das sich fruchtbar und motivierend für den Einzelnen in seinem Selbsterleben und zusätzlich kohäsiv auf das Gruppenselbst auswirkt.

Aber es geht nicht nur um Erweiterung. Manche bewährten inneren Standpunkte bedürfen auch der Verfestigung, wenn sie durch zu viel Ambivalenz in Zweifel kommen. So haben wir zwei Säulen, zwischen denen sich der Traum aufspannt: Konsolidierung des Bisherigen und Bewährten und Erweiterung durch Antizipation und Integration des Neuen.

Der größte Unterschied zwischen den Schulen liegt sicherlich noch im Symbolverständnis. Während sich für Freud eine verhüllende Funktion in den Träumen zeigt (anstößige Inhalte müssen verhüllt werden, um den Schlaf zu sichern, damit der Träumer nicht darüber aufwacht), ist es bei Jung die Komplexität des Symbols selbst, die viele unterschiedliche Assoziationen in sich vereinigt und verdichtet und daher auch vielschichtig wirkt. Das entspricht einer ursprüngliche Funktionsweise der Psyche, viele Informationen zu verdichten und damit auch möglichen Lösungen zuzuführen, was zugleich auch zu einer Entlastung der Informationskapazität des Gehirns führt, im Sinne einer »Kompression« von Daten.

Es ergibt sich in neuerer Zeit auch hinsichtlich des Symbolverständnisses wieder eine Annäherung in den Schulen, wenn man von den Überlegungen von Ernest Hartmann (zit. bei Fiss, 1999, S. 198) ausgeht, dass im Traum, im Gegensatz zum linearen oder seriellen Denken des Wachbewusstseins, eine Parallelverarbeitung von mehreren psychischen Sachverhalten stattfindet, also viele Sachverhalte gleichzeitig verarbeitet werden. Diese Aussage gilt erst recht auch für den Komplex im Jung'schen Sinne. Im Zentrum des Komplexes steht ja ein Bedeutungsinhalt mit einem beigeordneten Gefühlston. Etwa bei einem »Trennungskomplex«

kann der zentrale Gefühlston »Angst« sein. Darum herum scharen sich die verschiedenen Assoziationen, etwa unterschiedliche Erfahrungen, die mit Trennung gemacht wurden. So bildet der Komplex ein Netzwerk, das seine neurophysiologische Entsprechung auch im Gehirn hat und sich dort bei Bedarf durch »Lernen« neuronal weiter verzweigt.

Besonderheiten in der Gruppentherapie, Archetypik des Kreises

Es bietet sich an, zunächst kurz etwas zur psychologischen Struktur der Gruppe auszuführen, wie sie sich aus Jungianischer Sicht darstellt. Hiernach ist die Gruppe als ein kollektives Phänomen, als eine archetypische Struktur aufzufassen, die verschiedene Intentionen, etwa therapeutische Zielsetzungen, haben kann. Das archetypische Bild hierfür wäre der Kreis: Er hält zusammen, was sonst auseinanderstreben würde, und er hält heraus, was nicht hineingehört. Er übernimmt damit eine exklusive und homöostatische Funktion, wie sie beim Einzelindividuum dem Selbst im Jung'schen Sinne zukommt, das ja auch einen umschließenden und einen selektiven, ausschließenden Charakter hat. Man kann von hier ausgehend eine selbstregulierende Funktion der Gruppe erkennen und damit auch von einem Gruppenselbst sprechen, das sich aus dem Gruppenunbewussten reguliert (Roser, 1999, S. 91–123). Dieses Gruppenselbst weist eine Mandalastruktur auf, indem es in Zeiten psychischer Wirrnis innere Ordnung schafft und damit Sicherheit und Halt gibt.

Der Inhalt des Kreises entspricht einer Netzstruktur, deren Knotenpunkte die einzelnen Mitglieder darstellen. Diese stellen Variablen dar, sie können bei halboffenen Gruppen wechseln.

Mit seiner Plastizität – es kommen immer wieder neue Inhalte in den Fokus – lässt der Kreis jeweils für den Einzelnen oder die ganze Gruppe neue Konfigurationen entstehen, die insbesondere durch Träume eine energetische Belebung erfahren. Damit sich diese Träume überhaupt einstellen, bedarf es der ständigen »kultischen Wiederholung und rituellen Erneuerung«, wie es Jung (GW 9,2, §287) anhand des Kindarchetyps beschreibt. Durch ständige Wiederholung der Sitzungen kommt es zur energetischen Auflading der pathogenen Komplexe und zur Entfaltung der damit verbundenen Gegensätze, die dann ihren schöpferischen Niederschlag in Form von Träumen finden können.

Mit seiner komplexen Beziehungsstruktur ist der Gruppenarchetyp vergleichbar, aber nicht identisch mit der »Gruppenmatrix« von Foulkes (1992, S. 174).

Er ist deswegen nicht identisch, weil darüber hinaus das Archetypenkonzept und die Komplextheorie von Jung mit ihren Besonderheiten zur Anwendung gelangen.

So kann etwa aus dieser Sichtweise für den einzelnen Teilnehmer zu bestimmten Zeiten die Gruppe Züge der Großen Mutter mit ihrem Elementar- und Wandlungscharakter annehmen. Hierzu gehörende Stichworte wären: Ernährung, Versorgung, Entwicklung und Wandlung mit ihren positiven, aber auch mit ihren negativen Bedeutungen.

Es können sich auch Teile des eigenen Selbst in der Gruppe – repräsentiert über die einzelnen Teilnehmer – abbilden, die von der Persona bis zu Schattenanteilen reichen können. Wir können hier bereits erkennen, dass wir die gesamte Palette der Jung'schen Psychologie (Schatten, Animus und Anima, Elternarchetypen etc.) wiederfinden können.

Man kann sich hier grundsätzlich vor Augen führen: Je geringer/unreifer der Selbstbezug des Patienten ist, umso stärker sind die Selbstanteile auf die Gruppe projiziert, einschließlich basaler psychischer Funktionen (Über-Ich und Ich-Funktionen, Triebaspekte etc.).

Aber auch einzelne Komplexe der Gruppenmitglieder können sich mit ihren assoziativen Verknüpfungen in der Gruppe abbilden, die nun wieder in diesem Netzwerk anregende, teilweise erneuernde Impulse zum Zentrum, in dem jetzt der Patient steht, zurücksendet.

Ein intrapsychisch konstellierter Komplex kann sich nach außen über eine bestimmte Haltung des Patienten kundtun, etwa über eine Konkurrenzhaltung. Dieser Komplex »dockt« an die Gruppe an, die dann das Netzwerk von Assoziationen extern fortführt, etwa über dazu passende Reaktionen und auch längere Auseinandersetzungen. Dadurch kommt es mehr oder weniger bei allen Beteiligten zu klarifizierenden oder sogar korrigierenden Erfahrungen über die angesprochenen Themen. Es findet also, modern ausgedrückt, ein ständiger Fluss von Input, Verarbeitung und Output statt, der zur inneren Wandlung des Einzelnen führt und die kreativen Ressourcen der Gruppe durch Übung fördert.

Ein mitgeteilter Traum etwa kann sich in seinem assoziativen Netzwerk in die Gruppe hinein über die einzelnen Gruppenmitglieder über deren Einfälle ausweiten und damit den Komplexitätsgrad einer Traumaussage steigern. Für den Träumer erhält die erfahrene Resonanz durch die Gruppe eine gleiche, wenn nicht sogar eine stärkere Wirkung auf ihn, als es seine Assoziationen in der Einzeltherapie tun. Es sind vor allem die affektiven Reaktionen auf den Träumer, die etwas mit dem Übertragungs- und Gegenübertragungsgeschehen in der Gruppe zu tun haben, die die stärkste Wirkung entfalten und sogar einen korrigierenden Einfluss auf die bisherige Komplexkonstellation des Einzelnen haben können.

Wir stoßen hierbei auf eine weitere archetypische Achse in der Gruppe. Sie weist über sich, über die jeweils bewussten Positionen hinaus und schöpft über die Spontaneinfälle aus dem Gruppenunbewussten, wozu sämtliche »Assoziationen« aus der Gruppe gehören, auch averbale Mitteilungen, szenische Darstellungen, wie spontanes Aufstehen, aufs Klo gehen, Hustenanfälle etc. , sofern sie durch den deutenden Therapeuten oder auch durch ein Gruppenmitglied in Sinnzusammenhänge gebracht werden. Wir können diese archetypische Achse im Gruppengeschehen als eine Spielart der transzendenten Funktion in der Gruppe sehen. C. G. Jung nannte bekanntlich den Prozess, der sowohl zur Symbolbildung führt als auch den anschließenden Übergang von einer (alten) Einstellung des Bewusstseins in eine andere (neue) ermöglicht, die »transzendente Funktion« (GW 8, §145). Neben Klarifizierung seiner konstellierten Komplexe kann es bei dem Einzelnen darüber hinaus also zu echten Wandlungserlebnissen kommen.

Beim Umgang der Gruppenteilnehmer mit dem Traum finden wir die verschiedensten Grade der »Affizierung«, die von rational-deutenden und belehrenden Haltungen bis zu einer direkten »Infizierung« der Betreffenden durch die mitgeteilten Traumereignisse reichen, im Sinne der Bion'schen »Rêverie« (1990 [1962]). Diese Vorgänge zeigen die unterschiedliche Regressionstiefe der einzelnen Gruppenmitglieder an und ermöglichen es dem Therapeuten, entsprechend »regressionsfördernd« zu intervenieren.

Dialektik von Individuum und Gruppe: Individuation

Die Entwicklung des Einzelnen in einer Gruppe kann ferner der »Ich-Werdung«, wie sie Erich Neumann (1974) beschrieben hat, entsprechen, mit den einzelnen Entwicklungsstadien des Bewusstseins und der Bewusstwerdung (etwa zunächst passiv empfangend, dann aktiv gestaltend), wie sie beispielsweise unter dem therapeutischen Prozess bei Depressionen zu beobachten sind.

Am Beispiel der Depression könnte man hier eine Entwicklung eines Patienten hinsichtlich seiner eingenommenen Positionen in der Gruppe beschreiben, etwa von der oral-passiven Position zur expansiv-gestaltenden Position, einschließlich der zunehmenden »selbst-bewussten« Fähigkeit, zu träumen und diese Träume der Gruppe zu präsentieren. Dies entspräche Bewusstseinsstadien, die im therapeutischen Prozess erlangt werden.

Für die Frage der Wertigkeit von Individuum und Gruppe ist von Bedeutung, dass beide Pole – das Individuum und die Gruppe – in der Haltung des Therapeuten als gleichwertig anzusehen und zu behandeln wären.

Gruppe und Individuum befinden sich in einem dialektischen Verhältnis zueinander. Jung hat auf die grundlegende Bedeutsamkeit der Gegensatzstruktur für seelische Entwicklungsprozesse (z. B. GW 7, §92 oder GW 16, §177) hingewiesen. In unserem Fall wechselt das Gruppenmitglied seine Positionen: Es ist einmal der Einzelne, der der Gruppe gegenübersteht, ein anderes Mal kann er zurücktreten und sich als kollektiver Partner in einem »Kreis«, einem »Wir« aufgehoben fühlen, was ihn aus der narzisstischen Erstarrung herausführt und seine Individuation belebt und einleitet.

Analog zur Gegensatzstruktur von Jung entsprechen diese Sachverhalte in einem anderen Sprachgebrauch einer so genannten Zweidimensionalität der Gruppe, wie sie Foulkes (1992) oder Kutter (1976) beschrieben haben.

Träume in der Gruppentherapie: Bedeutung, Struktur und Dynamik

Die Arbeit mit Träumen im Rahmen einer Gruppentherapie ist durch eine Reihe von Besonderheiten ausgezeichnet.

Träume sind grundsätzlich geeignet, den therapeutischen Prozess in regressiver und progressiver Hinsicht zu vertiefen. In erster Linie geht es zunächst um die Wertschätzung des Unbewussten durch die Gruppe (Kleespies, 2007). Diese hängt entschieden davon ab, wie der Therapeut mit unbewusstem Material umgeht. Der Therapeut erfüllt hier eine »vor-bildliche« Funktion. Vor den Bildern steht die Funktion des Therapeuten. Das fängt gleich mit den berichteten Initialträumen an. Hat der Therapeut selbst keine besondere innere Beziehung zu Träumen, darf er sich nicht wundern, wenn vonseiten der Gruppe keine Träume berichtet werden. Ich frage durchaus nach einer gewissen Zeit interessiert nach Träumen und erhalte prompt entsprechende Schilderungen. Ferner reguliert der Therapeut über seine Haltung, etwa durch seine Interventionen, welche regressive Tiefe im therapeutischen Prozess erreicht wird. Daneben spielen natürlich das kreative Potenzial einer Gruppe, die Wertschätzung des jeweiligen Patienten gegenüber seinem unbewussten Material eine Rolle und der Mut, diese auch in die Gruppenarbeit einzubringen.

Zu beachten ist ferner, dass im Unterschied zur Einzeltherapie sich oft die ganze Gruppe mit dem Traum befasst. Da entwickelt sich viel Dynamik, und es kommen Einfälle zustande, auf die der Therapeut selbst nicht gekommen wäre. Auch kann über die Arbeit mit Träumen aufseiten der einzelnen Teilnehmer Fantasie und Kreativität gefördert werden, und es findet eine Einübung in Empathie statt. Dies alles dient der Gruppenkohäsion und erweitert diese deutlich um die Dimension des Unbewussten.

In diesem Zusammenhang kann die Gruppe im Bion'schen Sinne als ein Container betrachtet werden (Friedmann, 2002, S. 46ff.), in den etwa per projektiver Identifikation die Trauminhalte in die Gruppe hineingebracht werden. Die Gruppe nimmt die Träume auf und »verarbeitet« sie im Sinne einer affektiv emotionalen Auseinandersetzung mit ihren Inhalten, die dann dem Träumer interaktionell »zurückgegeben« werden. Natürlich können Traummitteilungen in diesem Zusammenhang auch als Widerstand benutzt werden. Der Träumer kann beispielsweise bedeutsame Inhalte, die zu einer Veränderung seines Verhaltens und seiner Einstellung drängen, einfach der Gruppe zur »Verdauung« vorlegen, interessiert zuhören, aber im Weiteren passiv bleiben und nichts von dem, was gesagt wurde, umsetzen. Die Art, wie ein einzelnes Gruppenmitglied mit Erkenntnissen umgeht, bleibt aber in der Regel einer wachsamen Gruppe nicht verborgen.

Vor allem lässt sich der Traum in den Dienst der zentralen Aufgabe der Gruppentherapie stellen (Yalom, 1989, S. 408), nämlich die interpersonellen Beziehungen, einschließlich der Beziehung zum Therapeuten, die sich in diesem Netzwerk bilden, zu erforschen.

Zwei Kategorien von Träumen

Vor diesem Hintergrund sind zwei Kategorien von Träumen zu unterscheiden: zum einen Träume, die vornehmlich die spezielle Problematik des Einzelnen erhellen. In diesem Zusammenhang lässt sich sagen, dass die einfachste Intention einer Traummitteilung an die Gruppe darin liegt, die Gruppe als Arbeitsgruppe zu verwenden, um die Deutung eines Traums zu erarbeiten. Aber spätestens hierbei fließen vonseiten der Gruppe Assoziationen auch über den Träumer ein, etwa wie er der Gruppe erscheint oder welche Analogien sich zum Traum über sein Gruppenverhalten ergeben. Zum anderen gibt es Gruppenträume im engeren Sinne, in denen direkt von der Gruppe oder von ihren Teilen geträumt wird. Gruppenträume sind deswegen so bedeutsam, weil hier alle Teilnehmer dynamisch angesprochen werden, was die Gruppenarbeit besonders intensiv werden lässt.

In diesem Zusammenhang ist vor allem der so genannte Mitteilungscharakter (vgl. Ermann, 2005) der Träume zu beachten, der direkt etwas mit dem Beziehungsfeld zwischen dem Träumer und der Gruppe zu tun hat. Denn nach meiner Erfahrung werden Träume nicht völlig isoliert für sich geträumt, sondern richten sich eventuell im Sinne einer Botschaft an die Gruppe und werden für die Gruppe geträumt. Das ist natürlich nicht immer »objektiv« feststellbar, sondern hängt von der Gegenübertragungskonstellation ab, in der sich der Therapeut gerade befindet. Der Therapeut kann etwa aus therapeutischen Gründen einzelne mitgeteilte Traumszenen auf ein gerade laufendes Problem in der Gruppe beziehen, was das Unbewusste des Träumers vielleicht nicht »im Sinn« hatte, sodass eine subjektstufige Deutung näherliegend wäre. Dennoch kann auch eine solche Intervention des Therapeuten für das Gruppengeschehen einen durchaus belebenden Charakter bekommen.

Der Jungianer Zanasi (1996) macht in diesem Zusammenhang darauf aufmerksam, dass in der Gruppe mitgeteilte Träume auf zwei Bedeutungsebenen laufen. Zum einen spiegeln sie Übertragungsvorgänge auf die Gruppe oder Teile von ihr wieder, zum anderen wird über Träume eine Aktivierung des kollektiven Unbewussten der Gruppe in Gang gesetzt.

Dies kann man nach meiner Beobachtung gut an Angstträumen studieren. Es gibt verschiedene archetypische Motive und archetypische Themen der Angst (vgl. Kleespies, 2005). So gibt es die Angst vor Ausgrenzung, vor Verurteilung, vor Beziehungsverlust oder vor Absturz, es gibt klaustrophobische Ängste, Ängste vor Nähe, vor Vereinnahmung etc., die direkt in die Gruppe projiziert werden können und die gleichfalls ihren Niederschlag, im Sinne einer Gegenübertragungsreaktion der Gruppe, in generellen Angststimmungen der Gruppen oder in Reaktion darauf in Angstträumen einzelner Gruppenteilnehmer finden können.

Das kollektive Unbewusste der Gruppe kann überhaupt durch geäußerte stärkere Affekte, etwa über entsprechende Traummitteilungen, durchaus angeregt werden und etwa in Phasen der Gruppenregression stärker erlebt und ausfantasiert werden. Diese Phänomene können auch wiederum Anlass zu weiteren Träumen in der Gruppe geben. Von zentraler Bedeutung für die Gruppendynamik ist, dass Träume überhaupt Emotionen und Affekte in der Gruppe hervorrufen können, die vielleicht sonst abgewehrt würden, was unbedingt zu einer Verlebendigung des Gruppengeschehens beiträgt. Für einzelne Gruppenmitglieder, die zur rationalen Abwehr neigen, stellt die ansteckende Wirkung von Emotionen in der Gruppe oftmals eine wichtige therapeutische Erfahrung und Anregung dar, sich ihrerseits mehr auf eigene Emotionen einzulassen.

Es ist noch eine Überlegung zum Umgang des Therapeuten mit Träumen in der Gruppentherapie anzubringen. Mit Deutungen sollte er sich zunächst ähnlich zur Einzeltherapie zurückhalten und abwarten, was für Beiträge aus der Gruppe zum jeweiligen Traum kommen. Die Aufgabe des Therapeuten liegt darin, zu unterstützen und zu begleiten. Der Therapeut kann sonst zumindest unbewusst Gefahr laufen, durch sein »Wissen«, durch seine »Omnipotenz« die Gruppe zu infantilisieren (Friedman, 2002, S. 63), was ja nun gerade nicht geschehen soll. Wenn überhaupt, dann kann er zusammenfassen oder auf wichtige Aspekte hinweisen und sollte in der Regel erst am Ende eigene Deutungseinfälle und Interpretationen bringen.

Kasuistik, Anwendung theoretischer Konzepte

Es folgen nun einige Traumbeispiele aus einer Gruppentherapie, die mit zwei Sitzungen pro Woche höherfrequent abgehalten wird. Die höhere Frequenz wirkt sich nach meiner Erfahrung deutlich positiv auf die Regressionsfreudigkeit der Gruppe und ihre Bereitschaft, unbewusstes Material zu bringen, aus. Es handelt sich um eine Phase der Gruppe, in der viel geträumt wurde.

Kasuistik I

Marion ist Ende Vierzig. Sie kam wegen depressiver Episoden, psychosomatisch betonter Gelenkschmerzen, extremer Stimmungsschwankungen sowie teilweiser Blaseninkontinenz und Essstörungen im Sinne von Fressdurchbrüchen ohne künstliches Erbrechen. Die Symptome hatten sich vor Behandlungsbeginn verstärkt. Der psychodynamisch bedeutsame Hintergrund lag in einem nicht bewältigten Familienproblem: Die Mutter hatte erneut einen psychotischen Schub bekommen und verstieß die Patientin mit krassen Anschuldigungen (Patientin sei ein »böser, schwarzer Engel« etc.). Seither bestand die Symptomatik.

In der Gruppe galt sie als ziemlich dominant, manchmal aggressiv – entgegen ihrem Selbstbild – und wurde von manchen in der Gruppe, vor allem auch von den Männern, wegen ihrer unbequemen und teils inquisitorischen Fragen gefürchtet. Dass sie im Grunde Angst vor Männern hatte, wurde über diese stark wirkende Persona verhüllt.

In den letzten Stunden vor dem berichteten Traum war es um ihren Vater gegangen, zu dem sie wegen seiner unoffenen und latent aggressiven Art – etwa alles

Unangenehme immer nur zu verdrängen und immer nur auf »heile Familie« zu machen – zunehmend auf Distanz gegangen war. Sie begann die Gruppensitzung mit der Schilderung von zwei Träumen.

Traum I

Ich befinde mich in meiner Wohnung und sehe eine große, dicke Schlange. Ich versuche sie herauszubugsieren und schaffe es, sie auf den Balkon auszusperren.

Die Einfälle, die zum Teil aus der Gruppe stammten, bezogen sich zunächst auf die dicke Schlange: Ein männlicher Patient sprach an, dass das doch mit Sexualität zu tun habe. Die Patientin verneinte dies zunächst. Sie bekam jetzt einen Einfall und berichtete, dass sie den Vater vor ein paar Tagen zufällig auf dem Flohmarkt getroffen habe, ohne dass er sie gesehen hatte. Sie hatte sich schon vor einem Jahr nach einem Zerwürfnis mit der Familie aus allen Kontakten zurückgezogen. Offenbar war nun der Traum durch die aktuelle Begegnung mit dem Vater angestoßen worden.

Durch die zufällige Begegnung mit dem Vater war dieser offenbar wieder stärker intrapsychisch präsent geworden, das heißt, der Vaterkomplex war stärker aktiviert worden und war in ihren seelischen Bereich – symbolisiert im Traum durch die Wohnung – eingedrungen. Die Schlange, so weitere Einfälle der Gruppe, schien für die eindringende Art des Vaters zu stehen. Folgerichtig versuchte die Patientin nun, diese Schlange aus ihrer Wohnung zu entfernen, zurückzudrängen, sozusagen zu »verdrängen«. Hier hätten wir eine Metapher für »verdrängen« und für die »Wiederkehr des Verdrängten«. Es gelang aber nur, die Schlange auf den Balkon auszusperren. Sie war also nicht gänzlich eliminiert, sondern lauerte weiter im Hintergrund. Die Assoziationen der Gruppe führten schließlich zu ihrer Beziehung zu Männern, die sie bislang als ziemlich problematisch, weil mit Angst und Unsicherheit beladen, geschildert hatte.

Die Themen Sexualität und latente Aggressivität waren die einzigen Themen, die sie konkret mit dem Vater assoziieren konnte. Ansonsten blieb er ihr fremd. Sie kannte vom Vater nichts Persönliches. Er hatte sie, wie ihr deutlich wurde, als Tochter nie richtig wahrgenommen, war nie auf ihre sonstigen Bedürfnisse und Interessen eingegangen. Sie, die Patientin, schien vielmehr als »Ersatzfrau« für seine psychotisch kranke Frau zu fungieren. Um sich wenigstens ein Quäntchen an Zuwendung zu sichern, hatte sie sich stets an ihn angepasst. Das Thema Missbrauch wurde in diesem Kontext, also »Missbrauch im übertragenen Sinne«, nun in der Gruppe diskutiert.

In der Familie hatte sie immer die Verpflichtung verspürt, bei allen für eine gute Stimmung zu sorgen. Die Beziehung zu Männern war ähnlich wie die zu dem Vater strukturiert gewesen, hatte sich aber mittlerweile über die Gruppenerfahrung differenziert. Es waren andere Begegnungsebenen möglich geworden.

Der Patientin kam nun ein Einfall, der sich auf mich als Therapeuten bezog. Sie hätte sich zu Beginn der Therapie gefragt, ob sie sich bei mir hätte in eine Einzeltherapie begeben und auf die Couch legen wollen. Das sei ihr nicht möglich gewesen, die Atmosphäre wäre unweigerlich erotisiert gewesen, in dem Sinne, dass sie das angstmachende Gefühl gehabt hätte, mir gefallen zu müssen. Sie hätte dann nicht sie selbst sein können. So war sie froh, dass ich ihr seinerzeit die Gruppentherapie angeboten hatte.

Zur Deutungsebene ist hier anzumerken, dass natürlich auch bei dem mitgeteilten Traum eine subjektstufige Deutung möglich, ja naheliegend ist, die mir allerdings erst später einfiel und die ich nicht mehr in die Gruppe einbringen konnte. Sie litt an Fressanfällen, wollte sozusagen viel haben. Das verwundert bei ihren narzisstischen Defiziten in der Familie nicht. So würde die Schlange auch etwas Verschlingendes von ihr darstellen.

Marion schilderte nun ihren zweiten Traum.

Traum II

Wir sind nur eine kleine Gruppe. Herr Dr. Kleespies, Peter und Gisela waren nur da. Ich erzähle von meiner Begegnung mit meinem Sohn. Die ist diesmal positiv verlaufen. Es gibt eine allmähliche Wiederannäherung. Wie ich in der Gruppe gelernt habe, habe ich ihn ja zu sehr kontrolliert, deswegen hat er sich zurückgezogen. Wie ich so berichte, da steht Dr. Kleespies mit einem Mal auf, geht zu einem Fernseher, der merkwürdigerweise in der Ecke des Gruppenzimmers steht, und stellt ein Fußballspiel an.

Mir (als Therapeut) fällt hierbei auf, dass die Patientin jetzt bei ihrem Traumbericht eine helle, schüchterne Mädchenstimme bekommen hat. Sie fährt fort:

Ich sage zu Dr. Kleespies, ich finde das nicht richtig, dass Sie den Fernseher anstellen! Der Peter aber fand es auch interessant und hat nichts gegen das Fußballspiel gehabt. Die Gisela ist unklar, aber eher auch nicht gegen das Verhalten von Dr. Kleespies eingestellt.

Die Patientin wird nun zu der kleinen Gruppe befragt. Sie meint, die versammelten Leute im Traum seien ihr die wichtigsten aus der Gruppe, auch hinsichtlich ihrer Meinung zu ihr und ihrer Wertbestätigung. Zu Gisela bemerkt sie, diese beeindrucke sie wegen ihres Schicksals. Sie sehe Gemeinsames. Da habe ja auch so eine Art Missbrauch stattgefunden und sie wurde auch nie in ihrer Familie wahrgenommen. Sie hätte gern mehr Kontakt zu ihr. Gisela hat darüber hinaus auch Probleme in Beziehungen zu Männern, entwerte diese aber für ihren Geschmack manchmal zu stark.

Ich sage nun zu ihr: »Also kein Rückhalt in der Gruppe!« Sie bejaht dies. Sie berichtet dann noch ihren Traum zu Ende. Zu mir gewandt fährt sie fort:

Ich sagte noch zu Ihnen, nachdem Sie den Fernseher angestellt hatten, ich will aber noch schnell zu Ende erzählen von der Begegnung mit meinem Sohn, darauf sagten Sie: Ja, machen Sie es gleich, ich kann mir sowieso nur schlecht merken, was Sie sagen.

Die Gruppe musste an dieser Stelle ihres Berichts lachen. Sie erlebte mich real im Gegensatz zum Traum zugewandt, wie sie auch in der Gruppensitzung betonte. Ich hatte in meiner Gegenübertragung tatsächlich immer das Gefühl, ihr vermitteln zu müssen, dass ich sie aufmerksam wahrnehme, weil ich sie sonst ziemlich kränken könnte.

Hier aber, im Traum, zeigt sich ein Probehandeln, eine Probeszene. Ich bin gleichgültig wie der Vater! Man könnte es eine virtuelle Übertragung, eine »Probeübertragung« nennen: »Was wäre wenn…«. Es ist ein interessanter Umstand, den man immer wieder in Therapien erleben kann: Bietet sich das aktuelle Verhalten nicht für Konfliktdarstellungen an, die aber doch wichtig zu erleben wären, wird es eben im Traum »passend« gemacht.

So erlebte sie im Traum in mir einen versagenden, nicht präsenten, desinteressierten Vater, so, wie sie ihren Vater erlebt hatte. Und es kann jetzt in der Übertragung szenisch ein Konflikt mit dem Vater zur Darstellung kommen. Ich fragte sie, ob sie sich denn im Traum nicht über mich geärgert hätte, und sie bejahte es. Sie sei tatsächlich innerlich sehr wütend auf mich gewesen, hätte sich aber nicht getraut, es direkt zu zeigen. Sie hätte aber immerhin noch sagen können, dass sie es nicht richtig fand, was ich da getan hatte. Auch Peters gezeigtes Desinteresse im Traum würde sie ziemlich verletzen. Andererseits bewundere sie auch sein zeitweiliges Abgegrenztsein in der Gruppe, was sie ihrerseits nie könnte. Tatsächlich verhielt es sich so, dass Peter manchmal in der Gruppe einschlief. Er demonstrierte damit sein Symptom, sich total von seiner Arbeit/von seiner Kundschaft – er war selbstständiger Geschäftsmann – ausbeuten zu lassen, um dann in der Gruppe völlig erschöpft und ausgelaugt zu sein. Im Grunde verkörperte er im Traum, wenn man ihn subjektstufig deutet, ihre Latenz, sich nicht von der Gruppe so beanspruchen zu lassen, was sie nämlich im Gegenteil real in der Gruppe immer tat.

Ferner scheint mir Peter auch subjektstufig betrachtet darüber hinaus eine positive Figur hinsichtlich seiner Vaterbeziehung zu verkörpern und stellt auch hier ihre Latenz dar. Als Zusatzinformation ist es wichtig zu wissen, dass es Peter nach langen inneren Auseinandersetzungen mit seiner Vaterimago in der Gruppe gelungen war, real ein besseres Verhältnis zu seinem Vater zu bekommen, während die Patientin für sich ihr Verhältnis zum Vater noch nicht abschließend geklärt hatte.

Insofern verkörpert Peter eine prospektive Möglichkeit. Durch seine zeitweilige Unerreichbarkeit, sein Einschlafen in der Gruppe, wurde er für sie zusätzlich besonders wichtig, da seine Zustimmung umso kostbarer für sie wurde. Zum anderen konnte er sich besser abgrenzen, war hierin Vorbild und hatte sich zudem eine positive Beziehung zum Vater erarbeitet.

Man kann das Geschehen darüber hinaus auch subjektstufig auffassen, dann verkörpert Peter ihren Animus – ihre gegengeschlechtlich abgebildete Latenz –, sich abgrenzen zu können und Beziehung zu einem Vater aufnehmen zu können.

Gisela – als weiteres Gruppenmitglied in ihrem Traum – verkörperte neben ihrer Angst, sich mit Autoritäten auseinanderzusetzen, auch die Unsicherheit, sich mit Frauen zu solidarisieren. Gisela war sehr zurückhaltend, aber der Patientin wäre ein aktiver Rückhalt in ihr, schon wegen des ähnlichen Schicksals, sehr wichtig gewesen.

Die Patientin hatte hier vermutlich in diesem Punkt eine Schwesternprojektion auf Gisela. Real hatte die Patientin sich immer eine Schwester gewünscht, um Solidarität zu spüren und nicht allein der Familie ausgeliefert zu sein. Es ist immer wieder zu bemerken, dass sich in Träumen deutlicher und unverblümter als im äußeren Gruppengeschehen die gegenwärtige Übertragungsbeziehung ausdrückt, was also jemand derzeit über ein anderes Gruppenmitglied denkt oder fühlt (Battegay & Trenkel, 1987, S. 111).

In dieser Sitzung bejahte Gisela die Beobachtungen und Mitteilungen der Patientin, dass es ihr tatsächlich schwerfiel, sich gegen Autoritäten durchzusetzen und solidarisch zu sein.

Für Gisela ergab sich in dieser Stunde ein Anstoß, sich künftig etwas mehr mit ihrer Meinung zu Gehör zu bringen. Hier zeigt sich eine direkte Auswirkung der Traumbearbeitung auf ein Gruppenmitglied; ein erfreulicher Nebenaspekt.

Betrachtet man jetzt das Geschehen komplextheoretisch, dann geht es um den Vaterkomplex der Patientin mit den zugehörigen Assoziationen, die ihre Ausweitung in die Gruppe hineinfinden und dort über die einzelnen Mitglieder, unter anderem auch über mich, verkörpert werden. Diese spiegeln nun teilweise sogar neue Perspektiven wider, beispielsweise die Fähigkeit von Peter, sich zumindest in der Gruppe abgrenzen zu können. Der Traum wurde durch die begonnene Auseinandersetzung mit der Vaterfigur in den vorherigen Sitzungen vorbereitet und als Letztes noch durch die reale Wahrnehmung des Vaters auf dem Flohmarkt angestoßen.

Des Weiteren erscheint mir der *Mitteilungscharakter* an die Gruppe wichtig. Der Traum richtet sich an die Gruppe. Es wird eine Beziehungsaussage über die Gruppe gemacht, die die Patientin bislang real noch nicht gemacht hat und die die unterschiedliche Nähe zu den einzelnen Gruppenmitgliedern wiedergibt. Für sie zerfällt die Gruppe in eine Kerngruppe, in der sich die für sie wichtigsten und bedeutsamsten Objektbeziehungen abbilden, und in die Restgruppe, die hier zu Augen- und Ohrenzeugen ihrer Probleme werden. Auf die Kerngruppe wird eine Schattenthematik von Bestätigung und Versagung projiziert. Auch der Vaterkomplex wird von seiner versagenden Seite geträumt und im Sinne einer virtuellen Übertragung mit dem Thema, wie gehe ich mit einer autoritären Figur um, auf mich projiziert und szenisch ausfantasiert.

Im Traum geschieht also etwas Neues. Das wäre im Jung'schen Sinne der *prospektive Anteil* des Traums. Alte Affektmuster werden gegen neue ausgetauscht. Die alten Affektmuster bestanden nämlich darin, dass die Patientin bisher bei Nichtbeachtung durch Vaterbilder keineswegs ihre Meinung und schon gar nicht Wut und Enttäuschung äußern konnte, sondern in depressive Verstimmungen verfiel. Hier im Traum versinkt sie aber nicht in Depression, sondern kann bereits – zumindest innerlich – Wut verspüren und schon zaghaft gegen den willkürlichen und autoritären Vater protestieren. Das wären die neuen Affektmuster. Hier finden wir die schon erwähnte »weiterreichende Assoziation« des Traums (s. o.) gegenüber dem Bewusstsein als eine der zentralen Funktionen von Träumen.

Kasuistik II

Nachdem die Patientin geendet hatte, meldete sich ein männlicher Teilnehmer – Heinz – aus der Gruppe und wollte auch zunächst einen Traum erzählen.

Heinz war mit seinen 64 Jahren der Senior der Gruppe. Sein Problem lag in einer Tendenz, sich in Beziehungen bei starker Aggressionsgehemmtheit und Konfliktunfähigkeit abhängig zu machen. Er hatte sich nach 30 Jahren Ehe, in der er immer unselbstständiger und abhängiger geworden war, getrennt. Es kam damals hinzu, dass sich seine Frau in den letzten Jahren sexuell verweigert hatte. Bald nach der Trennung geriet er in einer neuen Beziehung in erneute Abhängigkeit, woraufhin er mit Ängsten und Depressionen reagierte und schließlich die Therapie aufsuchte.

Stichworte zur Genese: Es bestand eine »Mutterabhängigkeit«, der Patient erwies sich ödipal und oral an seine Mutter fixiert. Die Mutter hatte ihn zum Partnerersatz und Bollwerk gegen den ungeliebten Ehemann gemacht. Sie hatte ihn aber damit, was dem Patienten zunächst nicht bewusst war, »missbraucht«. Der Vater zog sich in der Familie kampflos immer weiter zurück. Es bestand kaum eine Beziehung zwischen Vater und Sohn.

Der Traum:
Ich sitze mit der Mutter im Zimmer, zusammen an einem Tisch und möchte mich mit eigenen schriftlichen Arbeiten beschäftigen. Ich räume großräumig den Tisch mit ausholender Armbewegung ab. Da greift mich die Mutter sanft am Arm, daraufhin schrumpfe ich wie ein aufgeblasener Ballon zusammen und werde immer kleiner und kleiner und bemerke, wie mir die Kräfte schwinden. Ich komme mit der Hand an meinen Oberschenkel und spüre mich. Jetzt bemerke ich, wie die Kräfte wiederkommen, sich in mir ausbreiten und ich wieder größer werde.

In seinen Einfällen ging es um die Dominanz der Mutterfigur. In ihrer Gegenwart wurde er immer kleiner, und er kann nichts Eigenes machen, wie er es sich zunächst vorgenommen hatte, sondern sitzt am Ende wie ein Zwerg ganz klein und zusammengeschrumpft da. Dies wird metaphorisch ausgedrückt: »Die Luft ist raus!«

Hier erhielten wir einen Hinweis des Traums auf seine mangelhafte Autonomie und schnelle Entkräftung in Gegenwart der Mutterfigur. Heinz kommt nun auf Marion zu sprechen, die vorher ihren Traum erzählt hatte. Seine Assoziationen gehen also direkt in die Gruppe hinein. Er meint, dass er sich anfangs in der Gruppe wegen ihrer Dominanz vor ihr gefürchtet habe. Wörtlich: »Ich wusste, da musst du aufpassen, die frisst dich wie eine Schlange auf.« Erstaunlich ist die Kongruenz der Bilder, wenn man an ihren Schlangentraum denkt.

Er hatte sie also damals in seinen ersten Wahrnehmungen real als fressend, ja verschlingend wie eine Schlange erlebt! Für meine Patientin war das sicherlich eine wichtige Aussage und Rückkoppelung.

Es wird weiter herausgearbeitet, dass er es ist, der zusammenschrumpft oder sich stärker fühlt: Er macht sich klein oder groß. Er greift sich im Traum, nachdem er kleiner geworden ist, auf den rechten Schenkel, spürt seine Hand und seinen Schenkel. Er führt aus, dass Selbstberührung, auch Selbstwahrnehmung, für ihn immer unangenehm war. Das galt auch für Masturbation. Er hat sich immer zugunsten von Mutterfiguren (die auch seine Partnerinnen darstellten) zurückgestellt. Diesmal ist ihm die Berührung offenbar nicht unangenehm, sondern erweist sich als hilfreich. Er ist in dieser Haltung in sich geschlossen und »rund«, das heißt auch ganz und unversehrt. Ich sage zu ihm: »Sie konnten sich angesichts der Mutter nicht spüren. Im Traum konnten sie Ihre Sachen nicht weiterverfolgen, die Sie sich vorgenommen hatten, nachdem die Mutter Sie berührt! Aber: Diesmal spüren Sie sich doch, Sie werden dann wieder größer.«

Dem Träumer fällt nun eine Parallele zur Sexualität auf und ihm fällt ein, dass er in jungen Jahren an Potenzproblemen zu leiden hatte. Sie waren aufgetreten, nachdem er von zu Hause ausgezogen war und eine Freundin kennengelernt hatte. In der Fühlungnahme mit einer Frau wurde er sozusagen »kleiner«. Er hatte wegen dieser Problematik daraufhin erfolgreich eine Analyse gemacht. In der Gruppe wird nun erarbeitet, dass er in Gegenwart der mächtigen Mutterfigur metaphorisch »schrumpft«, was auch heißt, dass seine phallisch-männliche Identität schrumpft.

Komplextheoretisch kann man hier hervorheben, dass der Mutterkomplex des Patienten mit seinen kontrollierenden und festhaltenden Seiten geträumt wird und sich assoziativ in der Gruppe ausweitet, das heißt, dass sich die intrapsychisch vorhandenen Assoziationen extern durch die Beiträge der Gruppe erweitern, was wiederum einen Zugewinn für Gruppe und Patient bedeutet.

Insbesondere kommen zur Thematik passende Projektionen auf ein Gruppenmitglied, nämlich auf Marion, zur Sprache, über die er – angeregt durch den Traum – eine Beziehungsaussage macht. Hier kommt ein interpersoneller Beziehungsaspekt in die Gruppenarbeit hinein, der über den Traum genauer studiert werden kann und höchst bedeutsam für die Gruppe ist. Wir finden auch wieder, dass die Objektbeziehungen im Traum klarer hervortreten als im Realgeschehen. So erlebt er Marion objektstufig als dominante Schlange. Dass er das offiziell in der Gruppe sagen kann, ist für ihn schon ein Fortschritt, da es ihn stärkt. Für Marion ist nun wiederum wichtig, dass sie auf diese Weise von ihm erfährt, wie sie auf Männer wirkt: dass sie nämlich von Männern, genauer von Vaterfiguren, wie eine Schlange viel haben will, was die Männer aber zurückschrecken lässt.

Was in dieser Gruppenarbeit nicht angesprochen wurde, ist die Schattenprojektion des Patienten auf Marion. Subjektstufig kann man nämlich Marion als die

»Schlange in ihm« sehen, die seine Anima mit zwei Aspekten darstellt. Einmal repräsentiert sie eine von ihm nicht gelebte, kämpferisch-fordernde Seite, und andererseits repräsentiert die Schlange auch einen negativen Aspekt, nämlich seine verführenden und oral verschlingenden symbiotischen Neigungen, die er bislang nur projiziert, aber noch nicht voll bei sich realisiert hat. Wir können grundsätzlich in Gruppenprozessen sehr schön die wechselseitigen unbewussten Übertragungsfiguren studieren.

Kongruenz der Träume durch das kollektive Unbewusste

Betrachtet man die Träume der beiden Gruppenmitglieder, dann fallen Gemeinsamkeiten auf. Sie wirken ineinander verschränkt, gerade auch über die nachfolgenden Einfälle in der Gruppensitzung. Es geht jeweils um mächtige Elternfiguren: bei der Patientin um den Vater und bei dem Patienten um die Mutter. Das ist kein Zufall.

Werden mehrere Träume in einer Sitzung gebracht, dann ist es oft ein untrügliches Zeichen dafür, dass das kollektive Unbewusste der Gruppe derzeit durch eine archetypische Thematik, also eine Thematik, die wegen ihrer grundsätzlichen Bedeutung alle angeht, besonders aktiviert wird.

Marion war schon in den vergangenen Sitzungen intensiv in ihre Vaterproblematik eingestiegen. Es wird hierüber im Gruppenunbewussten der Elternarchetyp angesprochen und energetisch belebt, mit der Folge, dass bei zwei Gruppenmitgliedern daraufhin hierzu passend geträumt wird.

Man kann hier festhalten: Über die Archetypen werden die zentralen archetypischen Themen und Motive der Gruppe konstelliert und durch das Gruppenselbst hervorgebracht. Eine Gruppenteilnehmerin träumt symbolisch eingekleidet von ihrem Vaterkomplex; der männliche Teilnehmer träumt von seinem Mutterkomplex. Die hiermit zusammenhängenden Übertragungsphänomene auf die Gruppenteilnehmer werden untereinander ebenso angesprochen und zum Teil ausgetragen. Auch ich bin als »Vater-Therapeut« involviert.

Hier zeigt sich der Mitteilungscharakter der Träume an die Gruppe und an den Therapeuten besonders deutlich. Wenn zwei oder mehrere Träume in einer Sitzung berichtet werden, sprechen manche Gruppenanalytiker in diesem Zusammenhang sogar von einem zusammenhängenden Gruppentraum (Rutan & Rice, 2002, S. 45). Die verschiedenen Traummitteilungen in der Gruppensitzung entsprächen dann in dieser Auffassung unterschiedlichen Reflexionen zu einem fundamentalen Thema, wären aber insgesamt einem Gruppentraum zugehörig. Die verschiedenen Traummitteilungen könnte man dann als gemeinsame Leistung des kollektiven Unbewussten der Gruppe ansehen.

Zusammenfassung

Nach einem im ersten Teil vorgetragenen zusammenfassenden Überblick über den gegenwärtigen Stand der analytischen Traumforschung erweist es sich für mich rückblickend in bemerkenswerter Weise, dass viele schon früh eingenommene Positionen Jungs in der heutigen therapeutischen Landschaft Allgemeingut geworden sind. Das betrifft die von Jung besonders herausgearbeitete »subjekt- und objektstufige Deutung«, aber auch die progressiven und auf Wandlung abzielenden »prospektiv-finalen« Auffassungen Jungs über den Traum und die allgemeine Abkehr von einer als einseitig erlebten Interpretation des Traums auf einer vorwiegend libidinös-sexuellen Bedeutungsebene. Stattdessen sind, wie dargestellt, die komplexen adaptiven Funktionen des Traums mit ihrer Problemlösefunktion und darüber hinaus mit ihrer allgemeinen Funktion der Spannungsregulierung in den Vordergrund unserer Betrachtung gerückt.

Darüber hinaus erweist es sich speziell aus Jungianischer Sicht, dass Traum und Individuation untrennbar miteinander verbunden sind. Der Traum verhält sich zur Individuation als »Vorarbeiter« und »Wegbereiter« und übersteigt und erweitert die bisherigen bewussten Standpunkte, indem er in die Welt des Potenziellen vordringt, sie probatorisch erkundet und sie für das wahrnehmende Ich erlebbar und gerade deswegen auch verfügbar werden lässt. Wir wissen aus der Emotionsforschung, dass wir neue Sachverhalte nur schlecht behalten und »abspeichern« können, wenn wir nicht emotional und affektiv beteiligt sind. Für die dazugehörige emotionale Nachhaltigkeit sorgt der Traum mit seinen szenischen Darstellungen und seinem oftmals archetypischen Charakter.

Wir verdanken die über den Traum und dessen Bearbeitung vermittelten Erkenntnisse der von Jung so formulierten »transzendenten Funktion des Symbols«, die letztlich eine Bewusstseinserweiterung – also geistige Reifung – mit sich bringt. Wir können die dargestellten gegenwärtigen Modelle zum Traumverständnis ohne Weiteres auch auf analytische Gruppentherapien übertragen. Die Summationseffekte der Beiträge der einzelnen Gruppenteilnehmer bei einer Traumbesprechung sind hierbei beträchtlich und gewinnen durch ihre inhaltlichen Überschneidungen eine archetypische Nachhaltigkeit für die Bewusstwerdungsprozesse des Einzelnen und der gesamten Gruppe – und letztlich auch des Therapeuten. Ein Therapeut, der durch die Gruppenarbeit nicht affiziert und in den eigenen persönlichen Fragen durch die »Gruppenanima« nicht »animiert«, vielleicht sogar gewandelt wird, muss sich nicht wundern, wenn er auch von der Gruppe als »nicht zugehörig«, ja als »jenseitig« angesehen wird.

Wir können die im Verlauf des Gruppenprozesses mitgeteilten Träume als Teile eines regressiven Phänomens auffassen, das zu einer Grundgestalt, zu unseren grundlegenden Lebensthemen (zu einer »archetypischen Matrix«) hinführt, indem sie diese symbolisch aus- und weiterformuliert.

Als Gruppentherapeut hat man es zunächst nicht leicht, vorgetragene Träume und weitere unbewusste Mitteilungen in dieser Bandbreite in ihrer Bedeutung für den Einzelnen und die Gruppe auszuloten, sie zu erkennen und fruchtbar umzusetzen. Auch wenn der Komplexitätsgrad der Informationen in Gruppen schnell steigt, was den Anfänger verwirrt, hat es sich für mich als von Nutzen gezeigt, auf diese positiv selektiven »archetypischen Nenner« zu achten.

Literatur

Bareuther, H., Brede, K., Ebert-Saleh, M. & Grünberg, K. (Hrsg.) (1999): Traum, Affekt und Selbst. Tübingen: edition diskord.

Battegay, R. & Trenkel, A. (1987): *Der Traum aus der Sicht verschiedener psychotherapeutischer Schulen.* Bern: Huber, 2. Aufl.

Bion, W. R. (1990[1962]): *Lernen durch Erfahrung.* Frankfurt a. M.: Suhrkamp.

Ermann, M. (2005): *Träume und Träumen.* Stuttgart: Kohlhammer.

Fiss, H. (1999): Der Traumprozess. Auswirkung, Bedeutung und das Selbst. In: H. Bareuther et al. (Hrsg.) (1999): *Traum, Affekt und Selbst.* Psychoanalytische Beiträge aus dem Sigmund Freund Institut, Bd. 1. Tübingen: edition diskord, S. 181–212.

Friedmann, M. (2002): Dream telling as a Request for containment in Group Therapy – the Royal Road to the other. In: C. Neri, M. Pines & R. Friedman (2002): *Dreams in Group Psychotherapy. Theory and Technique.* London: Kingsley Publishers, S. 46–66.

Foulkes, S. H. (1992): *Gruppenanalytische Psychotherapie.* München: Pfeiffer.

Hartmann, E. (1999): Träumen kontextualisiert Emotionen. In: H. Bareuther al. (Hrsg.) (1999): *Traum, Affekt und Selbst.* Psychoanalytische Beiträge aus dem Sigmund Freund Institut, Bd. 1. Tübingen: edition diskord, S. 115–157.

Jung, C. G. (1940/1951): Zur Psychologie des Kindarchetyps. GW 9,2. Olten: Walter, 1976.

Jung, C. G. (1943/1948): Über die Psychologie des Unbewussten. GW 7. Olten: Walter, 1964.

Jung, C. G. (1943/1946): Psychotherapie und Weltanschauung. GW 16. Olten: Walter, 1958.

Jung, C. G. (1928): Über die Energetik der Seele. GW 8. Olten: Walter, 1967.

Kutter, P. (1976): *Elemente der Gruppentherapie.* Göttingen: Vandenhoeck & Ruprecht.

Kleespies, W. (2003): *Angst verstehen und verwandeln.* München: Ernst Reinhardt.

Kleespies, W. (2007): Traumforschung heute. *Analytische Psychologie*, 38, 147, 42–63.

Morgenthaler, F. (1988): *Der Traum.* Frankfurt a. M.: Qumran.

Neumann, E. (1974): *Ursprungsgeschichte des Bewusstseins.* München: Kindler.

Neri, C., Pines, M., Friedman, R. (2000): *Dreams in Group Psychotherapy. Theory and Technique.* London: Kingsley Publishers.

Roser, M. (1999): Was wirkt in der analytischen Gruppenpsychotherapie? Wirkfaktoren im gruppentherapeutischen Prozess aus Sicht der Analytischen Psychologie und der empirischen Psychotherapieforschung. *Analytische Psychologie*, 30, 91–123.

Rutan, J. S., Rice, C. A. (2002): Dreams in Psychodynamic Group Psychotherapy. In: C. Neri, M. Pines & R. Friedman (2002): *Dreams in Group Psychotherapy. Theory and Technique.* London: Kingsley Publishers.

Schredl, M. (1999): *Die nächtliche Traumwelt.* Stuttgart: Kohlhammer.

Traum, Affekt und Selbst. (1999). Psychoanalytische Beiträge aus dem Sigmund Freund Institut, Bd. 1 Tübingen, edition diskord.

Yalom, I. D. (1989): *Gruppenpsychotherapie.* München: Pfeiffer.

Zanasi, M. (1996): Dreams and the primordial level. *Group Analysis*, 29, 4; 463–474.

Volker Münch

Das Gruppenselbst träumt
Der analytische Gruppenprozess als Entfaltung des gemeinsamen Unbewussten

Abstract

Im Verständnis von Gruppenprozessen ist die Berücksichtigung des sozialen Unbewussten (Foulkes) hilfreich. Entwicklungsprozesse in Gruppen entspringen dem komplexen Zusammenspiel von Aspekten gemeinsamer unbewusster Dynamik bei gleichzeitiger Konstellierung der Individualität der Teilnehmenden. Die Vorstellung des Gruppenprozesses als traumgleiches Geschehen betont den zunächst weitgehend unbewussten Charakter des Geschehens und die Notwendigkeit für den Leiter, diesem Prozess viel Vertrauen, Geduld und Achtsamkeit entgegenzu

bringen. Viele der Vorgänge in Gruppen sind mehrdeutig und verlaufen parallel, entsprechen damit der Überdeterminiertheit von Träumen.

Das soziale Unbewusste

Foulkes (z. B. 2007) ging davon aus, dass das soziale Unbewusste maßgebend auch für die Formung des Individuums ist. Nach ihm »informiert« das »soziale oder interpersonale Unbewusste« über Kultur und Geschichte die Entwicklung des Individuums mehr als dessen Biologie und Erfahrung. Letztlich würden auch die Biologie und Erfahrungsbezüge ebenso von Kultur geprägt. Das soziale Unbewusste wird nicht als verdrängt angesehen, es stellt vielmehr die Grundlage des psychischen Lebens des Einzelnen wie der Gesellschaft dar.

Das Zusammenwirken, ja scheinbare Zusammenfallen von Außen (Sozietät) und Innen (Unbewusstes) hat in der Vorstellung des sozialen Unbewussten in Gruppen seinen Ursprung. Das Soziale ist dem Individuum eingeschrieben bis in seine Träume. Dies alles erinnert an die Ideen des impliziten Unbewussten der Intersubjektivisten oder des Unbewussten als Ressource bei C. G. Jung.

Dalal (1998) hat darüber hinaus hervorgehoben, wie sehr sich diese Perspektive von der Sichtweise unterscheidet, die das Einzelindividuum als isolierten Geist fokussiert. Hierauf hatte schon Orange (Orange et al., 2001, S. 44) hingewiesen. Sie schreibt, »dass unser psychisches Leben nicht das Leben des isolierten Geistes sein kann; es muss innerhalb der intersubjektiven Kontexte, in denen wir uns befinden, wurzeln, wachsen und sich verändern.« Der Einzelne wird vielmehr als von sozialen Kontexten und Umweltbezügen durchdrungen angesehen. Es wäre spannend, zu untersuchen, wie weit oder vielmehr vermutlich wie wenig diese Einsichten, die meist nur auf die analytische Dyade angewandt werden, für Gruppenformationen gültig sind. Der in diesem Zusammenhang wichtigste Gedanke für Foulkes und Dalal wäre: Das Soziale und Kulturelle ist *im* Individuum lokalisiert, nicht um es herum. Es findet sich seelisch widergespiegelt.

Auch der Begründer des »Social Dreaming«, Gordon Lawrence, bezieht sich auf die Konzeption des kollektiven Unbewussten von C. G. Jung, um die Wirkungsweise seiner Methodik zu illustrieren. In den Träumen der Teilnehmer eines Social Dreaming offenbart sich die Widerspiegelung der Auswirkungen der sozialen und politischen Realität im Unbewussten. Wir kommen auf die Konsequenzen dieser Perspektive zurück.

Wenngleich die vorgenannten Vorstellungen von sozialem und kollektivem Unbewussten sich zu ähneln scheinen, sind sie nicht identisch. Alle Positionen vertreten aber die Ansicht, dass Psychisches sich nie hinreichend aus innerpsychisch-biografischen Hintergründen erklärt, sondern zum Verständnis immer den Einbezug des historischen und sozialen Kontextes erfordert, um zu validen Ergebnissen und funktionierenden Therapieansätzen gelangen zu können.

An dieser Stelle soll dieser Unterscheidung jedoch aus verschiedenen Gründen nicht weiter nach gegangen werden. Ich möchte mich vielmehr zunächst der Frage zuwenden, ob eine mehr auf die Societät und die Großgruppen und Gruppenformationen gerichtete Aufmerksamkeit eine sinnhaftere Erklärung für gruppentherapeutische Prozesse anbieten kann als oft noch sehr im Zentrum stehende Interventionen, die vor allem aus der Theorie der Dyade stammen.

Dalal (1998) stellte dazu fest:

> »I have been unable to find a single instance of Foulkes using the ›surrounding community‹ or the social unconscious in an interpretation of clinical phenomena« (S. 68). »Ich habe keinen einzigen Fall gefunden, in dem Foulkes die ›umgebende Gemeinschaft‹ oder das soziale Unbewusste bei der Interpretation klinischer Phänomene verwendet.« (V. M.)

Daher kritisiert Dalal auch zum Teil vehement die von ihm beobachtete Praxis, dass Gruppenphänomene auch von Foulkes in letzter Konsequenz individualistisch und reduktionistisch sowie trieb- und objektbeziehungstheoretisch erklärt würden. Foulkes (1964) wird wie folgt zitiert:

> »Because the forces by which he is run are anachronistic, according to an infantile and primitive pattern, he cannot adjust to his social group...« (zit. n. Dalal, 1998, S. 67)
> »Weil die Kräfte, von denen er geleitet wird, entsprechend einem infantilen und primitiven Schema anachronistisch sind, kann er sich nicht an seine soziale Gruppe anpassen...« (V. M.)

Der Zugang des Social Dreaming geht davon aus, dass sich in einer Gruppe miteinander zu verknüpfende und durchaus assoziativ verbundene Träume und Einfälle auffinden lassen, die sinnvoll als Leistung der Gruppe angesehen werden können. Dies bedeutet, dass die Träume Einzelner immer (auch) als Ausdruck des Gruppengeschehens verstanden werden können und müssen. Angewandt auf die analytische Gruppenpsychotherapie lässt sich dieses Konzept des Social Dreaming insofern übertragen, als auch dort den Teilnehmern und Teilnehmerinnen die freie Assoziation und Kommunikation nahegelegt wird bzw. diese gefördert wird. Dadurch offenbart sich nach und nach der unbewusste Grund, quasi die Struktur der Matrix einer Gruppe. Lawrence selbst verknüpft in seiner Argumentation zur Illustration der Funktionsweise des Social Dreaming die gruppenanalytischen Konzepte von Foulkes und Dalal wie auch die Ausgangspunkte der Analytischen Psychologie C. G. Jungs. Aus der Bedeutsamkeit des notwendigerweise gemeinsamen Grunds einer Gruppe betont er auch, dass Gruppen in sozialer Hinsicht nicht zu heterogen zusammengestellt werden sollten. Ansonsten sind die biografischen Erfahrungen, in denen sich auch immer die sozialen Hintergründe spiegelten, den je anderen Teilnehmern und Teilnehmerinnen zu fern und zu fremd, um ein verbindendes, soziales Unbewusstes förderlich wirksam werden zu lassen. Insofern betrachte ich hier die analytische Gruppenpsychotherapie, wenngleich sie andere Zielsetzungen und eine andere Ausgangssituation hat, als ein Setting, dem durchaus einige Aspekte, auf die es mir hier ankommt, mit dem Social Dreaming als Methode gemeinsam sind. Man könnte in diesem Sinne die Vorgänge in einer analytischen Gruppe als Ergebnis eines im Hintergrund tätigen und wirksamen Social-Dreaming-Prozesses auffassen – unaufgefordert und selbständig in Gang gesetzt durch die schlichte Tatsache der Notwendigkeit des Austauschs der Individuen auf der Ebene des sozialen Unbewussten.

Die vorgenannten Theorien und Praxisansätze gehen alle von einer Wirkweise des Unbewussten aus, die den direkten Einfluss auf Gruppenprozesse betonen und damit auch auf die Entwicklungsmöglichkeiten von Individuen in Gruppen hinweisen. Ein wichtiger Gedanke in diesem Zusammenhang ist: Dem Sozialen wird ein Ort im Unbewussten des Einzelnen gegeben. Innen und außen sind keine Gegensätze, sondern durchdringen sich gegenseitig.

Wenn davon ausgegangen werden kann, dass sich in einer psychotherapeutischen Gruppe die Unbewussten der Teilnehmer*innen inklusive des Leiters/der Leiterin in einer Art Austausch befinden, sich gegenseitig durchdringen und auch bis hin zu den Träumen Verbindungslinien aufzeigbar sind, dann führt einen diese Annahme zu der Schlussfolgerung, dass das, was in Gruppenprozessen den inneren Kurs einer Gruppe bestimmt, immer durch das Zusammenwirken aller Beteiligten zustande kommt. Dies mag banal erscheinen, nicht banal ist jedoch die Frage, auf welche Weise dieser Abgleich der Unbewussten und deren Zusammenwirken sich zeigt oder retrospektiv erschlossen werden kann. Und auch, was dies für die Zusammenstellung und die Leitung einer Gruppe für Konsequenzen hat.

Das Gruppenselbst

Einer Gruppe ist ein Selbst im Sinne Jungs zuzugestehen. Im Gruppenprozess finden über unbewusste Prozesse Abgleiche und Annäherungen statt, was dann zu einer Aktualisierung gemeinsamer Themen und Konflikte im beobachtbaren Gruppengeschehen führt. Je nach Zusammensetzung der Gruppe wird dieser Prozess in verschiedene Richtungen gehen, auch je andere Entwicklungsprozesse fördern oder auch behindern und in unterschiedlichen Tempi vonstattengehen.

Jede Gruppe verfügt über eine spezielle Atmosphäre, einen »Geist«, eine Identität, die sich die Gruppe anhand der (auch unbewussten) Beobachtung der Gruppe durch die Gruppe gibt (vgl. Braun, 2012). Braun kommt auf Jung zu sprechen, der herausstreiche, dass das »Selbst, eigentliches Zentrum des Individuums, […] seinem Wesen nach eigentlich eine Gruppe [ist]« (Jung, 1989, S. 130f., zit. n. Braun, 2012). Umgekehrt seien Gruppenprozesse beschreibbar, »als Übergangsraum […], in dem sich ein emergentes, und final orientiertes transpersonales Subjekt, das *Gruppenselbst*, zum Ausdruck bringen kann« (S. 482). Das Individuum kann sich also innerhalb einer Gruppe wiederfinden, da es psychisch gruppal strukturiert ist. Es stützt sich auf (in deren Niederschlägen meist unbewusste) soziale Vorerfahrungen. Das Verbindende, Hilfreiche in Gruppenprozessen kann häufig mit diesen unbewussten, archetypisch verfassten Erfahrungswelten in Verbindung gebracht werden. Diese werden im konkreten Gruppenkontext, im intersubjektiven Feld aktiviert und einer Wandlung unterzogen.

Wenn das Selbst im Sinne Jungs der größtenteils unentfaltete und unbewusste Anteil der Persönlichkeit ist, mit dem das Ich in einen lebendigen Austausch zu kommen hat, um eine Individuationsentwicklung in Gang zu bringen, dann stellt die Zusammenkunft vieler »Selbste« in einer Gruppe zunächst eine praktische, aber auch theoretische Herausforderung dar. Um den Gruppenprozess als Ganzen voranzubringen, kann es nicht nur darum gehen, dem Selbst des Einzelnen auf die Sprünge zu verhelfen und eine arretierte Entwicklung wieder in Gang zu bringen, denn jedes Gruppenmitglied steht bei Eintritt in eine Gruppe an einer anderen psychischen Position, steht an einem anderen Ausgangspunkt. Das bedeutet, dass sich die »Selbste« der Teilnehmenden erst aufeinander beziehen müssen, bevor ein kreativer Prozess in Gang kommen kann.

Um dazu zu kommen, die Gemeinsamkeit der psychischen Prozesse untereinander und dadurch die Verbundenheit als Menschen wahrzunehmen, muss die Gruppe die unausgesprochene abstrahierende Leistung vollbringen, von den Einzelschicksalen und Konflikten gerade abzusehen und die verbindenden Elemente der Thematiken und Konflikte zu erkennen, auch wenn dies nicht immer explizit gemacht wird.

Aus jungscher Sicht liegt es in diesen Prozessen die Wirksamkeit archetypischer Konfigurationen und Kräfteverhältnisse anzunehmen. Es geht auf einer bestimmten manifesten Ebene um die persönlichen Narrative und die darin geschilderten Problemlagen. Auf einer tieferen Ebene wird jedoch weniger der Inhalt, sondern vielmehr die Struktur einer Problemlage von den rezipierenden Gruppenmitgliedern daraufhin untersucht, ob sich Ähnlichkeiten zu eigenen Erfahrungen auffinden lassen. Eine Gruppe sucht, wenn sie gut arbeitet, immer unbewusst nach Gemeinsamkeiten in den Entwicklungsarretierungen und -linien, um so an einer Gruppenidentität, an einer gemeinsamen sinnstiftenden Narration zu arbeiten.

Auf diese Weise erfindet sich jede Gruppe auch ständig aufs Neue, auch, um sich gegen die immer präsenten, potenziell destruktiven Kräfte der »Anti-Group« (vgl. Nitsun, 2015) zu wappnen. Die stärkenden, verbindenden Erfahrungen, die die Gruppe auf diese Weise mit sich selbst machen kann, sind essenziell für die Entwicklungsmöglichkeiten, die Gruppen für Ihre Teilnehmer und Teilnehmerinnen bieten können.

So, wie das Gruppenselbst erkennbar wird an dem, was die Gruppenteilnehmer beginnen über sich und die Gruppe zu denken, so wird auch das, was eine Gruppe an gemeinsamen unbewussten Themen für sich entdeckt und sukzessive bearbeitet, umgekehrt von eben diesem anzunehmenden Gruppenselbst gesteuert.

Ähnlich wie man sich in der Annäherung an Träume angesichts deren Überdeterminiertheit und Mehrdeutigkeit nie ganz sicher sein kann, für was sie stehen, könnte man, wenn man sich dem interaktionellen manifesten Geschehen in einer Gruppe auf ähnliche Weise nähert, dieses als Ausdruck von unbewussten Emanationen des Gruppenselbst ansehen. So wie die zu einer Traumschilderung sich einstellenden Assoziationen Hinweise auf damit verbundene Komplexe, Symbole und archetypische Konfigurationen geben können, kann auch ein seinerseits rêverieartiger, traumgleicher Blick auf das Gruppengeschehen dessen verborgene Choreografie deutlicher werden lassen.

Wie in der subjektstufigen Traumdeutung beim Individuum, in der alle Traumakteure als Anteile des Träumers verstanden werden können, könnten die Verwicklungen, Interaktionen, Kommunikationen der Gruppenteilnehmerinnen und -teilnehmer untereinander auch auf verschiedene Aspekte ein und desselben Gruppenselbst verweisen.

Eine archetypische Sichtweise auf die Gruppe

Brigitte Dorst sieht in Gruppen archetypisch verfasste Wirkfaktoren am Werk. Das Arbeiten in der Gruppe besteht für sie in dem Herausarbeiten von archetypischen Beziehungsmustern, Rollen und Gruppensituationen (vgl. Dorst, 2016, S. 54). Die Erfahrung der Gruppe als Selbstsymbol ermögliche, dass sich Teilnehmer und Teilnehmerinnen sowohl als Teil eines größeren Ganzen wie auch als Individuum bewusster erleben könnten. Gerade dieses Spannungsfeld mache die Arbeit in der Gruppe so reichhaltig. Ein Gruppenprozess ist damit Differenzierungs- und Integrationsprozess zugleich. Anderssein und Gleichsein wird gleichzeitig erlebbar.

Auch James Hillman (1975) hat sich, bezogen auf die therapeutische Situation im Allgemeinen, immer wieder dafür ausgesprochen, dass psychische Prozesse und Inhalte, die in Therapien auftauchen, zunächst nicht gedeutet werden, sondern gemeinsam gehalten, bezeugt und erkundet werden sollten. Er gesteht Träumen eine zentrale Funktion bei der Erlangung psychischer Individuation zu: Dies mache die klassische psychoanalytische Deutungsarbeit oft überflüssig. Hillman (1975, S. 33): »What we learn from dreams is what psychic nature really is – the nature of psychic reality: not I, but we; not one, but many« (»Wir lernen aus den Träumen, was die psychische Natur wirklich ist – was die Beschaffenheit der psychischen Realität ist: nicht Ich, sondern Wir; nicht Einer, sondern Viele« [V. M.]) – eigentlich auch ein sehr gruppenaffiner Standpunkt.

Ein anderer bedeutsamer Ansatz in der neueren Psychoanalyse stammt von Vertretern der sogenannten intersubjektivistischen Wende (z. B. Orange, 2001). Wie sie hat auch Jaenicke (2010) betont, dass die Theorie des isolierten Geistes überholt sei und Deutungen immer im Kontext der therapeutischen Beziehung stünden und auch zuweilen bedrohlichen und herrschaftlichen Charakter annehmen könnten. Jaenicke (2014, S. 140) hebt die persönliche Beteiligung des Therapeuten am Prozess hervor, wenn er schreibt: »Dreh- und Angelpunkt dieser Wahrnehmungsveränderung ist unsere Fähigkeit, unsere tiefe Beteiligung an allem, was im intersubjektiven Feld geschieht, zu berücksichtigen.« Die Aufgabe der Theorie des isolierten Geistes hat also weitreichende, vielerorts noch nicht wirklich rezipierte und umgesetzte Folgen für die psychoanalytisch-psychotherapeutische Arbeit. Dies gilt aber in umso größerem Maß für die hier beschriebenen Verhältnisse in einer Gruppenbehandlung – vergleiche weiter unten den Absatz über den Einfluss des Leiters.

Der Gruppenprozess als traumgleicher Prozess

Ich benutze den Begriff des Traumes hier als Metapher für den Ausdruck und die Darstellung weitgehend unbewusster Vorgänge. Im Traum wird sichtbar, was unbewusst an Thematik und Konfliktdynamik gerade vorherrscht. Wenn wir nun annehmen, dass der sichtbare Gruppenprozess, wie er sich in Erzählungen, Berichten, Gesprächen, Konflikten und gegenseitigen emotionalen Reaktionen zeigt, seine Ursache in unbewussten Dynamiken hat, die aus der Gruppenmatrix (Foulkes) stammen, dann sehen wir im manifesten Gruppengeschehen indirekt den Ausdruck eines unbewussten Prozesses, ähnlich dem Geschehen eines erinnerten Traumes, das sich, ähnlich chiffriert und maskiert, als Ausdruck von unbewussten Prozessen verstehen lässt. Wenn wir diese Analogie zulassen, entsteht das gedankliche Konstrukt, den Gruppenprozess als Traum erleben, lesen und verstehen zu wollen.

Denken wir an Träume, so haben wir es mit noch wenig bearbeiteten Narrationen (vgl. Ferro, 2009) zu tun. Das, was erzählt wird, steht in Beziehung mit dem, was nicht erzählt wird. Das, was sichtbar und hörbar wird, steht mit dem Unsichtbaren und dem Ungehörten in Beziehung. Auch aus dieser Perspektive erscheint es mir durchaus plausibel und möglicherweise ergiebig, über den Gruppenprozess als Traum der Gruppe, den sie von sich selbst träumt, zu sprechen.

Ich spreche in diesem Zusammenhang, anders als in anderen Beschreibungen, dezidiert nicht nur davon, dass Einzelne in der Gruppe Träume präsentieren, auch nicht nur davon, dass ich diese Träume als Träume der Gruppe interpretiere; dies ist alles legitim. Ich möchte darüber hinaus untersuchen, inwieweit die Einnahme einer inneren Haltung hilfreich sein kann, die alles, was in der Gruppe manifest geschieht, als Ausdruck eines quasi-traumartigen Geschehens interpretiert, das wiederum durch die Zusammenwirkung der Unbewussten aller Anwesenden inklusive der Leiterin/des Leiters beeinflusst und geprägt wird.

Mit Freud (1999a) könnte man das beobachtbare Verhalten und das in der Gruppe Gesprochene als manifesten Traum ansehen, hinter dem der latente Trauminhalt verborgen wird und gleichzeitig zum Ausdruck kommt. Das Gruppengeschehen wäre demnach wie auch die erinnerten Träume wie auch anderweitige Symptome ein Kompromissgeschehen zwischen Abwehr und Wunsch nach Ausdruck und Kontakt.

Der Einfluss der Leiterin/des Leiters

Leiter sind selbstverständlich ein, wenn auch herausgehobener, Teil der Gruppe (Foulkes, 2007, S. 96). Sichtbar wird der Einfluss auch der Themen des Leiters oder der Leiterin am ehesten, wenn ihm oder ihr diese zumindest vorbewusst sind. Zuweilen steht ein heftiger emotionaler Einschnitt wie etwa ein Trauerfall oder eine andere tiefgreifende emotionale Erfahrung dahinter. Ich spreche davon, dass Gruppen diese Themen des Leiters erspüren und aufgreifen, die natürlich auch Themen der Gruppenteilnehmer und -teilnehmerinnen widerspiegeln können. Besonders in Erinnerung geblieben sind mir zwei Phasen der Gruppenentwicklung, in denen eigene Themen durch die Gruppe aufgenommen wurden. In der Zeit nach dem Tod meines eigenen Vaters sprach die Gruppe auffällig oft über die Themen Endlichkeit, Begrenzung und Verlust und es verbreitete sich eine nachdenkliche, melancholische Stimmung. Das Thema wurde nach vielen Seiten hin besprochen und betrachtet.

Ein anderes Mal, als ich mich gerade mit dem Buch *Anti-Group* von M. Nitsun befasste, griffen meine beiden Gruppen auffällig oft das Thema Aggression und Destruktivität auf. Es wurde deutlich, dass manchem seit Längerem schon auf der Seele gelegen hatte, dass die Gruppe etwas »langweilig vor sich hin geplätschert« war, wie dies jemand nannte. Die Gruppe fand eine offenere und mutigere Weise, über die Themen Unzufriedenheit, Spannung und Aggression zu sprechen.

Man könnte dies nun vor allem als Einfluss einer Parentifizierung oder einer gefühlshaften Ansteckung ansehen. Dennoch denke ich, dass die Gruppe den veränderten Resonanzraum ihres Leiters auch in ihrem Sinne zu nutzen imstande ist. Negative Übertragungen im Sinne einer strengen, bewertenden Leitung und Ängste vor Bewertung wurden in dieser Zeit weniger, die offenbar für die Gruppe spürbare Bewegung im Leiter eröffnete auch jener neue Möglichkeiten. Dies verweist auch auf die Bedeutung der Authentizität und Responsabilität, wie dies auch die intersubjektivistischen Autoren für die Einzeltherapie formuliert haben (vgl. Orange et al., 2001).

Die Auswahl der einzelnen Gruppenteilnehmer, vor allem aber die »Besetzung« der Zusammensetzung einer Gruppe, die durch die Auswahl des Leiters zustande kommt, verweist natürlich zunächst ebenfalls auf möglicherweise unbewusste Einflussnahme desselben auf die zukünftigen Gruppenprozesse. Hier werden zukünftige Konfliktlinien mit vorbestimmt, dem Leiter allzu fremde soziale Hintergründe werden möglicherweise ausgeschlossen. Doch auch unbearbeitete Konflikte des Leiters könnten sich unfreiwillig durch die Dynamik der Gruppenteilnehmer und -teilnehmerinnen zur Darstellung bringen.

Bevor ich eine etwas ausführlichere Vignette eines Gruppenprozesses vorstellen möchte, will ich vorab auf den paradoxalen Charakter der Darstellung eingehen. Die Darstellung enthält drei Träume von Teilnehmenden, die ich gemäß der bekannten theoretischen Gruppenkonzeptionen als Träume der Gruppe über die Gruppe zu interpretieren versuche. Dass ich den ganzen Gruppenprozess und nicht nur die darin eventuell präsentierten Träume als Teil des unbewusst sich entfaltenden Gruppenselbst verstehen will, wird dadurch nicht konterkariert, sondern angereichert. Ironischerweise wurden bis zu dem Moment, als ich diesen Bericht verfasste habe, in meinen Gruppen nur gelegentlich Träume erzählt, auch weil ich damit nicht explizit arbeite oder danach nicht aktiv frage. Meine Beschäftigung mit dem Thema scheint den Teilnehmenden, wie weiter oben in anderem Zusammenhang bereits skizziert, aber nicht entgangen zu sein.

In ihrer Fremdheit und dem zunächst gegebenen Nichtverstehen verweisen die Träume vermutlich auf die dem Gruppenprozess zugrundeliegenden archetypisch konfigurierten Prozesse. Das Sich-Einlassen auf die Ebene der Träume zeigt, dass die Teilnehmenden soweit angstfrei sind, dass sie sich den darin enthaltenen ängstigenden und befremdenden Aspekten stellen können und wollen, sodass diese Teil des bewussteren sprachlichen Umgangs in der Gruppe werden können.

Die Vignette eines Gruppenprozesses

Die gegenseitige Durchdringung der Unbewussten in einer Gruppe und die Ausrichtung des Gruppenprozesses in dem Sinn, den ich hier als »die Gruppe träumt« bezeichnet habe, kann ein Beispiel verdeutlichen:

Gruppenszene

Ein 38-jähriger Teilnehmer (Herr K.) berichtet von einem Traum, der ihn überrascht und berührt habe: Er habe als Zeitreisender in seine frühere Kindheit reisen können. Diese Phase der Kindheit habe vor der depressiven Erkrankung der Mutter gelegen und sei glücklich gewesen. Die Familie habe auf dem Land gelebt. Er schildert dies in anschaulicher Weise, sodass der Eindruck entsteht, dass hier eine gewisse Geborgenheit und Sicherheit bestanden hat. In einer Szene des Traumes habe er sich selbst als Kind in Interaktion mit den anderen Familienmitgliedern durch ein Loch in der Decke beobachten können. Ihm sei dies alles sehr verwunderlich vorgekommen, er habe sich im Traum gefragt, wie das alles sein könne.

Für die Gruppe fühlt sich der Traum wie eine gute Erinnerung, eine Wunscherfüllung an. Außerdem kommt der Gedanke auf, dass wir hier ja auch zusammensitzen, um in die Vergangenheit zu schauen. Insofern ist der Traum des Patienten ein Traum über einen Teil des Gruppenprozesses, der Rückschau und Übertragungen miteinander verflicht und wieder auflöst.

Daraufhin beginnt ein junger Mann, Anfang Zwanzig (Herr I.), von der bereits seit einiger Zeit kriselnden Beziehung zu seiner Freundin zu sprechen: Er präsentiert sich müde von den erloschenen oder reduzierten Gefühlen, es gebe viel Streit und wenig Sexualität. Man bekommt das Gefühl, dass er selbst nun die Beziehung auflösen möchte, nachdem er zuvor in anderen Sitzungen über seine tiefsitzenden Verlustängste gesprochen hatte. Traurigkeit wird spürbar. Er wird in verschiedenster Weise gespiegelt: Es gibt Verständnis für seine schwierige Situation, er wird konfrontiert damit, dass er vielleicht doch noch vor dem Trennungsschritt »kneifen« könnte, es wird das junge Alter des Patienten genannt und dass man sich nicht ewig quälen solle, wenn eine Beziehung nicht funktioniere. Im Verlauf schildert er die deutlich depressiven Symptome seiner Freundin und es kommt der Verdacht auf, dass die Partnerwahl auch eine Wiederholung der Beziehung zur depressiven Mutter darstellen könnte. Auf die diesbezügliche Erwähnung des Leiters unterstützt ihn der erste Patient (Traum), der ebenfalls unter seiner depressiv erkrankten Mutter sehr hat leiden müssen mit freundlichen und ermutigenden Worten.

Nach einiger Zeit des regen Interesses und vielfältiger Assoziationen widmet sich die Gruppe der 50-jährigen Frau T. Sie sieht sich nach eigenen Worten gerade auf der entgegengesetzten Seite: Als Alleinstehende frage sie sich eher, wie sie mit ihrem Singledasein klarkommen solle. Daran entspinnt sich eine Diskussion über die Vorteile des Alleinlebens und der Unabhängigkeit. Die Patientin betont, dass sie es in der letzten Sitzung geärgert habe, von einer heute entschuldigten hochschwangeren Mitteilnehmerin »vereinnahmt« worden zu sein. Diese habe dem Gruppenjüngsten, jenem jungen Mann in Beziehungsnöten, versichert, dass er hier über alles reden könne und dass es das Beste sei, was er tun könne. Dies habe auf die Patientin übertrieben optimistisch gewirkt und daher unpassend. Auch sei ihr die Formulierung »wir« aufgestoßen. Einige in der Gruppe haben das anders verstanden und gehört und teilen die Wahrnehmung nicht. Es wird deutlich, wie schnell die Patientin meint, sich verteidigen zu müssen, was sicherlich auch mit ihren ambivalenten Gefühlen partnerschaftlichen Beziehungen gegenüber in Zusammenhang steht.

Schließlich kommt relativ plötzlich die Idee auf, dass man sich auch gleichgeschlechtliche Partner suchen könne (Anima-Animus-Thematik, Aspekt der Selbstliebe). Die Patientin berichtet spontan, dass sie sogar schon entsprechend angesprochen worden sei. Auch zwei andere jüngere Teilnehmerinnen sind interessiert und das Gespräch über die ritualisierten und gesellschaftlich akzeptierten Formen der Partnerwahl beginnt, muss aber aufgrund der fortgeschrittenen Zeit abgebrochen werden.

Deutung

Zunächst scheint es für die Gruppe um die Selbstbeziehung zu gehen. Das Jetzt wird der Vergangenheit gegenübergestellt und mit dieser in Verbindung gebracht, was Verwunderung und Neugier auslöst. Die als gut und konstruktiv internalisierten Anteile einer »glücklichen Kindheit« werden als Ressource sichtbar, jedoch wird eine direkte Kontaktaufnahme im geschilderten Traum nicht möglich. Auf konkrete Weise wird die Thematik in der Ambivalenz von Herrn I. deutlich, der sowohl positive wie kritische Aspekte seiner Partnerbeziehung abwägt, um zu Entscheidungen zu kommen. Es wird klarer, dass die ihn belastenden Aspekte der Beziehung seine früheren Deprivationserfahrungen mit der Mutter zu triggern scheinen. Hier scheinen sowohl Wiederholungszwang wie Reparationsversuch auf.

Dies führt die Gruppe zu der weiterführenden Frage, was von einer Partnerbeziehung (und auch der Gruppe!?) vernünftigerweise erwartet werden kann.

Sollte man nicht vielmehr lieber selbst erst einmal glücklich mit sich sein können? Hier setzt sich die Suche nach verlorenen eigenen Seelenanteilen in Szene. Wie also beeinflusst die Beziehung zu mir selbst die Begegnung mit dem Anderen? Die Gruppe spiegelt das Für und Wider, die Hoffnung und die Hoffnungslosigkeit und lässt die Entscheidung über eine Trennung beim Erzähler. Dieser, so zeigt sich später, fühlt sich damit offenbar in seiner Autonomie bestärkt. Die Hypothek der depressiv erkrankten Mutter, die beide Männer verbindet, stellt die Frage, wie Beziehung unter diesen Vorzeichen neu gelebt werden kann, wie sie gelingen kann. Insofern ist die Frage auch eine allgemeine, die sich die Gruppe selbst dahingehend stellt, inwiefern sie hilfreich sein kann und etwa korrektive Beziehungserfahrungen und deren Transfer ermöglicht.

Der Traum von Herrn K. stellt damit auch die Frage, inwiefern auf dem Grund des Gruppenunbewussten solche Beziehungserfahrungen existieren, die es leichter machen, weiter und glücklicher zu leben.

Die obige Stunde wurde durch zwei weitere Traumerzählungen in der Gruppe davor und danach »gerahmt«:

In der Sitzung vor der oben skizzierten Doppelstunde träumte Herr I. zu seinem Erschrecken und zu seiner Verwirrung davon, seine Freundin, mit der er derzeit Trennungsgespräche führe, auf recht brutale Weise zu töten. Für mich ging es um die Frage, wie gut Realität und Vorstellung getrennt werden können. Was kann gewünscht werden (auch symbolisch wie der Tod der Beziehung durch eine Trennung) und was geschieht möglicherweise tatsächlich, sodass Angst entsteht? Es war erstaunlich, dass Herr I. nach einigen recht neugierigen Fragen Zeichen der Beruhigung zeigte.

In der Sitzung nach der oben zuerst berichteten Doppelstunde wiederum träumte Frau T., dass sie sich in einer Art Schule befunden hat, wo die Tische alle recht weit voneinander entfernt gestanden hätten. Sie hätte sich über eine Freundin geärgert, die ihr neun Euro geschuldet habe, diese habe ihr nur vier Euro zurückgeben wollen. Die Gesamtzahl der Gruppenteilnehmer und -teilnehmerinnen zu diesem Zeitpunkt war neun, die Frauen in der Gruppe waren zu viert. Die Patientin befand sich zu diesem Zeitpunkt etwa ein dreiviertel Jahr vor ihrem Abschied aus der Gruppe (das Kontingent lief aus). Sie schien sich intensiv mit der Frage zu beschäftigen, was sie aus der Gruppe mitnehmen würde und ob der Handel ihr gerecht erschien. Man spürte ihren sonst sehr gebremsten Ärger, dass sie sich zu kurz gekommen fühlte, was auch mit ihrer weiblichen Identität in Zusammenhang zu stehen schien.

Die dahinterstehende archetypische Konstellation ist die Frage nach dem Gleichgewicht zwischen (der Fähigkeit zur) Abhängigkeit und (dem Wunsch nach) Autonomie. Wie kann ich mich in Beziehungen, also auch in der Gruppe, einerseits einlassen und so etwas erhalten, mich andererseits aber auch abgrenzen bis hin zur Trennung? Die ganze Bandbreite dieser Dynamik spiegelt sich in diesem Gruppenprozess und verweist auf die Tiefe und Breite des unbewussten Gruppengeschehens.

Die Entfaltung des gemeinsamen Unbewussten

a) Der/die Neue in der Gruppe
Ausgehend von der Annahme Foulkes', dass das soziale Unbewusste in einer Gruppe jederzeit aktiv ist und die Gruppenprozesse beeinflusst, können wir fragen, wie das im Einzelnen vor sich geht. Am besten lässt sich dieser Frage m. E. nachgehen, wenn wir die Ausgangssituation der Aufnahme eines neuen Mitglieds in eine Gruppe betrachten. Durch diese Veränderung wird die Gruppe und damit deren soziales Unbewusstes auf die Probe gestellt und einer Veränderung unterworfen (vgl. Münch, 2016). Es lässt sich ein Abgleichungsvorgang beobachten, der etwa so beschrieben werden kann, dass die bisherigen Gruppenteilnehmer ihren bislang erreichten Fortschritt in der Interaktion und bezüglich der Bewusstmachung unbewusster Abläufe vorübergehend suspendieren, um den inneren Entwicklungsstand des/der Neueintreffenden zu eruieren. An dieser Stelle ist oft auch dem Leiter in der Gegenübertragung spürbar, ob der/die Neue von der Gruppe eher freudig oder eher skeptisch aufgenommen wird. Meiner Erfahrung nach weckt die Aufnahme eines sehr gruppenskeptischen, wenig strukturierten Patienten eher Ablehnung, da die Gruppe ahnt, dass hier schwierige Arbeit auf sie wartet. Die teilweise Anpassung an das psychische Funktionsniveau des dann »schwächsten« Gruppenmitglieds erfordert Reife und Geduld, kann auch das oft vor einer Gruppenteilnahme zu hörende Vorurteil, dass Gruppen vor allem anstrengend sind, da man dort anderen zuhören und diese ertragen müsse, wiederbeleben. Hier gibt es für den Leiter oft heftige Spannungen auszutarieren, indem er hält, kommentiert oder deutet, die bisherigen Gruppenteilnehmer etwa an die eigene Anfangsphase in der Gruppe erinnert, ohne dies explizit an Beispielen konkreter Einzelner ansprechen zu müssen.

Dem/der Neuen wird also anfangs meist nicht der aktuelle Entwicklungsstand der Gruppe »zugemutet«, sondern die Gruppe verhält sich oft abstinent in dieser Hinsicht. Unterstützende und Mut machende Äußerungen sind häufig. Damit versucht die Gruppe auch der Angst und der potenziellen Überforderung des/

der Neuen, aber auch der eigenen Überforderung wie in einer Autosuggestion zu begegnen. Erst nach einiger Zeit, wenn sich die Gruppe wieder mit anderen ihrer Mitglieder bzw. mit sich selbst als Gruppe befasst, tritt sie parallel auch in einen Abgrenzungsprozess, indem sie so sichtbarer und spürbarer für den/die Neue wird. Diesem/dieser wird dadurch zugemutet, sich mit der realen aktuellen Gruppendynamik zu befassen.

In diesem Angleichungs-, Abgrenzungs- und Neuformierungsprozess werden implizit auch all jene Aspekte des sozialen Unbewussten abgeglichen, die die gegenwärtigen sozialen Fertigkeiten, die Komplexlagen, die Prägungen durch die soziale Herkunft abbilden. Die Gruppe versucht, ein möglichst umfassendes Bild des oder der Neuen zu erhalten, damit sich ein jetzt notwendigerweise neues unbewusstes Gruppenselbst formieren kann, das auch das Unbewusste des/der Neuen in sich enthält. Sind die Inhalte des Unbewussten des Einzelnen der Gruppe zu fremd, zu fern, dann besteht die Gefahr der Sündenbockbildung, indem abgewehrte Aspekte der bisherigen Gruppenteilnehmer auf den/die Neue/n projiziert werden. Umgekehrt besteht natürlich genau dadurch auch die Chance der Integration bislang nicht aktualisierter unbewusster Anteile. Es kommt sehr auf den Inhalt, das Ausmaß und die aktuelle Kontextsituation an.

b) In länger andauernden Gruppenprozesses (also etwa in ambulanten Slow-Open-Gruppen) lässt sich beobachten, dass die Teilnehmer nach einer jeweiligen Verunsicherungs- (wie unter a) beschriebene) und nachfolgenden Stabilisierungsphase ständig versuchen, Gemeinsamkeiten in unbewussten Themen herzustellen, diese zu konstellieren. Dabei geht es zum einen natürlich um Übertragungsprozesse untereinander, auf die Gruppe selbst oder auf den Leiter, zum anderen aber, und darum geht es mir hier vornehmlich, wird ein gemeinsam gangbarer Entwicklungsweg gesucht. Unbewusst, so könnte man annehmen, sucht das Gruppenselbst nach Konfliktlagen, nach Themen und Komplexen, die möglichst vielen, auch aus unterschiedlichen Perspektiven, gemein sind und die teilbar und damit potenziell mitteilbar sind. Das käme einer Selbsterhaltungstendenz der Gruppe nahe, die den gleichzeitig auch immer vorhandenen Destruktions- und Auflösungstendenzen der Anti-Group-Kräfte (vgl. Nitsun, 2015) entgegenstehen.
Wenn also in der skizzierten Gruppensitzung anfangs die Frage danach gestellt wird, wie Kontakt zu den Ressourcen der Kindheit, zu den gesunden Anteilen der Persönlichkeit, der persönlichen Biografie aufgenommen werden kann, dann beantworten dies andere mit ihren Erzählungen von der Notwendigkeit von Trennung oder auch von der Fähigkeit, allein und ohne Partner das Leben zu meistern:

In den konkreten Antworten findet sich eine symbolische Darstellung des Individuationsweges.

Schließlich landet die Gruppe bei der Erkenntnis, dass Beziehungen immer auch gestaltet werden können und nicht mehr, wie die traumatisierenden Erlebnisse etwa mit der Depressivität der Mütter beider Hauptakteure (Herr K., Herr I.), erlitten und ausgehalten werden müssen. Dass zum Gelingen dabei eine gesunde, spannungstolerante und wohlwollende Beziehung zu sich selbst maßgebend ist, wird in dem Bild der Befreiung von gesellschaftlichen Stereotypen heteronormer Partnerschaften deutlich: Auch Menschen des eigenen Geschlechts, also man selbst, können (und man möchte sagen: sollten) Objekt der Liebe werden.

Auch für eine Gruppe selbst wird in längeren Zeiträumen erfahrbarer, wie stark die Gruppenprozesse, die Fokussierung auf bestimmte Inhalte, die Tiefe und Reziprozität der Kommunikation jeweils stark schwanken können, je nachdem, welche Teilnehmerinnen und Teilnehmer das Geschehen prägen, wie die Gruppe also jeweils zusammengesetzt ist.

Die berichtete Gruppe hatte sich erst langsam dem erwachseneren Thema Sexualität zugewandt, wobei eine Teilnehmerin eine dahingehend provozierende Rolle eingenommen hatte. Nach deren Weggang war das Thema jedoch weiter virulent. Zuvor ging es lange um die Auseinandersetzung mit den parentifizierten Anteilen, also implizit um die depressive, bedürftige Mutter und um den entsprechend großen kompensatorischen Wunsch, der Vater möge präsenter sein. Dies drückte sich bei einigen Teilnehmerinnen in einer starken, wiederholt frustrierten Suche nach Partnern aus, bevor diese für sich genügend Vertrauen in ihre selbstregulatorischen und selbstwertspendenden Fähigkeiten gewannen. Die Gruppe selbst wurde weniger ängstigend erlebt und nahm eher die Rolle einer »Umweltmutter« ein, mit der man Bedürfnisse aushandeln konnte, in der man einen Platz, eine Sichtbarkeit hatte und die ihren projizierten Forderungscharakter der Anfangszeit langsam verlor. Damit löste sich viel Spannung und ein offeneres Sprechen wurde möglich.

Ich habe diese verschiedenen Facetten der Auseinandersetzung mit den inneren Mutterbildern für die Beschreibung des Gruppenprozesses ausgewählt, da sie mir exemplarisch erscheinen für das, was im Unbewussten der Teilnehmer gleichzeitig, dennoch auf je unterschiedliche Weise allein durch die Teilnahme an der Gruppe aktiviert wird. Nach Asper (1990) besteht somit in Gruppen die Chance, dass die »apersonale Bezogenheitskonstellation der Urbeziehung« in angemessener Weise korrigierend wirksam werden (kann).

Die Gruppe träumt

Die Fähigkeiten einer Gruppe »zu träumen«, also in einen Gruppenprozess hineinzuwachsen, in dem vermehrt unbewusste Prozesse lebendig werden, teilweise gespürt, teilweise verbalisiert, besser verstanden werden können, können begünstigt werden. Wird eine Gruppe in einem lebendigen Prozess der gegenseitigen Erforschung und Anerkennung von Beziehungen, Konflikten, Gefühlen gehalten, und dies betrifft sowohl positiv wie negativ konnotierte Themen, dann kann am besten das Unbewusste der Gruppe konstruktiv genutzt werden. Ist dieser Fluss an lebendigen Prozessen gegeben, wird die Gruppe im Sinne von Symington (1999) zu einem »Lebensspender«. Die Teilnehmer*innen lernen sich so untereinander, aber vor allem selbst immer mehr in ihnen zuvor unbekannten Aspekten kennen.

Die Sichtweise auf den Gruppenprozess, den ich hier als »die Gruppe träumt« beschreibe, könnte auch als Rêverie im Sinne Bions verstanden werden, als Rêverie aller über alle, inklusive des Leiters, die durch die Äußerungen und auch Nicht-Äußerungen der jeweils anderen angestoßen und auch unbewusst thematisch getriggert wird.

In welche Richtung sich ein Gruppenprozess entwickelt, ist von sehr vielen Faktoren abhängig und kann kaum je vorhersehbar sein. Über die bekannten Phasen der Gruppenkonsolidierung und möglichen krisenhaften Entwicklungen hinaus ist sie nicht erst seit den einschneidenden, Setting verändernden Einflüssen der Corona-Pandemie auch gesellschaftlichen und Zeitgeisteinflüssen ausgeliefert. In einer Gruppe geht es sehr darum, wie die Einzelnen ihre Position in ihr definieren. Mit dem fortschreitenden Prozess verändert sich dann im günstigen Fall auch deren Position in den äußeren Beziehungen, also auch in Bezug auf die Gesellschaft. Die für viele Gruppenteilnehmer mehr oder weniger schwierige Situation der Marginalisierung aufgrund ihrer psychischen Problematik wird in einer Gruppe durch das Erlebnis der Gemeinschaft ein Stück weit relativiert. Dennoch werden Stigmatisierung und Ausgrenzung aufgrund besonderer emotionaler Empfänglichkeit und vor dem Hintergrund früher Traumatisierungen besonders schmerzhaft und ungerecht empfunden. Die gesellschaftliche Abwehr psychischer Schwäche schlägt sich dann oft im Selbstgefühl nieder, versagt zu haben. Scham wird erzeugt und durch die gesellschaftlichen Ansprüche und Standards, die mithin auch Abwehrstrukturen darstellen, perpetuiert.

Orange (2017) beschreibt anschaulich die engen Zusammenhänge zwischen persönlicher und gesellschaftlich erzeugter Scham. Sie zeigt, wie ein System, das Leistung und Kompetition in den Vordergrund stellt, den Umgang mit persönlichen Belastungen eher erschwert als erleichtert. In Gruppenkontexten tauchen auch immer wieder Klagen auf über die Bedingungen dieser Kontexte. Das Leid des Einzelnen kann daher schwerlich allein auf biografische Erlebnisse zurückgeführt werden. Teilnehmer erkennen beispielsweise, in welcher Form auch ihre Eltern bzw. Großeltern oder andere Bezugspersonen unter zeitgeschichtlichen kollektiven Ereignissen haben leiden müssen. Die Erkenntnis, dass weder sie selbst noch irgendjemand anderes im Leben allein seines Glückes Schmied ist, sondern das alle immer auch den geschichtlichen Entwicklungen der Großgruppe, Nation etc. ausgeliefert sind, schafft hingegen meist mehr Verständnis füreinander und für sich selbst als soziales Wesen. Wesentlich dabei ist, dass diese Erfahrung mit anderen geteilt werden kann. Es entsteht durch diese geteilte Akzeptanz des Unveränderbaren und Vergangenen auch ein neuer Zusammenhalt zwischen den Teilnehmern. Die Herkunft aus einer Gruppe findet zu ihrer Gegenwart und Zukunft im Kontext einer neuen Gruppe.

Ich möchte behaupten, dass diese Prozesse vor allem auf der Ebene des sozialen Unbewussten stattfinden. Die verbindende Einsicht in die unbewusste Verbundenheit besteht in dieser Perspektive auf der Wahrnehmung eines gemeinsamen sozialen Unbewussten. Dieses hat damit sowohl maßgeblich Auswirkung auf die neurotischen Entwicklungen, gleichzeitig besteht genau über diese innere Verbindung die Chance eines veränderten Erlebens.

Das Soziale ist dadurch ein grundlegender Wirkfaktor der Unternehmung Gruppentherapie, dass es nicht allein durch die manifesten Interaktionen in der Gruppe beschreibbar ist, sondern seine Grundlegung in der sozialen Verfasstheit der Unbewussten hat.

Interessant in diesem Zusammenhang ist, dass die Bedeutung der Gruppe für den Einzelnen auch auf der eigenen inneren gruppalen Verfasstheit fußt (vgl. Kaes, 2009). Die Seele selbst ist gruppal verfasst, der Einzelne ohne die Gruppen, aus denen er stammt und in denen er lebt, nicht beschreibbar. Das Erleben, dass andere meine Situation aufgrund ihrer eigenen, anderen Geschichte teilen können, dass meine innere Situation keine isolierte ist, sondern geteilt werden kann, schafft Verbundenheit. Nicht nur auf der konkreten, verbalen Ebene, auf der eine Bestätigung möglich wird, sondern auf einer viel basaleren, präverbalen Ebene.

Das Gruppenselbst also als die Summe der positiven, aber auch der negativ-regressiven Potenziale der sozialen Unbewussten der Teilnehmer und des Leiters steuert den Prozess, den eine Gruppe gemeinsam zu gehen in der Lage ist. Wie dieser Prozess manifest wird, hängt von der Art der Verknüpfung der »latenten Traumgedanken« dahinter ab.

Neben der hier vorgestellten Chance, die eine solchermaßen jungianisch inspirierte Sichtweise auf ein Gruppengeschehen haben kann, gibt es natürlich Gefahren. Sie bestehen meist darin, dass sich eine Gruppe sehr auf einen der archetypisch angelegten Punkte der Polaritäten etwa von Gut und Böse, von Gemeinsam oder Getrennt zurückzieht. Wie Nitsun (2015) anschaulich beschreibt, geht es im Gegensatz dazu darum, eine oszillierende Bewegung zwischen diesen Entwicklungen der Selbstidealisierung der Gruppe und dem Überhandnehmen destruktiver Prozesse aufrechtzuerhalten – im jungschen Sinne gesprochen: Es geht für alle darum, Gegensatzspannung auszuhalten. Jung (1995) dazu:

»Durch das Bewusstmachen und Erleben der Phantasien werden die unbewussten und minderwertigen Funktionen dem Bewusstsein assimiliert: ein Vorgang, der natürlich nicht ohne tiefgehende Wirkung auf die Einstellung des Bewusstseins verläuft.« (GW 7, §359).

Die politische Dimension von Gruppenanalyse und Gruppenpsychotherapie

Meine Gedanken sollten dazu anregen, als Leiter*in das Gruppengeschehen mit einer Haltung zu verfolgen, die der gleichschwebenden Aufmerksamkeit Freuds nahekommt. Freud (1999, S. 378) riet dazu, »[m]an halte bewusste Einwirkungen von seiner Merkfähigkeit ferne und überlasse sich völlig seinem ›unbewussten Gedächtnisse‹«

Das manifeste Geschehen in der Gruppe mit dieser Art von Aufmerksamkeit zu verfolgen, kann helfen, die vielen verschiedenen Stränge der Gruppenentwicklung und deren Themen besser in den Fokus zu bekommen, aber gleichzeitig nicht zu schnell durch überhöhte Selbstansprüche erschöpft zu werden. Dabei gilt es zu verstehen, dass die soziale Herkunft und die kulturellen Kontexte der Gruppenteilnehmer*innen eine wesentliche »Zutat« für das darstellen, was den je spezifischen Gruppenprozess ausmacht. Gruppenprozesse sind ähnlich individuellen Prozessen trotz diagnostischer Konvergenzen der Teilnehmenden sehr individualisiert. Das, was die Unbewussten der Teilnehmer*innen und der Leiter*in zusammen möglich machen, entscheidet über die Inhalte, aber auch über den Prozess und das, was zu je gegebener Gruppenphase in einer Gruppe an psychischer Entwicklung und Veränderung in den psychischen Positionen möglich ist.

Gerade vor dem Hintergrund einer größer werdenden Sensibilität für gesellschaftliche Missstände und systemimmanente Ungerechtigkeiten im Sinne von Rassismus, Sexismus und den Folgen des Klimawandels und der Notwendigkeit solidarischer und gemeinnütziger Aktivität stellen Gruppentherapien und deren erfolgreicher Einbezug ins Versorgungssystem einen wichtigen Baustein dar, ist doch der Mensch ein soziales Wesen, ein Gruppenwesen.

Das Augenmerk auf die sich in den Biografien spiegelnden gesellschaftlichen Bruchlinien kann helfen, unbewusste Scham- und Neidthematiken in Gruppenprozessen deutlicher werden zu lassen (vgl. Orange, 2017). Zudem stellen erfolgreiche Gruppenprozesse damit ein Vorbild für gelungene Prozesse von gesellschaftlicher Teilhabe und den positiven Einfluss der Soziität auf diese selbst dar. Interessant in diesem Zusammenhang ist auch die Beobachtung, dass die Aufmerksamkeit für die Folgen der »white supremacy«, für die Ungerechtigkeitsstrukturen der Welt in dem Moment im zivilen Diskurs ansprechbarer werden, als die früher kolonial unterworfenen Völkern als weniger emanzipiert attestierte gruppalere Identität im Sinne eines größeren Wir-Erlebens auch in unseren kulturellen Kontexten akzeptabler und reflektierbar erscheint. Ein zufälliges Zusammentreffen?

Kleingruppen, die nicht in die negative Spirale von regressiven Prozessen im Sinne von Bions Grundannahmengruppen (z. B. Bion, 2018) geraten, können als Erfahrungsraum für emotionale und kognitive Resonanzerfahrungen (vgl. Rosa, 2016) angesehen werden. Voraussetzung dafür wäre die Ermöglichung eines Transformationsprozesses, der auch ein Augenmerk auf die potenziell destruktiven Kräfte in Gruppen hat. Nitsun (2015) hat das eindrücklich bereits vor über zwei Jahrzehnten beschrieben. Verantwortung für das eigene Unbewusste, das eigene gelebte Leben schließt letztlich die Verantwortung für den Mitmenschen und die natürliche Umwelt mit ein. Die Auflösung von entsprechenden auch strukturell in der Gesellschaft verankerten Abwehrformationen geschieht am ehesten im Kontext der Begegnung unterschiedlicher Menschen unterschiedlicher sozialer Herkunft. Gruppenpsychotherapien und Gruppenanalysen bieten somit immer immanent, allein durch ihr Setting, die Möglichkeiten eines zumindest vorbewussten, immer aber reflektierten Umgangs mit den daraus resultierenden Spannungen an.

Volker Münch

Zusammenfassung

Mir ging es in dieser Übersicht darum, zu untersuchen, ob wir das sichtbare Gruppengeschehen probeweise und immer wieder als Ausdruck eines traumgleich strukturierten Gruppenselbst betrachten können. Dies könnte dazu beitragen, weniger schnell in diese Prozesse eingreifen zu müssen, mehr Vertrauen auf die Wirkkräfte des sozialen Unbewussten zu gewinnen und damit den Gruppenprozess insgesamt zu erleichtern und zu befördern. Wenn der Gruppenleiter diese Fantasie teilt, dann können sich auch die Teilnehmenden leichter der Gruppe anvertrauen und ihren je persönlichen Anteil am Gruppenselbst sichtbar werden lassen. Die analytische Psychologie bietet mit ihrem subjektstufigen Verständnis des Traumes und der Theorie der Komplexe und Archetypen einen reichen Schatz an Modellen, die die beobachtbaren Vorgänge auch in Gruppen gut beschreiben können. Das Geschenk, das jeder erhält, der eine Gruppe anbietet, ist die Erfahrung, dass eine Gruppe ein je spezifisches und doch wandelbares soziales Unbewusstes in ihrem Gruppenselbst verkörpert, das die Gruppenteilnehmer*innen trägt, inspiriert und auch herausfordert, da ihm selbst eine Entwicklungstendenz inne ist. Der Weg, den ein Gruppenprozess nimmt, den eine Gruppe einschlägt, ist, das sollte deutlich geworden sein, immer durch das komplexe Zusammen- und Durchwirken des im Gruppenselbst symbolisierten sozialen Unbewussten zustande gekommen. Die dort abgelagerten biografischen Erfahrungen, auch transgenerationaler Natur, die Hierarchien und Normierungen des Miteinanders, wie sie nicht nur die Einzelpsyche, sondern immer auch den geteilten psychischen Raum von Menschen prägen, können in einer Gruppe durch den Prozess des Wiedererkennens im Anderen zu einer Verlebendigung und Bereicherung des Einzelnen führen. Dieser kann dann nicht mehr lediglich als Monade, sondern als ein Teil von anderen und anderem gedacht werden.

Auch die Träume des Einzelnen beschreiben im Übrigen seine psychische Position zu und mit anderen. Der Andere ist immer schon im Unbewussten des Einzelnen enthalten, daher auch funktionieren Gruppen in so nachhaltiger Weise. Zum Guten, aber eben zuweilen auch zum Schlechten. Eine Gruppe bietet vielfältige Optionen, mich selbst im und durch den Anderen zu sehen. So kann der Traum des Anderen und der Traum, den die Gruppe von sich selbst träumt, in dem sie sich einen Entwicklungsweg sucht, Anregung sein und Chance. Zu sehen, wer ich bin, heißt immer auch, zu erkennen, wer ich nicht bin. Erst wenn diese Grundvoraussetzung der Subjekt-Objekt-Trennung hinreichend erfüllt ist, wenn also strukturelle Voraussetzungen erfüllt sind, kann ich dies in mir erlebbar machen. In dieser

Hinsicht kann es sein, dass die unbewusste Verfasstheit von Gruppen und deren mir zunächst verborgene Agenda auch große Ängste auszulösen imstande ist, was eine Kontraindikation für eine Gruppenteilnahme, jedenfalls zum gegebenen Zeitpunkt, darstellen kann.

Das durch den Gruppenprozess Ermöglichte steht immer im Gegensatz zur Tatsache, dass keiner der Teilnehmer*innen die Gruppe ist oder repräsentiert. Die Gruppe ist wie das Unbewusste selbst: immer nicht direkt greifbar, flüchtig, widersprüchlich. Mit dem Erleben und der Akzeptanz dieser Ambiguität im Gruppenprozess, auch angesichts des großen unerklärlichen »Restes« bei der nachträglichen Nachzeichnung des »Reiseweges«, gerät aber gerade diese zum Lehrmeister für das, was das Leben sowohl ausmacht wie auch lebenswert macht. Teilnehmer*innen von Gruppen zeigen sich oft dankbar dafür, dass sie sowohl ein verbessertes Gefühl für sich selbst als auch ein verstärktes Bewusstsein für die Mannigfaltigkeit des Lebens außerhalb ihres Einflussbereichs (und damit auch gegenüber ihrem eigenen unbewussten Leben) erreichen konnten. Auch Dankbarkeit und Zuneigung können so entstehen (vgl. Stuck, 2016).

Wir beschreiben das auch als einen Teil der psychischen Entwicklung im Sinne von Integration. Erst durch die Erfahrung der Multiperspektivität in einer Gruppe ist die innere Differenzierung möglich, die Teilnehmer*innen entdecken ihre »innere Gruppalität« (Kaes, 2009; zit. n. Braun, 2012).

Erst dadurch aber wird Teilhabe *und* bedeutsame Entwicklung des Einzelnen denkbar und erlebbar. Es ist erfreulich, dass die Gruppenanalyse derzeit wieder im Aufwind zu sein scheint und auch vermehrt jungianisch inspirierte Ansätze in die theoretischen Konzeptionen einfließen.

Wer Gruppen in dieser Weise als Projektionsraum für das persönliche, soziale und kollektiv-archetypische Unbewusste begreift, den könnte auch Jungs Ansicht interessieren, der bereits 1946 formulierte:

»Wer es also nicht vorzieht, von seinen eigenen Illusionen zum Narren gehalten zu werden, wird […] langsam erkennen, dass wir in tausend Verkleidungen uns selber auf dem Pfad des Lebens immer wieder begegnen – eine Wahrheit, die allerdings nur dem frommt, der temperamentmäßig von der individuellen und irreduktiblen Wirklichkeit des Mitmenschen überzeugt ist.« (Jung, 1995, § 534).

Auch dies ist eine Aussage, wie ich finde, die sehr für den Gruppengedanken spricht.

Literatur

Asper, K. (1990): *Verlassenheit und Selbstentfremdung.* München: dtv.
Bion, W.R. (2018): *Erfahrungen in Gruppen und andere Schriften.* Stuttgart: Klett-Cotta.
Braun, C. (2012): Gruppenselbst und Gruppenmatrix. *Analytische Psychologie*, 170(4), 472–486.
Dalal, F. (1998): *Taking the group serioulsy.* London: Jessica Kingsley Publishers.
Dorst, B. (2016): Der Archetyp der Gruppe. In: M. Schimkus & U. Stuck, U. (Hrsg.) (2016): *Selbst, Ich und Wir. Theorie und Praxis der analytischen Gruppenpsychotherapie* (S. 41–63). Frankfurt a. M.: Brandes & Apsel.
Ferro, A. (2009): *Psychoanalyse als Erzählkunst und Therapieform.* Gießen: Psychosozial.
Foulkes, S.H. (2007): *Praxis der gruppenanalytischen Psychotherapie.* Eschborn: Dietmar Klotz.
Foulkes, S.H. (1964): *Therapeutic Group Analysis.* London: George Allen & Unwin.
Jaenicke, Chr. (2010): *Veränderung in der Psychoanalyse.* Stuttgart: Klett-Cotta.
Jaenicke, Chr. (2014): *Die Suche nach Bezogenheit.* Frankfurt a.M.: Brandes & Apsel.
Freud, S. (1999a): *Gesammelte Werke II/III.* Frankfurt a.M.: Fischer.
Freud, S. (1999b): *Gesammelte Werke VIII.* Frankfurt a.M.: Fischer.
Hillman, J. (1975): *Re-Visioning Psychology.* New York: Harper & Row.
Jung, C.G. (1989): *Briefe II.* Olten/Freiburg: Walter, 3. Aufl.
Jung, C.G. (1995): *Gesammelte Werke 16.* Düsseldorf: Patmos/Walter.
Jung, C.G. (1995): *Gesammelte Werke 7.* Düsseldorf: Patmos/Walter.
Kaes, R. (2009): Innere Gruppen und psychische Gruppalität. *Psyche*, 63(2), 281–305.
Münch, V. (2016). Der narzisstische Patient in der Gruppe. In: M. Schimkus & U. Stuck, U. (Hrsg.) (2016): *Selbst, Ich und Wir. Theorie und Praxis der analytischen Gruppenpsychotherapie* (S. 198–217). Frankfurt a.M.: Brandes & Apsel.
Nitsun, M. (2015): *The Anti-Group.* East Sussex: Routledge.
Noack, A. (2010): Social Dreaming: competition or complementation to individual dreaming? *Journal of Analytical Psychology*, 55, 672–690.
Orange, D.M., Atwood, G. & Stolorow, W. (2001): *Intersubjektivität in der Psychoanalyse. Kontextualismus in der psychoanalytischen Praxis.* Frankfurt a.M.: Brandes & Apsel.
Orange, D.M. (2017): *Climate Crisis, Psychoanalysis and Radical Ethics.* New York: Routledge.
Rosa, H. (2016): *Resonanz.* Berlin: Suhrkamp.
Schimkus, M. & Stuck, U. (Hrsg.) (2016): *Selbst, Ich und Wir. Theorie und Praxis der analytischen Gruppenpsychotherapie.* Frankfurt a.M.: Brandes & Apsel.
Stuck, U. (2016): Plädoyer für den Gruppengedanken in der Analytischen Psychologie. In: M. Schimkus & U. Stuck, U. (Hrsg.) (2016): *Selbst, Ich und Wir. Theorie und Praxis der analytischen Gruppenpsychotherapie* (S. 64–81). Frankfurt a.M.: Brandes & Apsel.
Symington, N. (1999):*Narzissmus.* Gießen: Psychosozial.

Konstantin Rößler

Aktive Imagination in der Gruppe
Konzeption und Erfahrungen aus der Praxis

Abstract

Die Aktive Imagination ist eine genuine Schöpfung der Analytischen Psychologie. Sie greift neben den individuellen Wurzeln in C.G. Jungs Biografie auf eine lange kollektive Tradition zurück und beruht auf der grundlegenden menschlichen Fähigkeit zur Imagination. Als spezifische Form des Umgangs mit Gestaltungen des Unbewussten hat sie ihren festen Platz im Einzelsetting der Analytischen Psychologie. Im Folgenden wird eine Erweiterung des ursprünglichen Konzept auf die Arbeit in der Gruppe vorgestellt, die sich über viele Jahre bewährt hat. Auf eine Beschreibung des theoretischen Hintergrunds folgt eine Darstellung der praktischen Erfahrungen und der spezifischen Fragestellungen, die sich aus dieser Arbeit ergeben.

Die Basis der Aktiven Imagination
Imagination

Was ist unter dem Begriff Imagination zu verstehen und wie lässt er sich abgrenzen von anderen Phänomenen, die innerhalb des Spektrums bildhafter Gestaltungen der wachen Psyche auftreten, wie Visionen, Halluzinationen, Ekstase, Tagträumen, Fantasien und Trancezustände? Vogel definiert: »Imagination ist das absichtsvolle Hervorbringen unbestimmter innerer Bilder (inklusive anderer Sinnesmodalitäten) mit Zugang zu symbolhaltigen Tiefenschichten der Seele« (Dorst & Vogel, 2014, S. 18). Charakteristisch für die Unterscheidung zu anderen bildhaften Gestaltungen ist hier das *absichtsvolle Hervorbingen*. Zugleich wird die Absicht in Kontrast zur Unbestimmtheit der inneren Bilder gestellt. Diese paradoxe Spannung aus *Absicht* und *Unbestimmtheit* ist das entscheidende Merkmal, das die Dynamik auch der Aktiven Imagination beschreibt.

Innerhalb der Analytischen Psychologie hat sich insbesondere Verena Kast mit Imaginationen als Zugang zu unbewussten und affektiven Dimensionen der Psyche auseinandergesetzt und diese populär gemacht. Die Aufforderung zu imaginativen Übungen sowohl in schriftlichen Veröffentlichungen als auch in Vorträgen werden hier gezielt eingesetzt, um die bewusste und oft rational geprägte Ebene von Wahrnehmung, Verarbeitung und Reflexion zu ergänzen. Sie beschreibt Imagination als den »Raum der Freiheit und der Möglichkeiten« (Kast, 2012, S. 11). Dieser wird verstanden als »der Raum der Erinnerung […] aber auch – und das in erster Linie – der Raum der aktuell in die Gegenwart hereingeholten Zukunft« (Kast, 2012, S. 11), in dem sich »die Seele mit ihren Wünschen, ihren Ängsten, ihren Sehnsüchten und ihren schöpferischen Möglichkeiten« (Kast, 2012, S. 11) abbilde. Zugleich ist die Imagination aber auch der Zugang zum »Fremden« in unserer eigenen Psyche und ein Weg mit diesen noch unbekannten Anteilen, die ein hohes schöpferisches und erneuerndes Potenzial besitzen, in Kontakt zu treten, sie kennenzulernen und ihnen einen Platz in der bewussten Dimension zu geben.

Inwiefern ist die Aktive Imagination eine spezifische Form des Imaginierens? Die Aktive Imagination, wie sie von C.G. Jung eingeführt wurde und wie sie sich innerhalb der Analytischen Psychologie entwickelt hat, folgt einigen wenigen Rahmenvorgaben und einer spezifischen Rolle des Ich-Bewusstseins während des imaginativen Vorgangs. Ihr Ziel ist die Herstellung eines Austauschs zwischen den Ebenen des Bewusstseins und des Unbewussten. Wie andere Methoden im Umgang mit den Gestaltungen des Unbewussten (z. B. die Arbeit mit Träumen, Sandspiel, Malen oder Schreiben aus dem Unbewussten) dient auch die Aktive Imagination dazu, die bewusste Haltung durch diese Impulse zu erweitern, zu bereichern und zu vervollständigen. In diesem Sinn ist die Aktive Imagination eine Form der Selbsterfahrung und der Selbsterkenntnis in der Begegnung mit unbewussten Anteilen der Psyche und kann bis hin zu spirituellen Erlebnissen reichen. Die imaginativen Inhalte zeigen eine gewisse Nähe zu den Gestaltungen in Träumen, aber auch zu schamanistischen Praktiken. Im Unterschied zu Träumen muss jedoch nicht darauf gewartet werden, bis sie sich einstellen, sondern die Möglichkeit zur Imagination steht jederzeit zur Verfügung. Ähnlich wie in schamanistischen Trancezuständen setzt sich das Ich den ihm begegnenden Bildern und Erfahrungen aus, behält zugleich aber eine steuernde Rolle. Letzteres unterscheidet die Aktive Imagination auch von passivem Erleben innerer Bilder wie Fantasiereisen oder Tagträumen. So stellt die Aktive Imagination eine ganz spezifische Form der Konfrontation des Bewusstseins mit unbewussten Inhalten dar. Sie ist durch eine charakteristische und paradoxe Spannung des Bewusstseinszustands gekennzeichnet mit der Aufrechterhaltung eines aktiven Ich-Bewusstseins und gleichzeitig einem nicht eingreifenden Geschehenlassen der bildlichen Gestaltung. Im weiten Spektrum der Bewusstseinszustände, die heute als Wach-Traum-Kontinuitäts-Hypothese konzipiert werden, wäre die Aktive Imagination einzuordnen auf einem Kontinuum zwischen Wachbewusstsein und Traumtätigkeit im Schlaf.

Die Wurzeln der Aktiven Imagination

Für C. G. Jung war die menschliche Fähigkeit zur Imagination ein zentraler Zugang zur Dimension des Unbewussten:

> »Die Phantasie als imaginative Tätigkeit ist für mich einfach der unmittelbare Ausdruck der psychischen Lebenstätigkeit, der psychischen Energie, die dem Bewußtsein nicht anders als in Form von Bildern oder Inhalten gegeben ist […]. Das Phantasieren als imaginative Tätigkeit ist identisch mit dem Ablauf des psychischen Energieprozesses.« (Jung, 1921, §792).

Die grundlegenden Erfahrungen, aus denen heraus C. G. Jung die Aktive Imagination konzipierte, lassen sich biografisch zurückführen auf das einschneidende Erlebnis des Bruchs mit Sigmund Freud im Jahr 1913. In der persönlichen Krise, die dem Zerwürfnis folgte, begann Jung einen mehrere Jahre anhaltenden Prozess der Selbsterforschung, in dem er sich mit inneren Bildern auseinandersetzte und ihrer Entstehung in der beschriebenen Spannung zwischen passivem Geschehenlassen und aktivem Einbringen folgte. Seine imaginativen Erfahrungen dokumentierte er schriftlich und bildhaft gestaltet im Roten Buch. Sie wurden zur Grundlage seiner theoretischen Konzepte wie auch zur Quelle eines tieferreichenden Verständnisses seiner selbst:

> »Ich habe die Methode der aktiven Imagination auch bei mir selber lange Zeit angewendet und dabei zahlreiche Symbole und Symbolzusammenhänge beobachtet, welche ich oft erst nach Jahren in Texten nachweisen konnte, die ich zuvor überhaupt nicht kannte. Dasselbe ist auch bei Träumen der Fall.« (Jung, 1941, §334).

Es findet sich bei Jung keine zusammenhängende systematische Darstellung dieser Methode, sodass wir in Vielem auf eine Art mündlicher Tradition und die Weitergabe in Lehranalysen und Seminaren angewiesen sind. Nachdem er vor allem ab 1916 intensiv mit der Selbsterfahrung in dem begann, was er später Aktive

Imagination nannte, schrieb er zum ersten Mal erst 1929 im Vorwort zur »Goldenen Blüte« (vgl. Jung, 1929) über diese Methode. Ausführlicher beschäftigte er sich damit 1933 in »Die Beziehungen zwischen dem Ich und dem Unbewußten« (vgl. Jung, 1934). Weitere wichtige Hinweise finden sich in »Das symbolische Leben«, GW 18,1, dort in den Diskussionen der Tavistock Lectures (vgl. Jung, 1935). Daraus spricht auch eine große Vorsicht und so wollte er sich seiner selbst wohl erst ganz sicher sein, bevor er diese Methode veröffentlichte, weil ihm die Reaktion der wissenschaftlichen Welt auf das irrationale Element der Imagination bewusst war.

Es ging C.G. Jung in der Aktiven Imagination um einen Zugang zu Bildern und Impulsen des Unbewussten, letztlich zu einer archetypischen Ebene, die unter anderem dadurch erkennbar wird, dass es sich um kollektiv übergreifende Motive handelt. Er verstand diesen Weg als eine Form, in der sich unbewusstes und archetypisches Material bildhaft und im unmittelbaren Erleben und Geschehen manifestieren kann. Den Unterschied zum Umgang mit Träumen, die Freud als »Königsweg zum Unbewussten« bezeichnete, bestand für Jung darin, dass durch die Aktive Imagination eine Möglichkeit zur Verfügung steht, die Pole der bewussten Einstellung und des Unbewussten unter aktiver Vermittlung des Ichs zu verknüpfen. Diese Möglichkeit steht frei zur Verfügung, sie macht unabhängig davon, ob sich Träume einstellen oder nicht, und sie macht unabhängiger von einem Analytiker, fördert also die Autonomie des Analysanden. So kann ein Zugang zum archetypischen Grund des Unbewussten hergestellt werden, zu einem immer vorhandenen Bilderstrom, der neue Impulse für den anderen Pol, das Bewusstsein, hervorbringt. Das ist gerade dort hilfreich und entscheidend, wo dieses Bewusstsein einseitig geworden ist oder einen Mangel aufweist, z.B. wenn eine vornehmlich rationale, intellektualisierende Haltung den Zustrom von emotionalen oder triebhaften Anteilen benötigt, um nicht zu verarmen und zu verkrusten; oder aber auch umgekehrt, wenn ein Überfluten durch Träume, Einfälle und Impulse eine stärkere Strukturierung und Durchdenken erfordert:

> »Je kräftiger und selbstverständlicher das Bewusstsein und damit der bewußte Wille wird, desto mehr wird das Unbewußte in den Hintergrund gedrängt, und desto leichter entsteht die Möglichkeit, daß die Bewußtseinsbildung sich vom unbewußten Vorbild emanzipiert, dadurch an Freiheit gewinnt, die Fesseln der bloßen Instinktmäßigkeit sprengt und schließlich in einem Zustand der Instinktlosigkeit oder –widrigkeit anlangt. Dieses entwurzelte Bewußtein, das sich nirgends mehr auf die Autorität der Urbilder berufen kann, ist zwar von prometheischer Freiheit, aber auch von gottloser

Hybris. Es schwebt zwar über den Dingen, sogar über dem Menschen, aber die Gefahr des Umkippens ist da [...]. Der weise Chinese würde mit den Worten des *I Ging* sagen, daß, wenn Yang seine größte Kraft erreicht hat, die dunkle Macht des Yin in seinem Inneren geboren wird, denn um Mittag beginnt die Nacht, und Yang zerbricht und wird zu Yin.« (Jung, 1929, §13)

Erkennbar liegt dieser Konzeption die vor allem in Zusammenhang mit Träumen entwickelte Vorstellung von der kompensatorischen Funktion des Unbewussten für das Bewusstsein zugrunde. Dieser Zugang zur archetypischen Ebene ist der Grund, warum Jung die Aktive Imagination auch als »Göttlichen Weg zum Unbewussten« bezeichnete.

Jung nimmt dabei nicht für sich in Anspruch, der Erste oder gar der Einzige zu sein, der diesen Weg entwickelt hat. Er weist ausdrücklich auf andere Quellen hin, z. B. Ignatius von Loyola, der in seinen »Exerzitien« Formen einer Aktiven Imagination anwendet und beschreibt (vgl. Jung, 1939, §793). Weitere Vorläufer sind in altägyptischen Mysterienkulten, in der antiken Heilkunde (Asklepieien), der mittelalterlichen Mystik und vor allem in der Alchemie zu finden. Aus zahlreichen psychotherapeutischen Schulen sind imaginative Verfahren hervorgegangen, z. B. Johannes Heinrich Schultz' Oberstufe des Autogenen Trainings oder Luise Reddemanns Traumatherapie. Dazu zählt auch die Katathym Imaginative Therapie, die eine ihrer Wurzeln wiederum in der Erfahrung Hanscarl Leuners im Rahmen seiner jungianischen Lehranalyse hatte.

Integration der Imaginationen ins Bewusstsein

C. G. Jung sieht die Aktive Imagination als »das wichtigste Hilfsmittel in der Produktion jener Inhalte des Unbewußten, die sozusagen unter der Schwelle liegen und, wenn intensiviert, am ehesten spontan in das Bewußtsein einbrechen würden« (Jung, 1959, S. 82). Er weist zurecht auf die Gefahren hin, dass die Imaginationen sich einerseits im Kreislauf der Komplexe verfangen können, ohne Neues zu produzieren, oder aber, dass damit ein rein ästhetisches Interesse befriedigt wird und es zu einem Hängenbleiben an den Bildern und einem Berauschen an diesen kommen könne. Erfahrungsgemäß sind das zwei der häufigsten Schwierigkeiten, die im Umgang mit Imaginationen auftreten können und die auch bei der Anwendung in der Gruppe zu beachten sind. Aktive Imagination ohne Bezug zum Hier und Jetzt der imaginierenden Person und ohne Konsequenzen für das reale Leben verbleiben im imaginären Raum, bieten keine Orientierung und verfehlen die zentrale Frage: Wie kommt der Geist in die Welt? Zum Ziel der Aktiven Imagination schreibt Jung daher:

> »Sinn und Wert dieser Phantasien offenbaren sich ja erst in deren Integration in die Gesamtpersönlichkeit, nämlich in dem Moment, wo man mit ihnen auch moralisch konfrontiert ist.« (Jung, 1959, S. 83)

Aus diesem Grund kommt der Nachbearbeitung der Imagination eine zentrale Bedeutung zu. Die Abfolge Imaginationsphase – Nachvollziehen im Malen oder Schreiben – Besprechung stellt letztlich eine Brücke dar zwischen den unbewussten Impulsen und dem Ich-Bewusstsein, die der schrittweisen Integration der Imagination dienen. An deren Ende steht im günstigen Fall eine Änderung in der Haltung oder im Handeln. Gerade der Austausch in der Gruppe, die Anregungen durch die anderen Gruppenmitglieder und das Erleben der Selbsterfahrungsprozesse der anderen stellt eine besonders intensive Form dieser Integrationsabläufe dar.

Jung spricht davon, dass sich das Ich-Bewusstsein mit den Inhalten der Imagination »moralisch« konfrontieren müsse. Damit ist keineswegs eine kollektive Moral gemeint, sondern eine bewusste Auseinandersetzung mit den persönlichen Haltungen des Ich-Bewusstseins, die durch die Erfahrungen in der Imagination irritiert, konfrontiert oder in Frage gestellt werden können. Letztlich handelt es sich um die Aufforderung an das Ich-Bewusstsein zu einer Stellungnahme gegenüber den imaginativen Inhalten auf dem Boden einer individuellen Ethik. Wenn es darum geht, diese Inhalte in das Bewusstsein zu integrieren, so ist damit die Aufgabe gemeint, die inneren Bilder zum einen nicht wie ein Zuschauer im Film konsumierend vorübergleiten zu lassen, zum anderen sich ihren Anforderungen auch nicht kritiklos zu unterwerfen. Manche der Imaginationen können einfach aufgenommen und als neue Sichtweise und Bereicherung willkommen geheißen werden, manche führen zu Widersprüchen, die sich nicht einfach auflösen lassen. Gerade das Unverstandene, das dem Bewusstsein Unzugängliche und zu ihm in Gegensatz Stehende führt jedoch oft weiter, wenn in ein Wechselspiel aus bewusster Bearbeitung und erneuter Imagination eingetreten wird, bis sich eine Klärung einstellt.

Es war vor allem Marie-Louise von Franz, die sich in intensiver Weise mit der Aktiven Imagination auseinandersetzte und eine gewisse Systematisierung und Handlungsanleitung in verschiedenen Aufsätzen und Vorträgen veröffentlichte (vgl. von Franz, 2002, S. 141ff.; S. 159ff.). Von ihr stammt die Handlungsanleitung, die den Ablauf der Aktiven Imagination am prägnantesten fasst: »1) Empty the ego-mind; 2) Let the unconscious flow into the vacuum; 3) Add the ethical element [...]; 4) Integrate the imagination [...] to daily life« (vgl. M. L. von Franz, zit. n. Tauber, 2012, S. 150). Sie weist ausdrücklich darauf hin, dass gerade der Schritt, sich den Imaginationen aufrichtig zu stellen, von größter Bedeutung sei (»add the ethical element«). Wer dazu nicht im Vorhinein bereit ist, sollte sich auf die Aktive Imagination erst gar nicht einlassen. Insofern ist bereits diese Bereitschaft als Voraussetzung ein zentrales Element im Sinne einer aufrichtigen Selbstexploration. Dabei sollten von therapeutischer Seite keine Vorschläge erfolgen, wie sich das Ich in einer Aktiven Imagination verhalten solle. Allenfalls der Hinweis »Was würden Sie in Wirklichkeit tun?« (von Franz, 2002, S. 165) sei sinnvoll, um sowohl die Autonomie des Ichs in der Imagination als auch den Bezug zur aktuellen Bewusstseinshaltung herzustellen, für das in der Imagination der je eigene Weg gesucht werden muss.

Indikationen für Aktive Imagination

Als Indikationen für den Einsatz der Aktiven Imagination nennt Vogel die Regulation der Beziehung zwischen bewusstem Ich und Anteilen des Unbewussten, die Förderung der Autonomie, die Arbeit mit inferioren Funktionen auf Grundlage der Typologie C. G. Jungs und die Förderungen der Fähigkeiten zur Mentalisierung und zur Selbstregulation (vgl. Vogel, 2014, S. 24f.).

Im konkreten Fall kann sich der Einsatz der Aktiven Imagination vor allem dann anbieten, wenn die Regulation zwischen Bewusstsein und Unbewusstem gestört ist, beispielsweise wenn keine Träume kommen, oder wenn sich eine Traumflut einstellt; wenn Intellektualisierungen oder depressive Zustände den Zugang zur Emotionalität verhindern; wenn eigene Schattenaspekte und verdrängte Anteile ganz in Projektionen gefasst sind; wenn Ängste bearbeitet werden müssen; wenn Beziehungserfahrungen in der Realität immer wieder in unüberbrückbare Gegensatzspaltungen zerfallen.

Die Entwicklung einer Autonomie vom Therapeuten kann durch die Erfahrung gefördert werden, in der Aktiven Imagination von eigenen inneren Bildern geführt zu werden, eine Orientierung zu erhalten und Lösungsansätze zu finden. C. G. Jung hatte daher den Einsatz der Aktiven Imagination empfohlen in Therapiepausen zur Überbrückung oder aber in der Ablösephase am Therapieende. Mentalisierungsprozesse lassen sich durch die Erfahrungen in der Imagination fördern und festigen, indem Selbstwahrnehmung und anschließende Reflexion des Geschehens eingeübt werden. Selbstregulative Wirkungen werden in der Aktiven

Imagination zugänglich über die kompensatorische Funktion des Unbewussten gegenüber einseitigen Bewusstseinshaltungen, wie sie allen Methoden zugrunde liegt, die mit Impulsen aus dem Unbewussten arbeiten. Aber auch die Konfrontation mit den eigenen Komplexmustern in den Imaginationen kann, ähnlich wie in Träumen, sichtbar werden. Anders als dort öffnet sich hier allerdings ein Raum, in dem es möglich ist, sich bewusst auf neue Erfahrungen einzulassen, andere Muster als die gewohnten Bahnen zu erproben oder einfach zu erleben. Gerade dieser Aspekt kann oft zur Basis für eine andere bewusste Haltung oder ein anderes Handeln werden, als es die leidvollen repetitiven Komplexmuster sonst einfordern. Auf die Möglichkeit im imaginativen Raum gerade eine Förderung der inferioren Funktionen einzuüben, insbesondere sonst häufig unterdrückte introvertierte Anteile überhaupt einmal angemessen erleben zu können, weist von Franz in den oben genannten Aufsätzen hin. Sie nennt noch eine weitere wichtige Indikation als Empfehlung für alle therapeutisch Tätigen. Denn sie weist auf den »ansteckenden« Aspekt von Affekten hin, dem sich Therapeuten oft nicht entziehen können, zumal es ja eine Sympathie im Sinne des Mit-Leidens brauche, um helfen zu können. Von Franz bezieht sich dabei auch auf eine Äußerung C. G. Jungs selbst: »[...] denn der Eindruck von etwas Häßlichem hinterläßt [...] etwas Häßliches in der eigenen Seele.« Da man nicht immer auf einen heilenden Traum warten könne und außerdem die Möglichkeit besteht, dass man in einem solchen Zustand eine »Ansteckung« an andere Patienten weiterträgt, solle man nach einer solchen Sitzung eine kurze Aktive Imagination einschieben, um sich von diesen Eindrücken zu befreien. Demnach sei ein Psychotherapeut »wohl letztlich der, der sich selber heilen kann« (von Franz, 2002, S. 152).

Schließlich bewirke »...die aktive Imagination gleichsam eine intensiviertere und [...] beschleunigte Reifung der Persönlichkeit« (von Franz, 2002, S. 142). Ihre Anwendung wird somit zu einem wichtigen Instrument im Individuationsprozess, ganz unabhängig von psychopathologisch begründeten Indikationen:

> »Alles Gute ist kostbar, und die Entwicklung der Persönlichkeit gehört zu den kostspieligsten Dingen. Es handelt sich um das Jasagen zu sich selber – sich selbst als ernsthafteste Aufgabe vorsetzen und sich dessen, was man tut, stets bewusst bleiben und es in allen seinen zweifelhaften Aspekten sich stets vor Augen halten – wahrlich eine Aufgabe, die ans Mark geht.« (Jung, 1929, §24)

Richtlinien für die Imagination

Die Aktive Imagination zeichnet sich durch ein hohes Maß an individueller Freiheit der Gestaltung aus. Es gehört unmittelbar zu ihrem Wesen und zu ihrer Wirkung, dass der imaginativen Gestaltungsfähigkeit kaum Grenzen gesetzt werden, sodass sich die Begegnung zwischen bewusstem Ich und unbewussten Anteilen frei entfalten kann.

Dennoch bestehen einige wenige, empirisch entstandene Regeln, die zu beachten sind als Rahmenbedingungen und Gefäß, in dem sich die Imaginationen umso gewinnbringender bewegen.

Das Ich kann in der inneren Realität der Aktiven Imagination nur das, was es auch in der äußeren Realität kann
Es wurde bereits betont, dass es sich um eine aktive Form der Imagination handelt im Unterschied zu passiv ausgerichteten Erlebnisweisen, wie z. B. der Fantasiereise. Das heißt, unser Ich tritt als handelndes Ich in der Imagination auf. Es kann sprechen, fragen, antworten, widersprechen, es kann handeln, so wie es in der wachen Realität handeln kann. Wenn ich schwimmen kann, kann ich auch in der Aktiven Imagination schwimmen, wenn nicht, dann nicht. Ich kann nicht fliegen in der Aktiven Imagination. Es geht eben nicht um ein Abgleiten in eine fantastische Welt der unbegrenzten Möglichkeiten, um eine Parallelwelt, die von der Welt des Wachbewusstseins weit entfernt ist, sondern doch gerade darum, dass das Ich das, was es in der Imagination erlebt, mit dieser Welt des Wachbewusstseins in Verbindung bringen kann. Bei dieser Regel handelt es sich daher um eine Anbindung an das Ich-Bewusstsein, seine Verankerung in der realen Welt, die eben die Grundlage dafür herstellt, dass unbewusste Impulse dort später ihren Ausdruck finden und in die Haltung des bewussten Ichs integriert werden können. Aktive Imagination ist daher eine Form des Weltbezugs, nicht der Weltflucht.

Verzicht auf Imaginationen mit lebenden Personen
In Seminaren zur Aktiven Imagination oder in der Einführung in Therapiesitzungen kommt oft zu Anfang die Frage auf, ob es nicht möglich wäre, mit lebenden Personen zu imaginieren. Den Hintergrund bilden meist ungelöste Konflikte mit diesen Personen. Es besteht die naheliegende Hoffnung, auf offene Fragen in der Imagination eine Antwort zu finden. Die Imagination mit lebenden Personen beinhaltet jedoch eine grundsätzliche Schwierigkeit, nämlich dass die eigenen Komplexmuster in die Verstrickungen der Beziehungen einen Zugang zu tiefer

liegenden Schichten des Unbewussten verhindern oder doch zumindest stark beeinflussen. Selbstverständlich können die eigenen Komplexe stets in der Aktiven Imagination Gestalt annehmen. Allerdings besteht gerade in der Imagination die Chance, dass diese mit tieferen, kollektiven oder archetypischen Schichten des Unbewussten in Kontakt gebracht oder mit ihnen konfrontiert werden, sodass etwas Neues entstehen kann, das aus den bekannten und eingeübten Bahnen herausführt. Werden die eigenen Komplexdynamiken jedoch unmittelbar in den Zusammenhang mit realen Beziehungen gebracht, steht die Beziehungsdynamik mit all ihrem bekannten Beharrungsvermögen im Vordergrund und es wird sehr viel schwieriger, anderen Anteilen des Unbewussten noch einen Raum zu geben, in dem sie sich entfalten könnten. All die im persönlichen Unbewussten bekannten Mechanismen des Ausweichens, der Kränkung, der Traumata, der Ängste, des Kontrollbedürfnisses und was sonst an Nährboden des Widerstands genannt werden kann, beginnt dann zu wirken und verhindert den Zugang zum kreativen und kompensatorischen Potenzial des unbewussten Pols.

Die hauptsächliche Gefahr, die den freien Fluss der Aktiven Imagination stören kann, ist dabei aber das, was Marie Louise von Franz an dieser Stelle als das eigene »Begehren« bezeichnet. Dabei ist es unerheblich, ob die Imagination mit lebenden Personen aus »guter« oder »böser« Absicht heraus erfolgt, das heißt, ohne oder mit dem Wunsch, den anderen zu beeinflussen. Sie verweist auf Jungs Aussage zu dieser Frage:

> »Hier berühren wir den Unterschied von aktiver Imagination und Magie, speziell von schwarzer Magie. Wie man weiß, riet Jung davon ab, aktive Imagination mit lebenden Personen zu machen. Es kann sie magisch affizieren, und alle Magie, auch die ›weiße‹, hat einen ›Bumerang-Effekt‹, auf den, der sie ausübt. Sie ist deshalb auf lange Sicht selbstzerstörerisch.« (von Franz, 2002, S. 172).

Und weiter:

> »Die Grenze zwischen aktiver Imagination und Magie ist subtil. Bei der Magie spielt immer ein Wunsch oder ein Begehren mit hinein, entweder in guter oder zerstörerischer Absicht […]. Man darf aktive Imagination nur üben, um zur Wahrheit über sich selbst, und nur zu dieser, zu gelangen. Aber in der Praxis schleicht sich hintenrum oft ein Begehren ein, und dann verfällt man der ›imaginatio fantastica‹.« (von Franz, 2002, S. 173).

Die Regel eines Verzichts auf Imaginationen mit lebenden Personen lässt sich daher auch auf den Punkt bringen, dass es dabei um die Wahrheit über sich selbst und nicht um die Wahrheit über andere geht.

Klare Grenzen zwischen der Phase der Imagination und dem Wachbewusstsein
Von technischer Seite her ist mit einer klaren Grenzziehung zwischen der Phase der Imagination und dem Wachbewusstsein gemeint, dass am Anfang und am Ende der Imagination ein Ein- und ein Ausgangsritus stehen sollten, die miteinander korrespondieren und die das Betreten des imaginativen Raums wie auch sein Verlassen markieren.

Als häufigste Einstiegshilfe wird traditionell das innere Bild einer nach unten führenden Treppe angeboten (vgl. Seifert & Schmidt, 2003, S. 213). Ist das innere Bild der Treppe entstanden, so die Anweisung, soll sie zuerst genau betrachtet und dann betreten werden. Üblicherweise werden zwei oder dreimal zehn Stufen hinabgestiegen und dabei abgezählt. Durch eine Tür tretend beginnt die eigentliche Imagination. Der Hinweg soll am Ende der Imagination wieder in gleicher Weise zurück beschritten werden. Dieser Zugangsweg kann auf vielerlei Weise variiert und individuell ausgestaltet werden, wie später noch zu beschreiben ist. Der Zweck dieser Regel »hinaus wie hinein« besteht darin, im imaginierten Bild selbst das Betreten und Verlassen des Imaginativen Raums unmittelbar erfahrbar zu machen und so eine gewisse Grenzziehung entstehen zu lassen zwischen Imagination und Wachbewusstsein. Dies hat den Sinn, die enge Verbindung zwischen beiden Welten sowohl herzustellen als auch wieder aufzulösen, damit das Wachbewusstsein nicht einfach weiter in der Imagination verbleibt und es nicht zu einer anhaltenden Überflutung mit inneren Bildern kommt. Je nach Stärke des Ich-Bewusstseins kann gerade diese Grenzziehung von großer Wichtigkeit sein. So ist durchaus zu beobachten, dass Teilnehmer, die diesen kleinen Ritus nicht vollzogen haben, bei der anschließenden Besprechung noch mit einem Teil ihrer selbst in der Imagination stecken und es schwer haben, die nötige Distanz zu den inneren Bildern zu finden und diese zu bearbeiten. Ist das der Fall, sollte darauf aufmerksam gemacht werden, verbunden mit dem Vorschlag, bei der nächsten Imagination diese Riten des Ein- und des Ausgangs klar zu vollziehen.

Abbruch der Imagination bei traumatischen Erinnerungen
In seltenen Fällen kann es vorkommen, dass anstelle einer Aktiven Imagination ein Teilnehmer der Gruppe in traumatische Erinnerungen gerät. In diesem Fall sollte die Imagination unmittelbar angebrochen werden. Es empfiehlt sich daher, die-

se Möglichkeit bei der Einführung zu erwähnen, weil es in der Gruppensituation Teilnehmern oft schwerer fällt, sich dem zu entziehen, was im kollektiven Setting vorgegeben wurde als in einer Einzelsitzung. Daher sollte im Vorfeld diese Erlaubnis gegeben und die Aufforderung zur Selbstfürsorge ausgesprochen werden. Dies sollte verbunden sein mit dem Hinweis, dass es sich dann nicht um ein Versagen im Imaginieren handelt, sondern dass sich anstelle der Imagination etwas anderes hineingedrängt hat, das die Imagination im Sinne einer freien und vom Ich aktiv begleiteten Entfaltung der Begegnung mit unbewussten Anteilen stört oder verhindert. Das Ich ist dann nicht mehr aktiv, sondern vielmehr passiv solchen Flashback-Erfahrungen ausgeliefert. Die therapeutische Aufgabe besteht dann darin, zum einen das Abgleiten in traumatische Erinnerungen zu beenden und zum anderen, diese zunächst in anderer Form zu bearbeiten, bevor erneut eine Aktive Imagination eingegangen werden kann. Allerdings kann auch diese Bearbeitung mithilfe imaginativer Techniken erfolgen, wie sie aus der Traumatherapie, z. B. im Aufsuchen eines sicheren Raums, erprobt sind. Ist ein solcher Raum gefunden, verfügbar und etabliert, kann in individueller Absprache und unter therapeutischer Begleitung erneut der Umgang mit der Aktiven Imagination eingeübt werden.

Neurobiologische Aspekte der Aktiven Imagination

Die moderne Traumforschung hat inzwischen eine neue Perspektive entwickelt, aus der sich auch wichtige Rückschlüsse für die Aktive Imagination ziehen lassen. War das 20. Jahrhundert noch geprägt von der Auffassung, dass Träume lediglich »ein Epiphänomen des REM-Schlafs« (Hobson, 1998, S. 12) und nichts anderes als sinnfreie Blitzgewitter des Gehirns im schlafenden Zustand seien, so hat aktuell die Wach-Traum-Kontinuitätshypothese in der experimentellen neurowissenschaftlichen Forschung einen wichtigen Stellenwert erlangt.

Mit dem Ende der 2000er Jahre nahm die Hypothese vom Default Mode Network (DMN) großen Aufschwung. DMN bezeichnet ein Standard-Netzwerk des Gehirns, gängiger Weise mit »Bewusstseins-Netzwerk« übersetzt. Dieses erhält gerade in Phasen nicht-zielgerichteter Aufmerksamkeit ständig eine basale Funktion der Hirntätigkeit aufrecht. Entwickelt wurde das DMN-Konzept ausgehend von dem Phänomen, dass es in Zuständen der Ruhe zu auffallend hohen Aktivitäten in bestimmten Hirnarealen kommen kann, beispielsweise beim Tagträumen oder beim Gedankenschweifen (vgl. Hau, 2018, S. 281).

Die Funktion dieser Netzwerkaktivität im Wachen besteht darin, für einen permanenten Abgleich aktueller Ereignisse mit dem gespeicherten Wissen verantwortlich zu sein. Dieselbe Aufgabe scheint sie aber auch in hohem Maße für die Generierung von Träumen und der Ausgestaltung von Traumprozessen zu erfüllen (vgl. Hau, 2018, S. 281).

Da es sich also um eine nachweisbar kontinuierliche Aktivierung von funktionalen Systemeinheiten des Gehirns handelt, die in bestimmten Wachzuständen wie auch im Schlaf tätig sind, kann eine strenge Unterscheidung zwischen Aktivitätszuständen des Gehirns im Wachen und Träumen nach aktuellem Kenntnisstand nicht mehr aufrechterhalten werden.

So gehen Domhoff und Fox in ihrer Übersicht zum DMN davon aus, dass es fließende Übergänge der Bewusstseinszustände gibt und Träume auch im Wachen in bestimmten Zuständen ungerichteter Aufmerksamkeit auftreten (vgl. Domhoff & Fox, 2015, S. 342). Hau folgert, »dass für das Träumen typische Verarbeitungsprozesse bereits am Tage stattfinden, parallel und kontinuierlich zu kognitiven Prozessen im Wachbewusstsein. ›Träumen‹ würde sich demnach als universeller Prozess herausstellen, der nicht nur auf die Perioden des Schlafes beschränkt werden kann« (Hau, 2018, S. 282).

Angesichts eines solchen neuen Blicks auf Bewusstseinszustände in einem Kontinuum zwischen Wachzustand und Schlaf lässt sich Aktive Imagination hypothetisch ohne Mühe einordnen als eine spezifische Stufe in diesem Spektrum. Es würde sich demnach um einen dem Wachbewusstsein nahen, aber diesem eben nicht identischen Zustand handeln, der sich an die stetig ablaufenden Prozesse eines DMN als der Basis nicht zielgerichteter Aufmerksamkeit anschließt. Diese scheinen wiederum in der Generierung von Traumprozessen eine wesentliche Rolle zu spielen und stellen so das mögliche neurobiologische Bindeglied zwischen Bewusstsein und imaginativ erfahrenen Prozessen dar. In diesem Zusammenhang wäre es natürlich außerordentlich interessant, die Korrelate einer Aktiven Imagination in EEG-Ableitungen und bildgebenden Verfahren wie PET-Scans zu erforschen.

Aktive Imagination im Gruppensetting

Traditionell ist die Aktive Imagination ein Verfahren, das nahezu ausschließlich im Einzelsetting durchgeführt oder zur Übung allein für sich selbst empfohlen wurde. Diese Beschränkung erklärt sich aus der Entstehung der Aktiven Imagination heraus, wie sie C. G. Jung in einer persönlichen Krise entdeckte und entwickelte. Sie ist daher im Wesen ein zutiefst individueller Zugang zu unbewussten

Anteilen, bei dem sich schon früh die Frage gestellt haben mag, ob dies im Sinne einer Methode auch anderen Menschen zugänglich gemacht werden kann oder ob es sich um einen aus der Person C. G. Jungs hervorgegangenen, spezifischen und nicht übertragbaren Weg handelt. Jung erkannte jedoch schon früh, dass mit der Imagination als grundlegender menschlicher Fähigkeit eine Voraussetzung dafür gegeben war, diese eigene Erfahrung zu generalisieren und die Aktive Imagination in therapeutischen und in Individuationsprozessen als einen weiteren Zugang zum Unbewussten anzubieten. Eine Kanonisierung hat Jung jedoch – wahrscheinlich sehr bewusst – vermieden, wie er überhaupt erst Ende der Zwanziger Jahren, also erst sehr viele Jahre nach seinen ersten persönlichen Erfahrungen, öffentlich über Aktive Imagination sprach, wie in den Tavistock lectures dokumentiert (vgl. Jung, GW 18/1). Es ist zu vermuten, dass er diese Form zunächst empirisch über längere Zeit erprobte und anwendete, bis er es wagte, allgemeinere Aussagen darüber zu treffen, aus der bereits erwähnten Sorge heraus, damit in der wissenschaftlichen Welt nicht ernst genommen zu werden. So bleibt es offen, ob er auf eine geschlossene Darstellung der Aktiven Imagination verzichtete, um keine Angriffsfläche zu bieten, oder aber gezielt davon absah. Angesichts der Bedeutung und Wertschätzung, die aus seinen schriftlichen Äußerungen zur Aktiven Imagination hervorgehen, und dem Stellenwert, den sie in späteren Jahren in der Analytischen Psychologie einnahm, ist jedoch sehr wahrscheinlich davon auszugehen, dass die Entscheidung etwas mit der grundsätzlichen Haltung C. G. Jungs gegenüber diesem Verfahren zu tun hatte. Gerade der zutiefst individuelle Charakter und die Intimität der inneren Bilder, aber auch der freie und kreative Raum der Aktiven Imagination vertragen sich nicht mit zu vielen Vorgaben oder Reglementierungen. Eine klare Methodisierung wäre wahrscheinlich dem Verbreitungsgrad des Verfahrens zugutegekommen, hätte zugleich aber auch eine wesentliche Einengung bedeuten können, die sein Potenzial schmälert. So hat es sicher seine unschätzbaren Vorteile, dass der Aktiven Imagination eine Fassung in Curricula und verschiedene Grade der Expertenstufen oder der Lehrbefugnis erspart geblieben ist, wie es bei anderen Verfahren durchaus üblich oder auch angebracht sein kann.

Dadurch öffnet sich aber auch der Raum für eine Variation des Umgangs mit Imaginationen. Eine Reihe von Jungianisch ausgebildeten Therapeuten setzt Imaginationen auf unterschiedlichste Weise ein, die auch als Abstufungen bezüglich ihres Grades an Aktivität des Ichs eingeordnet werden können. So ist es durchaus üblich, in Vorträgen und Seminaren, den Teilnehmern imaginative Übungen anzubieten, die in unterschiedlichem Ausmaß angeleitet sind. Beispielsweise lässt sich ein bestimmtes Thema oder eine Situation vorgeben mit der Aufforderung, dazu eine Imaginationsübung einzugehen. Über diese Einbeziehung unbewusster Anteile werden die theoretischen Ausführungen angereichert und mit individuellen Erfahrungsmöglichkeiten verknüpft. Häufig werden die Imaginationen dann auch Teil des gegenseitigen Austauschs und damit zum Inhalt des Vortrags selbst, was von den Teilnehmern meist als große Bereicherung und Erweiterung des Spektrums erlebt wird. Hier findet bereits eine Anwendung imaginativer Verfahren im Gruppensetting statt und es ist nur ein weiterer Schritt, die Aktive Imagination in einer spezifischen Gruppensituation zum Inhalt zu machen und damit den Zugang zu einer eigenen Form der Selbsterfahrung zu eröffnen.

Aktive Imagination in der Gruppe wurde bislang vereinzelt und in letzter Zeit zunehmend angeboten, es bestehen jedoch kaum schriftliche Dokumentationen darüber, auf welche Weise das geschieht. Im Folgenden soll ein Zugang gezeigt werden, wie er sich inzwischen über viele Jahre in Seminaren bei Fortbildungsveranstaltungen und Kongressen entwickelt und bewährt hat. Damit geht allerdings nicht der Anspruch einher, dass das Verfahren in Gruppen auf genau diese Weise erfolgen sollte, zumal gerade dies dem freien und kreativen Zugang der Aktiven Imagination völlig zuwiderlaufen würde. Vielmehr handelt es sich um die Darstellung einer Möglichkeit mit diesem Verfahren auch in der Gruppe zu arbeiten, die von den Teilnehmern in persönlichen Rückmeldungen, aber auch in den objektiveren Evaluationsverfahren sehr bereichernd erfahren und im Rating hoch bewertet wird. Eine schriftliche Fassung dieser empirisch erarbeiteten Form der Aktiven Imagination hat aber vor allem den Sinn, dieses Potenzial bekannt zu machen und dazu zu ermutigen, sie anzuwenden und in einen Austausch darüber zu gelangen, ganz im Sinne eines Gefäßes, das immer wieder neu gefüllt werden will.

Der Rahmen

Die meist in Tagungen eingebundenen Seminare umfassen eine Gruppengröße von 12–16 Teilnehmern und finden über fünf Tage statt. Es stehen täglich zwei Einheiten zu je eineinhalb Stunden mit einer dreißigminütigen Pause dazwischen zur Verfügung, insgesamt zehn Doppelstunden. Die Gruppe setzt sich üblicherweise zusammen aus psychotherapeutischen Kollegen aus den unterschiedlichsten Schulen (psychodynamische Verfahren, Verhaltenstherapie, humanistische Verfahren) und Teilnehmerinnen und Teilnehmern aus psychosozialen Berufen, aber auch therapiefernen Tätigkeitsfeldern. Die Motivation besteht im Wunsch, die Aktive Imagination kennenzulernen, entweder mit der Absicht, sie therapeutisch in beruflichem Kontext anzuwenden, oder aber aus Interesse an einer Selbsterfahrung. Meist handelt es sich um eine Mischung aus beiden Gründen. Einzelne Personen interessieren sich dafür, die Aktive Imagination selbst zu erfahren, weil sie darüber wissenschaftlich arbeiten wollten. Die Gruppenteilnehmer sitzen im Stuhlkreis. Der Raum ist ausreichend groß, um darüber hinaus Tischen am Rand Platz zu bieten, an denen zu den Imaginationen jeweils gemalt oder geschrieben werden kann. Malutensilien und Schreibzeug liegen vor. Ein Flipchart dient der späteren Präsentation der gemalten Bilder.

Von Vorteil ist es, wenn das Licht für die Phasen der Imagination gedimmt werden kann. Es sollte ein ausreichende Schallisolierung bestehen, damit keine störenden Geräusche die Imagination beeinträchtigen.

Zum Ablauf der Aktiven Imagination im Gruppensetting

In der ersten Doppelstunde erfolgt nach einer kurzen Vorstellungsrunde, in der der berufliche Hintergrund und die Motivation zur Teilnahme genannt werden, eine theoretische Einführung zur Aktiven Imagination. Inhaltlich entspricht diese in kürzerer Form dem ersten Teil dieses Beitrags. Außerdem werden die Praxis der Aktiven Imagination und der Ablauf des Seminars erklärt. Ab der zweiten Doppelstunde wechseln sich die Phasen der Aktiven Imagination, des Nachbearbeitens im Malen oder Schreiben und die Besprechung der Imaginationen in der Gruppe ab. Im ersten Durchgang wird dabei darauf geachtet, dass alle Mitglieder die Möglichkeit hatten, ihre Imagination in der Gruppe zu besprechen. Bei den weiteren Durchgängen kann dieser Ablauf beibehalten oder je nach Gruppengröße oder Dynamik der Gruppe angeboten werden, die Imaginationen in Kleingruppen von drei bis vier Personen zu besprechen. Der Kursleiter wechselt in diesem Fall von Kleingruppe zu Kleingruppe, wobei eine gleichmäßige Verteilung im Laufe des Seminars zu beachten ist. Die meisten Gruppen entscheiden sich für eine Mischung aus beiden Settings.

Die Bearbeitung in der gesamten Gruppe hat den großen Vorteil, dass alle Mitglieder die Erfahrung machen können, wie sich die einzelnen Imaginationen im Verlauf des Kurses entwickeln und welche Dynamik sich bei den anderen und ihnen selbst im Umgang mit den inneren Bildern einstellt. Die Intensität des Zusammengehörigkeitsgefühls und das gegenseitige Vertrauen wachsen durch das Miterleben der vielfältigen Prozesse der anderen Gruppenmitglieder und bewirken ihrerseits eine Intensivierung der eigenen Beteiligung und Öffnung gegenüber den unbewussten Inhalten. Daraus ergeben sich wiederum viele neue Anregungen, beispielhafte Herangehensweisen oder überraschende Lösungsansätze, die auch für andere fruchtbar sein können. Aus diesem Grund ist der Besprechung der Imaginationen in der gesamten Gruppe grundsätzlich der Vorzug zu geben.

Allerdings kann die anhaltende Bearbeitung fremder Imaginationen sehr belastend werden, sowohl aufgrund der Inhalte als auch aufgrund der beanspruchten Zeit. Damit ein guter Rhythmus zwischen den Phasen der Imagination, der Gestaltung und der gemeinsamen Bearbeitung entsteht, ist es daher sinnvoll, die Kleingruppenarbeit mit einzubeziehen. Diese hat wiederum den Vorteil, dass die Teilnehmer auf diese Weise ihre eigenen Kompetenzen im Umgang mit inneren Bildern kennenlernen und einüben. Eine zu starke Fokussierung auf den Kursleiter als »Experten« wäre dem Wesen der Aktiven Imagination und ihrem Ansatz zur autonomen Entwicklung eines eigenen Zugangs zum Unbewussten entgegengesetzt. Tritt daher eine zu große Idealisierung der Kursleitung ein, so kann diese meist einfach benannt und die Anregung damit verbunden werden, das Setting der Kleingruppen einmal auszuprobieren. Unabhängig davon können dennoch parallel einzelne Imaginationen auch in der großen Gruppe besprochen werden, sodass eine lebendige Mischung aus Besprechungen im Kleingruppenformat wie auch im Plenum entsteht. Dieses Angebot wird erfahrungsgemäß gut angenommen und viele erleben dabei die eigenen Fähigkeiten, ihre Imagination angemessen zu bearbeiten. Als Kursleitung ist es hierbei einfach möglich, auf die Wirksamkeit der Aktiven Imagination selbst und ihren autonomiefördernden Charakter zu vertrauen. Die Frage einer übermäßigen Idealisierung löst sich darüber meist zuverlässig auf.

Die Imaginationsphasen betragen ca. 20–25 Minuten, ihre anschließende Gestaltung im Malen oder Schreiben ca. 30 Minuten. Daraus ergibt sich nicht immer ein Rhythmus, der genau mit den zur Verfügung stehenden Zeiteinheiten übereinstimmt, sodass z. B. die erste Imagination und ihre Gestaltungen aus der zweiten Einheit des ersten Tages auch noch in der ersten Einheit am zweiten Tag besprochen werden. Jede Gruppe findet dabei ihren eigenen Rhythmus, jedoch ist es wichtig auf eine möglichst gleichmäßige Verteilung der Besprechungszeiten zu achten und gegebenenfalls eine Besprechung auch zu begrenzen. Sehr häufig bietet es sich an, ungelöste Fragen oder solche, die ausufern, mit in die nächste Imagination zu nehmen und sich dort weiterentwickeln zu lassen.

Sicher lassen sich ganz unterschiedliche Einstiege in die Imaginationsphase entwickeln und auch den Teilnehmern wird mitgeteilt, dass die im Kurs angewendete nur einer unter vielen möglichen ist. Es ist sogar sinnvoll, mit der Zeit seine eigenen individuellen Zugänge zu entwickeln, die beispielsweise nicht über den Weg einer Treppe und einer Tür führen müssen. So kann ein Weg, der in einem Traum zurückgelegt wurde, ein passender Zugang in die imaginative Phase sein. Dieser sollte dann allerdings auch auf dem Rückweg wieder eingehalten werden. Es kann ein Lied oder ein Gedicht sein, das eine besondere individuelle Bedeutung besitzt und das die Schwelle zur eigentlichen Imagination bezeichnet, oder eine Handlung, die imaginativ vorgenommen wird. Im Folgenden soll daher eine Form dargestellt werden, die sich empirisch gut bewährt hat und gerade im Beginn einen verlässlichen Einstieg gewährleistet. Der grundsätzlichen Haltung gegenüber der Aktiven Imagination entsprechend erhebt sie nicht den Anspruch, die einzig Richtige zu sein.

Im Vorfeld erhalten die Teilnehmer eine kurze Information über den Ablauf. Es wird ihnen mitgeteilt, dass der imaginative Zugang bis zur Phase der Aktiven Imagination vom Kursleiter geführt wird, über eine Treppe bis zu einer Tür. Mit dem Durchschreiten der Tür beginnt die eigentliche Phase der Aktiven Imagination, in der jeder Teilnehmer seinen eigenen Weg beschreitet.

C.G. Jung hat in seinen Briefen eine praktisch gehaltene Anweisung für die Eingangssituation in die Phase der eigentlichen Aktiven Imagination gegeben:

»Bei der Aktiven Imagination kommt es darauf an, dass Sie mit irgendeinem Bild beginnen […]. Betrachten sie das Bild und beobachten Sie genau, wie es sich zu entfalten oder zu verändern beginnt. Vermeiden Sie jeden Versuch, es in eine bestimmte Form zu bringen, tun Sie einfach nichts anderes als beobachten, welche Wandlungen spontan eintreten. Jedes seelische Bild, das Sie auf diese Weise beobachten, wird sich früher oder später umgestalten, und zwar aufgrund einer spontanen Assoziation, die zu einer leichten Veränderung des Bildes führt. Ungeduldiges Springen von einem Thema zum anderen ist sorgfältig zu vermeiden. Halten Sie an dem einen von Ihnen gewählten Bild fest und warten Sie, bis es sich von selbst wandelt. Alle diese Wandlungen müssen Sie sorgsam beobachten und müssen schließlich selbst in das Bild hineingehen. Kommt eine Figur vor, die spricht, dann sagen auch Sie, was Sie zu sagen haben und hören auf das, was er oder sie (darauf antwortend) zu sagen hat. Auf diese Weise können Sie nicht nur Ihr Unbewusstes analysieren, sondern Sie geben dem Unbewussten eine Chance, Sie zu analysieren. Und so schaffen Sie nach und nach die Einheit von Bewusstsein und Unbewusstem, ohne die es überhaupt keine Individuation gibt. Wenn Sie diese Methode anwenden, könnte ich gelegentlich als Ratgeber auftreten, wenn nicht hat meine Existenz keinen Sinn.« (Jung, 1947, S. 76)

Der Weg, mit »irgendeinem Bild« zu beginnen und dessen innere Entwicklung zu verfolgen, ist aber kein ausschließlicher Zugang zur Aktiven Imagination. Betrachtet man die Kontinuität, die aus Jungs eigenen Imaginationen im Roten Buch hervortritt, so wird sehr deutlich, dass hier Imaginationen stattgefunden haben, die aneinander anknüpfen und in denen sehr wahrscheinlich nicht jedes Mal mit einem »blank screen« begonnen wurde. Das entspricht auch der Erfahrung mit Aktiven Imaginationen. So ist es durchaus möglich, nicht vollständig absichtslos in die imaginative Phase einzutreten, sondern eine bestimmte innere Gestalt aufzusuchen. Das kann eine Figur aus einem Traum sein, die bei der Nachbearbeitung des Traums noch nicht verstanden wurde oder aber die Ahnung vermittelt, dass sie etwas Wichtiges mitzuteilen habe. Es kann sich auch um eine Fantasie- oder beispielsweise eine Märchenfigur handeln, die für die Imaginierenden eine besondere Bedeutung haben oder in früheren Lebensabschnitten eine Rolle spielten. Oft ergeben sich aus therapeutischen Prozessen heraus solche inneren Gestalten, die sich als Gegenüber in der Imagination eignen könnten.

Dass in diesem Fall doch eine gewisse Vorgabe und eine bestimmte Prädisposition und Erwartung in die Imagination hineingetragen werden, hat sich empirisch nicht als Hindernis erwiesen, wie es überhaupt zum Wesen der Aktiven Imagination gehört, dass hier nie eine reine Lehre entwickelt wurde, sondern individuelle Variationen geradezu konstituierend sind. Gleichzeitig ist es jedoch entscheidend, die innere Offenheit gegenüber dem Geschehen mitzubringen und aufrechtzuerhalten, durch die dieser Zugang erst fruchtbar und bereichernd wird. Die meisten Teilnehmer spüren es tatsächlich auch selbst, wenn sie diese Offenheit nicht aufbringen konnten. Gerade hier bietet die Gruppenerfahrung einen Vorteil, weil die Imaginationen der anderen miterlebt werden.

Wenn man auf diese Weise Teil hat an vielen imaginativen Erfahrungen, entwickelt sich bei jedem Einzelnen schnell ein Gefühl dafür, ob es möglich war, »geschehen lassen« zu können, was Jung selbst als eine der wichtigsten Grundlagen ansieht:

> »*Man muß psychisch geschehen lassen können.* Das ist für uns eine wahre Kunst, von welcher unzählige Leute nichts verstehen, indem ihr Bewußtsein ständig helfend, korrigierend und negierend dazwischenspringt und auf alle Fälle das einfache Werden des psychischen Prozesses nicht in Ruhe lassen kann. Die Aufgabe wäre ja einfach genug. (Wenn nur nicht Einfachheit das Allerschwierigste wäre!) Sie besteht einzig und allein darin, daß zunächst einmal irgendein Phantasiefragment in seiner Entwicklung objektiv beobachtet wird. Nichts wäre einfacher als das, aber schon hier beginnen die

Schwierigkeiten. Man hat anscheinend keine Phantasiefragmente – oder doch – aber es ist zu dumm – tausend gute Gründe dagegen. Man kann sich nicht darauf konzentrieren – es ist langweilig – was sollte dabei herauskommen? – es ist ›nichts als‹ – usw. Das Bewußtsein erhebt ausgiebige Einwände, ja es zeigt sich öfters wie erpicht darauf, die spontane Phantasietätigkeit auszulöschen, obschon die höhere Einsicht und sogar die feste Absicht besteht, den psychischen Prozeß ohne Einmischung gewähren zu lassen. Zuweilen besteht ein förmlicher Bewußtseinskrampf.« (Jung, 1929, §20)

Diese Erfahrung eines »Bewusstseinskrampfs« machen einzelne Teilnehmer auch und sie werden dann in der Gruppe geteilt. Es tritt regelmäßig die Frage auf, was in solch einem Fall zu tun wäre, wenn sich keine Bilder einstellen, das Bild starr bleibt, sich wenig tut und ein Gefühl der Enttäuschung zurückbleibt.

Jungs eigene, schlichte Antwort darauf lautet:

»Diese Übungen müssen so lange fortgesetzt werden, bis der Bewußtseinskrampf gelöst, bis man, mit anderen Worten, geschehen lassen kann, was der nächste Zweck der Übung ist. Dadurch ist eine neue Einstellung geschaffen. Eine Einstellung, die auch das Irrationale und Unbegreifliche annimmt, einfach weil es das Geschehende ist.« (Jung 1929, §23)

Die Phase der Aktiven Imagination selbst wird nun eingeleitet mit einer kurzen Entspannungs- und Konzentrationsübung. Dabei wird zunächst die Aufmerksamkeit auf den eigenen Atemrhythmus gelenkt und anschließend im Sinne eines Bodyscans mit der Formel »Wir lassen los in …« die einzelnen Körperregionen benannt, angefangen vom Scheitel bis zu den Zehen. Diese Übung beansprucht ca. drei bis vier Minuten. Dabei wird keine tiefe Entspannung oder meditative Versenkung angestrebt, sondern ein Zustand fokussierter und zugleich körperlich entspannter Aufmerksamkeit, in der das Ich-Bewusstsein sich gleichsam nach »Innen« ausrichtet und doch wach und aktiv bleibt, anders als in hypnotischen Zuständen oder Meditationen, die darauf abzielen, die Aktivität des Ich-Bewusstseins möglichst weit abzusenken.

Beim ersten Durchgang im Kurs wird vom Kursleiter der Einstieg in die Imagination noch geführt mit dem Angebot, sich vor dem inneren Auge eine Treppe vorzustellen, diese genau zu betrachten und sie dann zehn Stufen hinabzusteigen. Es folgt eine zweite Treppe, auch diese wird zehn Stufen hinabgestiegen, wobei die Stufen von Kursleiter jeweils laut mitgezählt werden. Am Ende der zweiten Treppe erfolgt der Hinweis, eine Tür zu imaginieren und auch diese eingehend zu betrachten. Mit der Formel »Wenn es so weit ist, treten wir durch die Tür« ist die Phase des Zugangs abgeschlossen und es beginnt die eigentliche Aktive Imagination, in der keine weiteren Anweisungen mehr erfolgen, sondern jedes Gruppenmitglied seine eigene imaginative Erfahrung macht.

Diese Hinführung dient lediglich dazu, beim ersten Mal eine Anleitung im Zugang zur Aktiven Imagination zu erfahren, was diesen den meisten Teilnehmern sehr erleichtert. Bei weiteren Durchgängen im Laufe des Kurses, wird vom Leiter lediglich durch die anfängliche Entspannungsübung geführt. Ab diesem Zeitpunkt suchen sich die Teilnehmer ihren persönlichen Zugang selbstständig. Dabei kristallisieren sich schon schnell individuelle Varianten heraus, indem die Treppe beispielsweise lieber nach oben begangen wird, andere Zugänge gewählt werden oder sich aus vorangegangenen Imaginationen von selbst ergeben.

Das Ende der Imaginationsphase wird vom Kursleiter wiederum eingeleitet mit der Bitte, sich nun zu verabschieden und zurückzukehren in den Raum der Gruppe. Im Vorfeld war bereits die besondere Situation der Verabschiedung in der Imagination erwähnt worden mit der Empfehlung, am Ende Absprachen mit dem imaginativen Gegenüber zu treffen, z. B. sich in der nächsten Imagination wieder zu begegnen. Häufig ergeben sich daraus zusammenhängende Erfahrungsstränge, in denen eine bestimmte Thematik erst ausreichend Raum erhält, um sich zu entfalten.

Dieser Moment, in dem die Imagination durch den Kursleiter beendet wird, stellt eine Besonderheit im Umgang mit Aktiver Imagination in der Gruppe dar im Gegensatz zum Einzelsetting, weil hier der individuelle Fluss des Geschehens von außen bestimmt wird. Einzelne Teilnehmer haben zu diesem Zeitpunkt vielleicht schon ihre Imagination beendet, andere befinden sich noch im inneren Geschehen, für wiederum andere ist der Augenblick der Verabschiedung gerade gekommen. Es handelt sich um eine schlichte pragmatische Notwendigkeit, hier ein zeitliches Limit zu setzen, weil die individuell unterschiedlichen Zeiträume der Imagination sich auf diese Weise in ein Gruppengeschehen einfügen müssen. Es wird für die Teilnehmer spürbar, dass sie sich in einem gemeinsamen Gefäß der Gruppe befinden, wo die Vorteile des Austauschs mit den anderen und des Halts durch die Gruppe gleichzeitig eine Anpassung an einen übergreifenden Rhythmus erfordern, der die Bedürfnisse aller in einem Kompromiss fasst und eine gegenseitige Berücksichtigung nötig macht. Erfahrungsgemäß wiegt die Bereicherung durch die Gruppenerfahrung diese Anforderung bei Weitem auf, zumal die Aktive Imagination jederzeit für sich selbst unabhängig von der Gruppe durchgeführt werden kann.

Umgang mit spezifischen Situationen

Jede Gruppe entwickelt ihre eigene Dynamik und ihre eigenen Erfahrungen im Verlauf eines Kurses und bildet für sich genommen ein eigenständiges Wesen. Dennoch ergeben sich spezifische Themen und Fragestellungen in Zusammenhang mit der Aktiven Imagination immer wieder, auf die im Folgenden eingegangen werden soll.

»Es kommen keine Bilder«
Die Sorge, es könnten sich keine inneren Bilder einstellen, wird zu Anfang häufig geäußert und ist sicherlich auch ein Ausdruck der Angst, sich vor den anderen Teilnehmern zu exponieren und vielleicht sogar zu blamieren. Um dieser Leistungs- und Schamdynamik zu begegnen, empfiehlt sich der Hinweis, dass es keinesfalls darum geht, besonders eindrucksvolle Bilder oder auch nur überhaupt Bilder zu produzieren, dass die imaginative Fähigkeit allen Menschen innewohnt und jede und jeder nach und nach seinen und ihren eigenen Zugang dazu suchen darf, der sich jeweils ganz individuell und in einem völlig unterschiedlichen Tempo und Rhythmus vollziehen kann. Es handelt sich bereits hier darum, diese Haltung der inneren Offenheit zu entwickeln für das je eigene innere Geschehen und sich eben gerade nicht am fantasierten Blick von außen zu orientieren, der sich dann projektiv urteilend und bewertend über die inneren Bilder legt. Die innere Dynamik der Teilnehmer wird hier bereits deutlich und für die Gruppe als Ganzes thematisiert. Darum erscheint gerade die Haltung gegenüber der Imagination, die durch die Kursleitung selbst vermittelt wird, als Wegbereitung für den weiteren Verlauf, in dem es von großer Bedeutung ist, eine grundsätzlich wertschätzende, nicht urteilende und zugleich schützende Einstellung zu vermitteln. Diese bietet den sicheren Rahmen dafür, dass sich die Teilnehmer ihrem inneren Geschehen zuwenden können.

Meist wird mit Erstaunen zur Kenntnis genommen, dass es dann doch sehr gut möglich war, innere Bilder zu erleben, und es ist für viele eine Überraschung, wie reichhaltig diese waren. Stellen sich einmal gar keine Bilder ein, gelangt jemand nicht in die Imagination hinein, kann das ganz schlicht aufgenommen werden, dass es das eben gäbe, und dass selbst Jung diese Situation kannte. Es lässt sich auf sein oben genanntes Zitat verweisen, dass solche Zustände sich immer wieder einmal einstellen und dass es dann lediglich darum geht, solange weiterzumachen, bis sich der »Bewusstseinskrampf« löst. Erfahrungsgemäß ist das auch tatsächlich so: Der Krampf löst sich, wenn man sich einfach wieder in eine Imagination begibt. Gerade hier erweist sich die Gruppe als großer Vorteil. Im Einzelsetting kann es in einzelnen Fällen etwas länger dauern, bis das »Geschehenlassen« gelingt, und die Versuchung, zu resignieren oder den eigenen unbewussten Ängsten vor der Begegnung mit unbekannten Seiten nachzugeben, scheint hier größer. In der Gruppe dagegen hilft das Miterleben der Imaginationen bei den anderen Teilnehmern und von deren Schwierigkeiten. Das motiviert, es weiter zu versuchen, und erfahrungsgemäß kommen alle Teilnehmer sehr rasch in die Imagination hinein. Ähnliches gilt für den Fall, dass Bilder sehr starr bleiben, dass sich wenig bewegt, oder kaum emotionale Beteiligung erlebt werden kann. Auch hier bewährt sich der Hinweis, einfach dabeizubleiben. Dann stellen sich meist früher oder später Veränderungen ein und es kommt eine Entwicklung in Gang. Jungs Bemerkung, dass die Übungen eben solange fortgesetzt werden sollen, bis man geschehen lassen kann, hat sich, so schlicht sie klingt, tatsächlich in den allermeisten Fällen bestätigt.

»Ich weiß nicht, ob ich die Bilder selber mache«
Diese Frage stellt sich im Laufe des Umgangs mit Aktiven Imaginationen immer wieder einmal und ist einerseits schwer zu beantworten, denn es gehört zum Wesen dieses Verfahrens, dass das Ich-Bewusstsein eben gerade nicht ausgeschaltet, sondern zu einem gewissen Grad immer beteiligt und aktiv sein soll. Ein Stück »Ich« ist also immer darin. Andererseits beantwortet sich die Frage sehr zuverlässig von selbst. Wer sich in einer Aktiven Imagination bewegt, macht dabei immer wieder die Erfahrung, dass Dinge geschehen oder Worte ausgesprochen werden, auf die wir bei bewusstem Nachsinnen oder Beschäftigung mit dem Thema nie gekommen wären. In ähnlicher Qualität wie in Träumen begegnen uns hier Inhalte, die eine starke Gewissheit hinterlassen, dass wir sie nicht »gemacht« haben, sie also nicht einer Manipulation des Ich-Bewusstseins entstammen. Wenn diese Inhalte dann in der Nachbearbeitung sich auch noch als brauchbar erweisen und wir daraus eine neue Erkenntnis ziehen können oder eine Ergänzung unserer bewussten Haltung, die uns belebt, entlastet oder bereichert, dann lösen sich die Zweifel auf, einer Manipulation des Ich-Bewusstseins zu unterliegen.

Der Prozess ähnelt dem im Umgang mit Träumen, zu denen Jung bemerkte, dass er sich mit ihnen nicht beschäftigen könne, ohne von der Voraussetzung einer kompensatorischen Funktion und eines Sinns in den Träumen auszugehen:

»So ist es eine theoretische Erwartung, daß ein Traum überhaupt einen Sinn habe. Das lässt sich nämlich keineswegs in allen Fällen strikte beweisen, denn es gibt Träume, die man schlechterdings nicht versteht, weder Arzt noch Patient. Ich muß jedoch eine solche Hypothese machen, um den Mut zu haben, überhaupt mit Träumen umgehen zu können. Eine weitere Theorie ist, daß der Traum der bewußten Erkenntnis etwas Wesentliches hinzufüge, und daß mithin ein Traum, der dies nicht tut, ungenügend gedeutet sei. Auch diese Hypothese muß ich machen, um mir zu erklären, warum ich überhaupt Träume analysiere.« (Jung, 1931, §318)

Dies ließe sich nicht nur auf die Aktive Imagination, sondern auch auf den gesamten Prozess der Analyse übertragen, die allein mit der Perspektive einer naturwissenschaftlich basierten quantitativen Messung nicht zu erfassen ist. Es handelt sich auch hier um einen hermeneutischen Zugang zum Inhalt, der von der Prämisse ausgeht, dass ein Sinn enthalten sei. Der wesentliche Gradmesser dafür, ob eine solche Haltung berechtigt ist, liegt aber in der individuellen Erfahrung einer Sinnfindung, die der Persönlichkeit etwas Entscheidendes hinzufügt.

Bilderflut und »ästhetisches Interesse«
Sowohl eine wahre Flut an inneren Bildern oder eine Handlung, die ausufert, kann in manchen Fällen der Imaginationen angetroffen werden als auch eine eigentümliche Distanziertheit zum imaginativen Geschehen.

Sie lassen sich als Abwehr wie auch als Abbild einer inneren Dynamik verstehen, in der es schwierig ist, die Balance einer Imagination, in der auch aktiv gehandelt wird, zu
halten. Dabei sind beide Phänomene gekennzeichnet durch eine Passivität des Ichs in den Imaginationen.

Im ersten Fall einer Bilderflut wirkt das Ich dem Geschehen in der Imagination oft ausgeliefert und bewegt sich hindurch, ohne selbst aktiv zu werden oder Stellung zu beziehen. Die ersten beiden Forderungen von Marie Louise von Franz, »Empty the ego-mind« und »Let the unconscious flow into the vacuum«, sind erfüllt, aber die Stellungnahme des Ichs zu dem, was sich ereignet, ihr dritter Aspekt des »Add the ethical element«, ist zu schwach ausgeprägt oder bleibt ganz aus. Dadurch kann auch der vierte Schritt, »Integrate the imagination […] to daily life«, nicht adäquat erfolgen. In diesem Fall ist es entscheidend, zu fragen, was würde das Ich denn in Wirklichkeit in einer solchen Situation wie in der Imagination tun, wie würde es reagieren, wie antworten oder fragen. Eine Stärkung des Ichs ist somit notwendig, um die Balance wiederherzustellen. Es ist auch grundsätzlich nichts Falsches daran, sich einer solchen Bilderflut hinzugeben, aber man erreicht damit nicht das, was in der Aktiven Imagination möglich ist. Man macht stattdessen eben eine Fantasiereise, die sehr angenehm und manchmal sogar berauschend sein kann, aber: Man nimmt davon nichts mit, keine Erkenntnis und keine Ergänzung des Ichs.

Mitunter kann eine solche Bilderflut auch beunruhigend sein oder beängstigend. Auch dann ist es nötig, das Ich zu stärken und in der Nachbesprechung zu überlegen, was das Ich in bestimmten Situationen tun könnte, was es täte, wenn es in Wirklichkeit in so etwas hineingeriete. Die Erfahrung zeigt, dass es in den allermeisten Fällen möglich ist, diese Haltung in die Imagination mit hineinzunehmen und die folgenden imaginativen Phasen gestalten sich schon ganz anders. Der Unterschied zur passiven Bilderreise ist für die Teilnehmer selbst leicht zu erkennen und die Stärkung des Ichs wird dann in den weiteren Sitzungen oft schnell sichtbar. Auch hier ist die Gruppe ein wichtiges Gefäß, das es erleichtert, diese Haltung einzunehmen.

Im zweiten Fall, in dem Jung davon spricht, dass jemand ein vorwiegend ästhetisches Interesse an den inneren Bildern besitzt, fällt meist auf, dass die imaginierende Person emotional nicht spürbar beteiligt ist. Es besteht eine affektive Distanz zum Geschehen, die in der Gruppe schnell bemerkt wird. Häufig ist es so, dass die anderen Teilnehmer diese Gefühlsleere spüren oder dass eine Diskrepanz deutlich wird zwischen den emotionalen Reaktionen in der Gruppe und der Unbeteiligtheit der imaginierenden Person. Findet jemand mithilfe dieser Resonanz aus der Gruppe auch weiterhin nicht zu einem emotionalen Zugang in seinen inneren Bildern, sollte dies auch als Abwehr im Sinne eines Schutzes vor Überwältigung durch die individuelle Dynamik, durch Schattenaspekte oder traumatisierte Anteile verstanden und akzeptiert werden. Hier können Therapieprozesse im Einzelsetting indiziert sein, die eine behutsame Annäherung an die abgespalten wirkenden Seiten ermöglichen.

Gruppendynamik, Übertragung und Gegenübertragung
Auch wenn die Gruppendynamik selbst in dieser Form der Gruppenarbeit nicht im Fokus steht, so spielt sie dennoch eine Rolle, die sich auf unterschiedliche Weise bemerkbar machen kann.

So weisen insbesondere Diskussionen über den Rahmen, vor allem Anfangszeiten, Pausen oder Wechsel des Settings oft darauf hin, dass Störungen vorliegen. Diese können im großen Rahmen der Gesamttagung zu finden sein und werden dann in die Gruppe hineingetragen, obwohl sie gar nicht in ihr entstanden sind.

Aber die Gruppe ist in diesem Setting auch wiederum nur Teil der viel größeren Gruppe aller Tagungsteilnehmer. Es kann sich um individuelle Störungen Einzelner handeln, die dann die Gruppe beschäftigen, mitunter auch um eine Abwehr gegenüber dem Verfahren selbst, eine unzureichende Passung oder falsche Erwartungen im Vorfeld. Diese Fragen sind stets vorranging zu klären, weil sonst der sichere Rahmen als Voraussetzung für die Imagination fehlt oder beeinträchtigt ist.

Aber auch die intensiven Auseinandersetzungen mit den zum Teil belastenden Inhalten können zu viel werden, für Einzelne oder für die Gruppe als Ganzes. Psychische Inhalte können bekanntermaßen ansteckend sein und affizieren. So ist es möglich, wenn beispielsweise eine Missbrauchsthematik in Imaginationen bearbeitet wird, dass dann auch weitere Teilnehmer dieses Thema aufnehmen und sich eine eigene Dynamik daraus entwickelt. Es ist Aufgabe der Kursleitung dies im Auge zu behalten und gegebenenfalls auf eine Begrenzung zu achten, die dem Rahmen des jeweiligen Kurses angemessen ist und z. B. die intensivere Bearbeitung eines individuellen Themas in einem therapeutischen Prozess zu empfehlen. Dies ist auch nötig, um die verschiedenen Teilnehmer, aber auch die Gruppe als Ganzes vor einer Überforderung zu schützen, die letztlich in ein Schuldgefühl münden kann, ein Mitglied nicht genügend aufgefangen zu haben. Hier sind die Grenzen eines Settings, das auf eine Selbsterfahrungsphase von einigen Tagen begrenzt ist, unbedingt einzuhalten.

Umgekehrt kann es aber auch zu Ansteckungen anderer Art kommen, wenn stärkende und bereichernde Erfahrungen sich in der Gruppe verbreiten, was erfahrungsgemäß deutlich häufiger der Fall ist. Zur Überraschung der Teilnehmer finden sich immer wieder Motive oder Handlungsabläufe in den Imaginationen verschiedener Personen, die einander sehr ähneln, und zwar in derselben Sitzung, ohne dass diese im Vorfeld einmal zur Sprache kamen oder thematisiert wurden.

Hier liegt es nahe, das Übertragungskonzept C. G. Jungs, wie er es in »Die Psychologie der Übertragung« gefasst hat, auch auf die Gruppe zu übertragen. Als wesentliche Zutat der Analytischen Psychologie zum klassischen Modell von Übertragung und Gegenübertragung kann hier die unmittelbare Übertragungsebene zwischen den beiden unbewussten Dimensionen von Analysand und Therapeut genannt werden. Dieses Phänomen, das Jung als das gemeinsame »Eintauchen im Bade« (Jung, 1946, §455) anhand der alchemistischen Bilderfolge des Rosarium philosophorum beschrieb, ist im Einzelsetting immer wieder zu beobachten. Tritt es im Gruppensetting auf, führt es zu einer Intensivierung des Gruppenerlebens und des Zusammengehörigkeitsgefühls, das wiederum zum Nährboden wird für haltgebende Erfahrungen, Entwicklungsprozesse und eine Intensivierung der Erfahrungen in den Imaginationen.

Dabei ist es grundsätzlich eine sehr interessante Frage, inwieweit die Übertragung insbesondere auf die Kursleitung im Gruppensetting der Aktiven Imagination eine Rolle spielt oder spielen sollte. So kann es zu der oben schon beschriebenen Idealisierung der Kursleitung kommen, die als Experte angesehen wird und deren Wort dann ganz besonderes Gewicht besitzt. Da es für viele Teilnehmer zunächst darum geht, mit dem Vorgang der Imagination selbst vertraut zu werden, ist eine Übertragung in gewissem Maß auch unumgänglich, insofern es sich um die Rolle der Anleitung im Verfahren handelt und darum, von den Erfahrungen der Kursleitung zu profitieren. Die gezielte Förderung von Übertragungsphänomenen kann jedoch weder das Mittel, noch das Ziel dieser Form von Selbsterfahrung in der Gruppe sein. Das Medium, über das sich hier Entwicklungsprozesse in Gang setzen lassen, ist vielmehr die Aktive Imagination selbst. Ihr Ziel ist die Förderung der Verbindung zwischen den Polen des Ich-Bewusstseins und des Unbewussten, um zur Erfahrung größerer Autonomie im Sinne eines Individuationsvorgangs zu kommen, der gerade auf größere Unabhängigkeit von einer äußeren therapeutischen Instanz ausgerichtet ist. Bei der zeitlichen Begrenzung des hier vorgestellten Konzepts, wäre es ohnehin nicht lege artis tiefere Übertragungsvorgänge anzuregen, wenn keine Kontinuität im Gruppenprozess über längere Zeiträume hin gewährleistet ist. Prinzipiell wäre eine solche Arbeit mit Aktiver Imagination in der Gruppe auch über lange Phasen in einem kontinuierlichen Setting in Form von regelmäßigen Sitzungen in festen Intervallen oder wiederkehrenden Wochenend-Workshops denkbar. In diesem Fall könnte es sogar zum ausdrücklichen Ziel des Gruppenprozesses werden, dass dieser zunehmend unabhängiger von der Kursleitung wird und ihrer mit der Zeit immer weniger bedarf.

Imaginationen mit Verstorbenen
Die Frage, ob Imaginationen mit Verstorbenen zulässig seien, taucht regelmäßig auf und ist oft Ausdruck eines tiefen Bedürfnisses ungeklärte Beziehungen zu bearbeiten. Als Gegenargument ließen sich jene Bedenken anführen, die auch bei der Imagination mit lebenden Personen beschrieben wurden. Danach könne dies rasch in eine »imaginatio fantastica« führen, in der das eigenen Begehren ein wirkliches Geschehenlassen, wie es zum Wesen der Aktiven Imagination gehört, verhindert. Dieser Einwand darf nicht übergangen werden und stellt tatsächlich eine Gefahr dar.

Auch ergibt sich die Frage, wer denn in diesem Fall das Gegenüber in der Imagination sei. Handelt es sich dann nicht um so etwas wie eine Geisterbeschwörung oder gerät die Aktive Imagination auf diese Weise nicht in die Nähe eines esoterischen Okkultismus, in dem festen Glauben mit dem realen Geist des Toten in Verbindung zu treten, der wichtige Anweisungen für das Leben in der Gegenwart liefern kann?

Demgegenüber steht allerdings die Erfahrung, dass die Gestalten Verstorbener immer wieder einmal spontan in Imaginationen auftauchen, ohne dass die betreffende Person vorher auf bewusster Ebene auch nur im Geringsten den Wunsch hatte, dieser zu begegnen oder mit ihr in Kontakt zu treten. Meistens sind dies schützende Gestalten des Vaters oder der Mutter, die oft wortlos im Hintergrund anwesend sind und durch ihre imaginative Gegenwart ein Gefühl von Geborgenheit vermitteln. Es scheint sich um ein spontanes Phänomen der menschlichen Imaginationskraft zu handeln, das sich mitunter einstellen kann und das in diesem Moment in den meisten Fällen als sehr wohltuend erlebt wird. Gerade dann ist es von Bedeutung, in der Nachbesprechung nicht das Gefühl zu vermitteln, dass damit etwas Unerlaubtes in die Imagination geraten wäre, sondern es vielmehr als Teil des Prozesses anzusehen, der sich in eben dieser Weise manifestiert hat und somit zum Geschehenlassen selbst dazu gehört.

Die Erfahrung, den Verstorbenen zu begegnen, stellt zudem in der Mythologie ein wiederkehrendes Motiv dar. Odysseus trifft in der Unterwelt auf Achilles und hat auf dem Weg dorthin eine Begegnung mit seiner Mutter. Noch eindrücklicher ist die Geschichte des Orpheus. In dem Moment, als er sich nach Eurydike umsieht, als er sich ihrer vergewissern, sich sicher sein will, dass sie real existiert, verliert er sie. Diese Episode kann als wesentlicher Hinweis auf das Wesen der Begegnung mit den Verstorbenen gelten. Es ist möglich, den Kontakt aufzunehmen und der Gestalt, die die Verstorbenen in uns angenommen haben, zu begegnen, aber es ist nicht möglich, sie in unsere Gegenwart hineinzuziehen. Der Gang in die Unterwelt ist begrenzt auf einen imaginativen Raum, der sich nicht unmittelbar in die Realität übertragen lässt. Das erscheint als eine angemessene Haltung, die es braucht, wenn sich eine Begegnung mit Verstorbenen in der Aktiven Imagination einstellt.

Schlussbemerkung

Die wichtigste Motivation, sich auf den Weg der Aktiven Imagination einzulassen, ist das Bedürfnis, die stetige Erweiterung der eigenen Persönlichkeit zu fördern. Dies in der Gruppe zu tun, stellt eine Ergänzung der bisherigen Konzepte dar, die zu einer spezifischen Erfahrung im unmittelbaren Austausch mit anderen und dem Erleben von Halt in der Gruppe führt.

Die vorliegende Arbeit entstand aus dem Wunsch heraus, diese Erweiterung der Aktiven Imagination auf eine Arbeit in der Gruppe bekannter zu machen; ebenso aus der Hoffnung, damit interessierten Kolleginnen und Kollegen eine Anregung zu geben, wie diese Form aussehen kann. Die Intensität und Reichhaltigkeit der Prozesse, die sich hier in wenigen Tagen entwickeln, überraschten auch erfahrene therapeutisch tätige Teilnehmer wie auch den Autor selbst immer wieder aufs Neue. Sollte dieser Text dazu motivieren, eine solche Gruppenarbeit selbst anzubieten und darüber in Austausch zu treten, hätte er seinen Zweck erfüllt.

Literatur

Domhoff, W. & Fox, K. (2015): Dreaming and the default network: A review, synthesis, and counterintuitive research proposal. *Consciousness and Cognition*, 33, 342–353.

Dorst, B. & Vogel, R. T. (2014): *Aktive Imagination – Schöpferisch leben mit inneren Bildern*. Stuttgart: Kohlhammer.

Hau, S. (2018): Experimentelle Schlaf- und Traumforschung. In: C. Walde & A. Krovoza (Hrsg.).: *Traum und Schlaf – Ein interdisziplinäres Handbuch* (S. 281–292). Stuttgart, Metzler.

Hobson, A. (1998): The neuropsychology of REM sleep dreaming. *Neuro Report*, 9, 1–14.

Jung, C. G. (1921/1994): Psychologische Typen. *Gesammelte Werke, Bd. 6*. Zürich/Düsseldorf: Walter.

Jung, C. G. (1934/1996): Die Beziehung zwischen dem Ich und dem Unbewußten. *Gesammelte Werke, Bd. 7*. Zürich/Düsseldorf: Walter.

Jung, C. G. (1959/1995): Die transzendente Funktion (Vorwort). *Gesammelte Werke, Bd. 8*. Solothurn/Düsseldorf: Walter.

Jung, C. G. (1939/1992): Zum psychologischen Aspekt der Korefigur. *Gesammelte Werke, Bd. 9/I*. Zürich/Düsseldorf: Walter.

Jung, C. G. (1941/1996): Psychologischer Kommentar zu: Das Tibetische Buch der großen Befreiung. *Gesammelte Werke, Bd. 11*. Olten/Freiburg: Walter.

Jung, C. G. (1929/1993): Kommentar zu »Das Geheimnis der Goldenen Blüte«. *Gesammelte Werke, Bd. 13*. Solothurn/Düsseldorf: Walter.

Jung, C. G. (1931/1991): *Die praktische Verwendung der Traumanalyse. Gesammelte Werke, Bd. 16*. Olten/Freiburg: Walter.

Jung, C. G. (1946/1991): Die Psychologie der Übertragung. *Gesammelte Werke, Bd. 16*. Olten/Freiburg: Walter.

Jung, C. G. (1935/1995): Über Grundlagen der Analytischen Psychologie – Tavistock Lectures. *Gesammelte Werke, Bd. 18/I*. Solothurn/Düsseldorf: Walter, S. 21–200.

Jung, C. G. (1947/2009): *Briefe II 1946–1955*. Olten/Freiburg: Walter.

Kast, V. (2012): Imagination – Zugänge zu inneren Ressourcen finden. Ostfildern: Patmos.

Seifert, L., Seifert, T. & Schmidt, P. (2003): *Der Energie der Seele folgen – Gelassen und frei durch Aktive Imagination*. Düsseldorf/Zürich: Walter.

Tauber, M. (2012): *The Soul's Ministrations – An Imaginal Journey through Crisis*. Willmette, Illinois: Chiron Publications.

Vogel, R. T. (2014): Der »geheimnisvolle Weg geht nach innen« – Grundlagen und Praxis der Aktiven Imagination. In: B. Dorst & R. T. Vogel (2014): *Aktive Imagination – Schöpferisch leben mit inneren Bildern* (S. 16–51). Stuttgart: Kohlhammer.

von Franz, M. L. (2002): *Psychotherapie*. Einsiedeln: Daimon.

Walde, C. & Krovoza, A. (Hrsg.): *Traum und Schlaf – Ein interdisziplinäres Handbuch*. Stuttgart: Metzler.

Gert Oskar Alexander Sauer

Die Akademie der Träume
Berichte aus dem Diesseits.
Einige Wahrnehmungen von der Natur des Menschen und seiner Welt – aufgenommen und erzählt aus einer Traumgruppe ohne Anspruch auf den Besitz der Wahrheit

Die Gruppe

Ich beschreibe im Folgenden die Erfahrung mit einer Gruppe, die seit mehr als 38 Jahren versucht, mit einem festen Kern, aber auch Mitgliedern, die ausgeschieden sind, und solchen, die neu hinzugekommen sind, die Botschaft ihrer Träume zu verstehen und im Alltag umzusetzen. In der langjährigen Arbeit wurde mir die Bedeutung und die Wirklichkeit von C.G. Jungs Synchronizitätsprinzip in den Gruppenverläufen und Einzelsitzungen überaus deutlich. Die Gruppe entstand, weil einige meiner Patienten die Arbeit mit den Träumen und die Botschaften des Unbewussten so faszinierend fanden, dass sie im »Training« bleiben wollten. Andere hörten davon und wollten daran teilhaben. Die Gruppe hat also unterdessen in mehr als 700 Sitzungen einmal monatlich je zwei Stunden pro Abend mindestens zwei, wenn nicht drei Träume bearbeitet. Gearbeitet wird aufgrund der Erfahrungen, welche die von C.G. Jung begründete Analytische Psychologie als Zweig der Psychoanalyse gesammelt hat. In der Arbeit der Traumgruppe wirkt sich dabei besonders förderlich aus, dass die Analytische Psychoanalyse sowohl Analyse als auch Synthese in ihrer Methodik benützt und voraussetzt. Ich beschreibe also im Folgenden sowohl die Methodik als auch die Haltung, die das Menschenbild der Analytischen Psychologie voraussetzt. Hierbei handelt es sich um erweiterte Ausführungen dessen, was ich auch schon in dem von einem Gruppenmitglied (Prof. Bollin) und mir herausgegebenen Buch über die Traumgruppe beschrieben habe.

Zur Arbeit in der Gruppe

Seit ältester Zeit versammelten sich Menschengruppen zum Beispiel morgens, um sich ihre Träume zu erzählen und zu versuchen, sie zu verstehen. Auch bei wichtigen kollektiven Entscheidungen wurde auf die Botschaft des Unbewussten geachtet. Dieses Bewusstsein, dass es neben der bewusst wahrgenommenen und interpretierten Welt eine Potenz von Gestaltungskraft und tiefem Wissen gibt jenseits des Bewusstseins, ging zum Schaden der Menschlichkeit, aber zur Optimierung des bewussten wissenschaftlichen Fortschrittes weitgehend verloren. Heute sind wir an einem Punkt, an dem die Wiedervereinigung mit dem Bereich der »dunklen Energie und ihrer Materie« dringen erforderlich ist, da das cartesianische wissenschaftliche Bewusstsein hypertrophiert und das Leben mit dem Wert der Menschlichkeit zu zerstören droht, weil sich technisierte Vernunft an seine Stelle setzen und sich verabsolutieren möchte.

Zur Methodik

Selbstverständlich setzt die Arbeit in der Gruppe ein bestimmtes Vorgehen und ein bestimmtes Verhalten der Gruppenmitglieder voraus.

1. Dazu gehört das Bewusstsein – oder mindestens die Bereitschaft anzunehmen –, dass die Träume ihren Platz haben im Selbstheilungs- und Selbstwerdungsprozess der Träumerin oder des Träumers. Sie sind *Botschaften des Selbst*. Folglich stellen sich die Gruppenteilnehmerinnen und -teilnehmer in den Dienst des Selbst, wenn sie bereit sind, das Wahrgenommene im bewussten Leben umzusetzen.
2. Dazu gehört weiter das Wissen, dass das Selbst nicht nur im Dienst des Prozesses des Einzelnen steht, sondern dass das Selbst ebenso Selbstwerdungs- und Selbstheilungsprozesse der Gruppe bewirken will. Dieses spricht sich im Erscheinen der gleichen Themen in den Träumen des Abends aus, was wiederum auch ein Hinweis auf die konstellierten Archetypen in der Gesamtgesellschaft sein kann. Damit erscheinen dann auch weitere Belege für die Synchronizitätshypothese C.G. Jungs.
3. Es gehört dazu der Respekt vor der Integrität der Personen, die ihren Traum einbringen. Entsteht in der Gruppe eine Tendenz, die Träumerinnen oder Träumer von ihrer Meinung abzubringen, ist dieses als Gruppenwiderstand zu deuten und offenzulegen.

4. Damit ist die absolute Diskretion verbunden, mit der absoluten Schweigepflicht.
5. Es gehört dazu die Bereitschaft, die Gruppenregeln einzuhalten. Ist dieses nicht der Fall, liegt bereits ein Hinweis vor, dass die Komplex- und Dynamikstruktur der Träume dazu tendiert, Grenzen zu überschreiten.
6. Eingeschlossen ist auch die Bereitschaft, eigene Assoziationen zuzulassen und offen auszusprechen – weil das Selbst in diesem Fall die Psyche der Assoziierenden und ihr Bewusstsein benützt, um zum größeren Verständnis eines Traumes beizutragen. Assoziationen und in der späteren Phase Informationsfragen, die verdeckt bereits rationale Überlegungen der Fragenden beinhalten, werden in dieser Phase als Widerstand gerechnet. Es wird also die Frage zu berücksichtigen sein, warum sich das Bewusstsein der Gruppe und des Einzelnen zu schwach fühlt, die Dynamik des konstellierten Komplexes zu ertragen.
7. Es gehört dazu das Interesse, mehr über sich und den Kosmos zu erfahren, zu lernen und vor Bedrängendem oder Überraschendem mit der Zeit weniger zu erschrecken.

Zur Haltung in der Gruppenleitung

1. Voraussetzung ist, dass der Leiter oder die Leiterin der Gruppe alle Regeln auch für sich akzeptiert, die für die Gruppe gelten.
2. Wer eine Traumgruppe leitet, sollte sich bewusst sein, im Dienst des Selbst zu stehen mit seiner eigenen Individuation, um die Selbstwerdungs- und Selbstheilungstendenzen der Gruppenmitglieder zu unterstützen. Leitende bringen ihre Erfahrung ein, aber sie tun dies in der Haltung, jeden Tag und in jeder Sekunde eigentlich nichts zu wissen und zu lernen bereit zu sein. Eine Leiterin oder ein Leiter ist bestenfalls Geburtshelfer und weder die Gebärende noch das Kind, er ist Teil des Werkes des Selbst.
3. Dieses letztere Wissen ist entscheidend: Auch die Gruppenmitglieder kamen nicht wegen ihrer oder seiner »schönen Augen«, sondern weil das Selbst Leitende als Teil eines Prozesses benützt. Dieses ist eine Ehre.
4. Der Gruppenleiter oder die Gruppenleiterin schützt den Prozess des Selbst vor seinem eigenen Schatten, vor den Schatten der Gruppenmitglieder und weiß um den Gruppenschatten im Verlauf des Prozesses immer mehr.
5. Ein Leiter (analog einer Leiterin) betrachtet deshalb den Gruppenprozess als ein Ganzes, indem er und seine psychischen Reaktionen wichtig sind für den Gruppenprozess. Er weiß, dass er an der Gruppe arbeitet und die Gruppe an ihm.

Körper und Seele sind ein Ganzes, ein integrales System

Die vorgestellte Arbeit geht davon aus, dass Körper und Seele zwei Seiten der gleichen Wirklichkeit sind – nur mit unterschiedlichen Schwingungsmustern.

Das bedeutet für die Arbeit in der Traumgruppe, dass alle körperlichen Reaktionen mit einbezogen werden. Je nach Kultur wird dabei die Offenheit eingeschränkt oder behindert, was schade ist. Aber es ist schon als Fortschritt im Rahmen west- und mitteleuropäischer Erziehung zu werten, wenn »Bauchgrummeln« einbezogen werden kann in den Prozess. In jedem Fall ist davon auszugehen, dass Körper und Seele sich verhalten wie Geige und Geigenbogen – wechselseitig.

Selbstverständlich löst der Traum als Symbol mit Bildgefühl und dynamischen Elementen in der Gruppe immer auch atmosphärische Reaktionen aus, die wesentliche Beiträge zum Verständnis eines Traumes bringen können. Hierbei kommt den introvertierten Empfindern in der Gruppe an diesem Punkt eine wichtige Rolle zu.

Da die beiden letztgenannten Punkte für manche Kulturen unbewusst sind, solle der Leiter oder die Leiterin am Ende der bildlich-verbalen Assoziationsphase darauf hinweisen und sie erfragen.

Schlussfolgerung

Traumgruppen können ein Beitrag sein zur Heilung der unheimlichen, krankmachenden und gesellschaftlich gefährlichen Abspaltung des Bewusstseins von der Wirklichkeit. Sie können aus einer immer künstlicher werdenden Intelligenz wieder einen Verstand werden lassen, der um sich und seine Grenzen weiß – und um seine Einbettung in den Kosmos.

Berichte aus dem Diesseits

Ein kleiner Überblick: Synchronizitätsphänomene – das heißt, Prozesse, denen die gleiche Energie zugrunde liegt, die aber vom kausalen Standpunkt in ihrer Parallelität nicht erklärt werden können – nehme ich in der im Folgenden beschriebenen Bedeutung wahr.

Aber zuvor: Was ist »Diesseits«, was ist »Jenseits«?

»Diesseits« verwende ich hier im Sinn von »innerhalb der bewussten Welt«, »Jenseits« verwende ich im Sinn von »außerhalb der bewussten Welt«.

»Berichte aus dem Diesseits« bedeuten im Zusammenhang dann Berichte von den Einwirkungen »jenseitiger« Kräfte im Diesseits des Bewusstseins, was C.G. Jung spezieller beschrieben hat als *Synchronizitätserfahrung*. Konkret meint Synchronizitätserfahrung eine Gleichzeitigkeit von jenseitigen, das heißt, unbewussten Energien mit dem bewusst erlebten Geschehen. Noch konkreter geht es um das Erlebnis, dass die Träume bestimmter einzelner Menschen – ohne in der Erzählung oder über vorauslaufende Kontakte abgesprochen zu sein – das gleiche Thema behandeln, also Zeugnis von unbewusst konstellierten Energien sind. Dieses lässt sich, sehen wir einmal ab von der Traumgruppe, auch in den Supervisionsgruppen nachweisen, vorausgesetzt, dass im gleichen Zeitraum mehr als eine Patientengeschichte berichtet wird.

Die Benennung dieser Energien ist dabei unerheblich. C.G. Jung nannte sie entsprechend seinen ersten Forschungen *Archetypen*. Im Verlauf seiner Forschungen erkannte er in ihnen die dem Universum gestaltgebenden Energien, die offensichtlich ihre archetypischen Bilder als Transmitter von Botschaften an das jeweilige Bewusstsein und seine Welt benützen, um verstanden zu werden.

Die Zusammensetzung der Gruppe

Soziologisch: Die meisten Teilnehmer:innen durchliefen einen längeren analytischen Prozess bei mir. Je mehr von der Arbeit der Gruppe in Freiburg und Umgebung bekannt wurde, umso mehr häuften sich die Anfragen mit Bitte um Teilnahme. Eine Warteliste musste etabliert werden. Bei Ausscheiden aus der Gruppe – das konnte auch durch Sterben geschehen – werden die freigewordenen Plätze in der Reihenfolge des Teilnahmewunsches vergeben. Allerdings gibt es eine Sperrklausel: Wenn ich jemanden nicht kenne, gibt es drei Eingangsvoraussetzungen:

1. Ein *Sondierungsgespräch* mit mir.
Folgende Fragen sind mir dabei wichtig: Passen die Bewerber und Bewerberinnen zum gegenwärtigen Zustand der Gruppe? Können wir voraussichtlich, ohne uns dauernd in die beidseitigen bewussten Komplexe zu verwickeln, zum Nutzen der Einzelnen und der ganzen Gruppe uns vorstellen zusammenzuarbeiten? Wie hoch ist der zu erwartende Widerstand? Wie ist die Beziehung zum Unbewussten? Besteht eine gewachsene Beziehung zu den Träumen? Dazu kommt ein vorläufiges Abschätzen der Ichstärke: Wie weit kann das Anderssein der Anderen ertragen

und toleriert werden? Wie weit können Äußerungen der Anderen voraussichtlich als zu bedenkende Bereicherungen und nicht als beängstigende Störelemente aufgenommen werden?

2. Eine *Probesitzung:* Dabei hat jedes Gruppenmitglied das Recht zu sagen, ob er oder sie meint, dass der oder die Betroffene ihr oder ihm so unangenehm wäre, dass er oder sie meint, kein Vertrauen aufbauen zu können. Das gleiche Recht hat aber auch jeder Bewerber und jede Bewerberin.

3. *Kulturell:* Für die Gruppenkultur gebe ich zwingend zwei Regeln vor. Zum einen besteht über die persönlichen Äußerungen der Anderen absolute Schweigepflicht. Bei Zuwiderhandeln erfolgt ein Ausschluss aus der Gruppe. Zum anderen: Jede und jeder hat ein Recht auf die eigene Meinung. Versucht die Gruppe – unbewusst geworden – jemanden zu überzeugen, interveniere ich. Auch zum Schutz einer angeblich falschen Meinung!

4. Die *Lebensalter:* Bisher waren alle Gruppenmitglieder stets über 20 Jahre alt, die Mehrzahl um die Lebensmitte herum, wenige im hohen Alter. Einige Paare nahmen teil. Das Leben der Paare und Familienmitglieder zeigte sich mit einigen Hemmungen durch die Teilnahme lebendiger.

5. Die *Sprache*: gehörte zur jeweiligen Herkunft und zum persönlichen Bildungshorizont. Stadt und Land, höhere oder geringere Schulbildung, wir hatten kein akademisches Übergewicht in der Gruppe. Es kamen Menschen aus allen Teilen Deutschlands und der nahen Schweiz, meist mit einem mittleren Einkommen. Es gilt die Regel: Fremdsprachliche Beiträge müssen übersetzt werden. Jeder und jede hat auch ein Recht auf seine Sprache.

6. Die *Gruppensprache*: Daraus entsteht eine Gruppensprache, in der jeder sich ausdrücken kann, »wie ihm oder ihr der Schnabel gewachsen ist« – nach einer elsässischen Redensart. Der Gruppenleiter oder die Gruppenleiterin muss darauf achten, Fachbegriffe immer in Alltagssprache zu übersetzen. Durch Fachsprache zu imponieren, ist ein Zeichen einer unbearbeiteten narzisstischen Persönlichkeitsstörung! Mit der Zeit lässt sich ein Vertrautsein mit wenigen wichtigen Jung'schen Begriffen feststellen. Die Grundsprache ist Deutsch. Ich wiederhole: Fremdworte müssen übersetzt werden. Das Gleiche gilt für Assoziationen oder Amplifikationen in Fremdsprachen. Bewegungen des Körpers, ausgedrückte,

sichtbare Emotionen werden wie sprachliche Äußerungen betrachtet, ebenso die Atmosphäre in der Gruppe, die durch einen Traum entsteht. Dazu gehören Leichtigkeit, Gewitterstimmung, Beklommenheit, Trauer, Glück usw. Sehr intime Regungen des Körpers im analen und sexuellen Bereich, aber auch jenseits der öffentlichen Moral werden nur bei großer Vertrautheit mit dem Gruppenprozess geäußert. Aber sie werden und sind meistens tiefe Beiträge. Ermutigend ist dabei immer wieder die Art der Träume: Das Unbewusste hält sich an keine öffentliche Moral, es verwendet alle Erscheinungen im Kosmos, um dem Bewusstsein seine Botschaft deutlich zu machen.

Allgemeine Lebensprobleme:
Zum Beispiel die Lebensmitte, Leben und Sterben

Hier schildere ich mit der Erlaubnis der Beteiligten eine Sitzung aus dem Jahr 2006 – unter veränderten Namen. Die Träumer und Träumerinnen sind: *Herr Würzburger* und Frau *Schwab*, *Herr Geiger* und *Frau Dunai* – die Pseudonyme spiegeln ein wenig meine Beziehungen zu ihnen.

Herr Würzburger:

Er stammt aus einem ländlichen Milieu. Deshalb verwenden seine Träume häufig Bilder und Szenen aus diesem ländlichen Bereich. Er war stark religiös geprägt vom Katholizismus her, aber er hatte sich eine große innere Offenheit erarbeitet. Seine Mutter hatte ihn wahrscheinlich motiviert, Priester werden zu wollen. Er sollte in ihrer Vorstellung »etwas Großes« in der Kirche werden. Dann aber verliebt er sich in *Frau Schwab*. Hartnäckig betrieb er ihr Zusammenkommen und aus seiner Werbung wurde bis heute eine weise und geglückte Partnerschaft. Er selbst ist handwerklich begabt und er hat eine große praktische Intelligenz. Seine Sprache ist einfach und differenziert zugleich. Auffallend ist sein Mitgefühl für Leidende, verbunden mit einer beachtlichen Großherzigkeit. Nach seinem Austritt aus dem Kloster machte er eine Karriere in einer karitativen Einrichtung. Er wurde dort zum Leiter eines weltweit agierenden Büros und setzte sich sehr für Minderheiten und für Verfolgte ein.

Frau Schwab:

Was ihre Fähigkeiten angeht, ist sie mit ähnlichen ausgestattet wie ihr Mann. Steht bei diesem die praktische Intelligenz im Vordergrund, so ist es bei ihr ein unmittelbares Verständnis seelischer Vorgänge. Auch sie wuchs in einem gleichfalls ländlichen und tief katholischen Milieu auf. Dieses war aber offen für die Umwelt und die neuen Einflüsse der Entwicklung der Gesellschaft. Besonders ihr Vater war für sie anregend an dieser Stelle. Obgleich die Träumerin sehr intensiv im landwirtschaftlichen Milieu verankert war, drängte sie ihre Individuation von dort hinaus: Sie wurde zunächst Kindergärtnerin. Sie ist heute zwar berentet, fand aber einen Weg, über verschiedene Formen von Ausbildung zu einer sehr geschätzten Kollegin in einer Arztpraxis zu werden. Eine langandauernde Migräne machte sie darauf aufmerksam, dass sie sich um ihre aggressiven Möglichkeiten kümmern müsse. Diese waren offenbar verkümmert durch die geringe Wertschätzung des Weiblichen in ihrem Herkunftsdorf.

Über eine breite Tätigkeit in der Erwachsenenbildung im bildnerischen Bereich zeigte sich bei beiden Partnern, dass ein innerer Blick über die Grenzen hinaus das Wesentliche war für das Fortschreiten ihrer persönlichen Entwicklung.

Frau Dunai:

Sie entstammte einer gemischt badischen und donauländischen Familie. Ihr Vater war ein Vertriebener. Seine Familie hatte einen deutschsprachigen und serbischen kulturellen Hintergrund. Wie die Träume zeigten, mischten sich auch Einflüsse der Kultur der Sinti hinein. *Frau Dunai* war immer der natürliche Mittelpunkt einer Gruppe. Dies zeigte sich bei ihr sehr früh: Als sie sich mit 15 ihren ersten Mann nahm und heiratete, verteidigte der Vater sie mit den Worten: »Das machen doch in unserer Heimat alle Mädchen.« *Frau Dunai* fiel dadurch auf, dass sie als sehr selbstständige Frau immer und fast überall ganz selbstverständlich in Führungspositionen hineinwuchs, und das ohne akademische Bildung. Bis zum Schluss, bis zu ihrem Tod hatte sie eine starke Stellung in ihrer kirchlichen Gemeinde. Sie war immer überzeugt von ihren Fähigkeiten einschließlich einer starken Sprachfähigkeit. Die langjährige Mitarbeit in der Traumgruppe half ihr, die Sehnsucht der starken Frau nach dem starken Mann auch in der Übertragung auf mich zu verstehen und zu ertragen.

Herr Geiger:

Er war eines der ersten und zeitlich langjährigsten Mitglieder der Gruppe. Er fällt auf durch seine Introversion, durch seine kultivierte Redeweise, sein stilles Wesen und sein starkes Wissen auch darum, was er für richtig hält. Seine Meinung drängt er niemals anderen auf. In den Ferien ging er gerne auf die Alm, um dort drei Monate in totaler Einsamkeit zu verbringen. Er malte und er spielte Violine, alleine und auch in einem Quartett. Zartgliedrig und still begeisterte er die Gruppe und mich, wenn er seine Überlegungen mit großer Sensibilität ausdrückte.

Die ausgewählte Sitzung

Schon eingangs fiel mir die etwas melancholische Tönung der Gruppenstimmung auf. In dieser Sitzung konnten ausnahmsweise vier Träume mit folgenden Bezeichnungen bearbeitet werden:

1. *Herr Würzburger:* »Traum vom Kardinal und den vorromanischen Kirchenresten«
2. *Frau Schwab:* »Niemand soll in den kohlenden atomaren Resten des Elternhauses wühlen«
3. *Frau Dunai*: »Die alte Besitzerin des Ladens mit der Kreuzfrau«
4. *Herr Geiger:* »Abschied von der Alp«

Die vier Träume wurden spontan angemeldet und sehr konzentriert bearbeitet. Weder bei den Assoziationen noch bei den anderen Abschnitten der Bearbeitung gab es irgendwelche Störungen.

Ergebnisse:
Herr Würzburger konnte verstehen, warum ihm sein Machtschatten auszuleben vom Leben verweigert werden musste und er konnte daraufhin die latente Sehnsucht danach loslassen.

Frau Schwab wurde durch den Traum gewarnt, zum gegenwärtigen Zeitpunkt in Bezug auf die Geschichte des Elternhauses ihre analytischen Einsichten beweisen zu müssen.

Frau Dunai musste ebenso einen Machtschatten begrenzen: Ihre Einsichten waren nichts für einen »Kaufladen für jedermann, wie auf einem Markt«, sagte ihr die Gestalt einer »Alten Weisen«.

Herr Geiger sollte aus seiner grandiosen Einsamkeit heruntersteigen und sich dem Leben in seiner Stadt mehr stellen.

Nach Wahrnehmung dieser *verbindenden Abschiede* wandelte sich die Atmosphäre in eine stille Freude.

Weitere Schwerpunkte im Gruppengeschehen waren und sind: Lebensübergänge, Individuation, Schattenproblematik, Animus und Anima, Aggression, Lebensglück.

Schlussfolgerungen

Vom Selbst geht die Forderung an das Ich aus, seine Autonomie zu erwerben, zu verteidigen und schließlich dem Selbst als bewusstes Gegenüber mit seinen Erfahrungen im Individuationsprozess zu dienen. Die Träume werden dabei vom Selbst so formuliert, dass sie aus dem Leben der Träumerinnen und Träumer heraus verstanden werden können. Deshalb sind folgende Regeln zu beachten:

1. Zum Verständnis der Träume eines Menschen gehört immer seine Lebensgeschichte mit Gegenständen, Tieren oder Menschen, die im Traum vom Unbewussten als Symbole verwendet werden.
2. Alle Assoziationen oder Amplifikationen der Gruppe sind erst in zweiter Linie wichtig. Ein Beispiel dafür: Kleopatra als ägyptische Königin als Assoziation oder Amplifikation ist weniger bedeutsam als die Erfahrung, dass die Träumerin eine herrschsüchtige Tante hatte, deren Hündin Kleopatra hieß …
3. Und zuallerletzt kommt das, was Forschung und Wissenschaft zu einem Symbol gesagt haben. Freilich »last not least«.
4. Es muss der Kontext, in dem der Traum geträumt wurde, berücksichtigt werden. Hier wiederum spielt die Frage eine Rolle: Waren die Träumer und Träumerinnen sehr mit dem umgebenden aktuellen Geschehen beschäftigt oder involviert oder hat das Geschehen eine Verstärkung von Fragen bezüglich der eigenen Individuation ausgelöst oder tritt die Individuation als persönliche Frage ins Bewusstsein des Träumers?

Der gegenwärtige Kontext des Krieges zwischen Russland und der Ukraine hat bewusste und unbewusste Auswirkungen. Diese zeigen sich z. B. in direkten Kriegsszenen im Traum, aber auch in familiären Konflikten.

Auch das Gruppengeschehen als Ganzes wird dabei vom Selbst erfasst, ist Wirkstoff, Bewirktes und »Bewirker« zugleich. Eine Traumgruppe ist immer eine Selbsterfahrungsgruppe. Zerfällt beispielsweise die Gruppe aktuell oder über längere Zeit in zwei »Gruppenteile«, zeigt sich darin die Wirkung des spaltenden Todesarchetyps.

Es ist auffällig und lässt sich zeigen, dass die Arrangements der Träume in der Gruppensitzung nicht zufällig das gleiche Grundthema haben. Jeder Mensch steht in einem kollektiven Fluss von psychischer Energie. Die gleichen Themen zeigen die energetischen Konstellationen. Eine entfernte Parallele wären die Symbole der Astrologie, wenn wir diese energetisch verstehen können.

Offensichtlich heißt deshalb *Individuation* auch ein bewusstes Wahrnehmen des eigenen Standortes im Fluss der kollektiven Energien.

Annette Schulz

Das belebende Element der Gruppe: der erzählte Traum
Ein Werkstattbericht

Abstract

Die Teilnehmer meiner ambulanten Gruppen bringen Träume und Traumsequenzen in die gruppenanalytischen Sitzungen mit. Mit den erzählten Träumen wird unbewusstes Material sowohl des individuellen Teilnehmers als auch der Gruppenmatrix (Foulkes) einer Bearbeitung zugänglich. Dargestellt wird der gemeinsame Versuch der Erforschung und des Verstehens dieser unbewussten Prozesse mit damit einhergehenden Möglichkeiten der Veränderung krankheitsbedingter seelischer Einschränkungen für den Träumenden und für die gesamte Gruppe.

Die Werkstatt

Im folgenden »Werkstattbericht« stelle ich meinen Umgang mit Träumen und Traumsequenzen dar, welche die Teilnehmer meiner ambulanten Gruppen in die Sitzungen einbrachten. Die Arbeit mit und an Träumen in den von mir geleiteten analytischen Gruppenpsychotherapien bleibt immer unvollständig, hoffentlich offen, stetig ungewiss, aus dem gruppenanalytischen Prozess heraus. Mein Handwerkszeug zum Verständnis gruppenanalytischer Vorgänge »erlernte« ich nach Foulkes und Bion (vgl. Foulkes, 2007; Bion, 1961/2001). Als sehr hilfreich erweist sich zudem die Betrachtung unter den Gesichtspunkten der »Großen Mutter« mit dem jeweils positiven und negativen Elementar- und Wandlungscharakter nach Neumann (vgl. Neumann, 1974/1997). Die Fähigkeit zum gruppalen Denken entstand im Wechselspiel der analytischen Gruppenbehandlungen und der kontinuierlichen, seit Jahren bestehenden Gruppensupervision mit weiteren gruppenanalytisch tätigen Kollegen.

Die pandemiebedingten Schutzmaßnahmen führten im Sommer 2020 zu einem Umzug meiner Praxis. In der nun größeren »Werkstatt« sind Abstand und Belüftung deutlich besser gewährleistet. Zur Wahrung der Sicherheitsbestimmungen befinden sich derzeit fünf bis sechs Teilnehmer in einer Gruppe. Für die Zukunft hoffe ich, wieder sieben bis acht Gruppenteilnehmer wie zur Zeit vor Beginn der Pandemie behandeln zu können.

Montags (im Folgenden Mo-Gruppe), dienstags (im Folgenden Di-Gruppe) und mittwochs (im Folgenden Mi-Gruppe) trifft sich jeweils eine Gruppe zur analytischen Gruppenpsychotherapie (Richtlinienpsychotherapie).

Zu Beginn einer neuen Gruppe und anlässlich des Eintrittes eines neuen Gruppenteilnehmers in eine der drei Gruppen formuliere ich, niedrigstrukturierend, die Regeln. Dazu gehören die Urlaubs-, Verabschiedungs- bzw. Trennungsregelung und die Regeln bzgl. des Ausfallhonorars. Zudem gilt die Schweigepflicht. Die Regeln der Freien Assoziation und die Benennung der Möglichkeit, Träume zu erzählen, hatte ich zum Start der Gruppen im Juni 2015 (Mo-Gruppe) bzw. Mai 2018 (Mi-Gruppe) angegeben.

Bei der im November 2020 beginnenden Di-Gruppe sowie der Mo-Gruppe, die sich seit Sommer 2019 aus neuen Teilnehmern zusammensetzt, benannte ich die Regel der Freien Assoziation und die Möglichkeit, Träume ins Gruppengeschehen einzubringen, nicht.

Die Gruppenteilnehmer aller Gruppen erzählten, unabhängig von meinem Hinweis, in den Gruppentext der jeweiligen Sitzung eingewoben, Träume und Traumsequenzen. Diese Träume und Traumabschnitte werden von den Gruppenteilnehmern aufgenommen, kommentiert, weitergeführt.

Initiiert durch das Angebot, einen Beitrag zu diesem Buch zu schreiben, brachte ich in den folgenden Gruppensitzungen ein, dass Träume zum Erkenntnisgewinn beitragen können.

Meine nun etwas angespannte Haltung, wenn ein Traum erzählt wurde, blieb nicht unbemerkt. In der Di-Gruppe reagierte U. sofort: »Ich finde es schön, dass wir hier die Erlaubnis haben, Träume erzählen zu dürfen.« Freudig berichtete er eine kurze Traumsequenz. N. spürte meinen Wunsch nach einem ausführlichen Traum und brachte ihn wenige Sitzungen später als Geschenk (Die Geschenke, s. u.) mit. Es war für ihn »nicht einfach, den Traum zu erzählen. Er hat mich jedoch heftig bewegt. Ich hätte auch schon früher Träume erzählt, wenn es dran gewesen wäre.«

Anlässlich meines Wunsches nach anonymisierter Veröffentlichung einige Wochen später stellte L. fest, dass sie noch nie einen Zusammenhang zwischen ihren Träumen und der gruppenanalytischen Arbeit hergestellt habe. Auch in der Klinik, in der nur Gruppentherapie stattgefunden habe, seien Träume *kein Thema* gewesen. Sowieso habe sie im Moment so viel mit dem Umzug zu tun, dass die Träume sofort wieder weg seien. Jedoch, sie »träume viel, lauter Müll«. In der Einzeltherapie, so V., habe sie viele Träume erzählt und habe sich schon in dieser Situation immer sehr geschämt. Träume in der Gruppe zu erzählen, das »geht gar nicht, das ist zu heftig«.

Eine Gruppenteilnehmerin der Mi-Gruppe stellte bei meinem Wunsch nach Erlaubnis zum anonymisierten Zitieren fest: »Mir ist aufgefallen, dass Sie gesagt haben, dass wir auch Träume erzählen können, vor allem deshalb, weil ich an dem Tag, als Sie das sagten, tatsächlich geträumt hatte und es hier erzählen wollte.« Eine andere Teilnehmerin bemerkte: »Ich finde es schön, über Träume zu reden ... besonders hängt mir noch der Traum nach, in dem ich fliege.« Die in den Teilnehmern schlummernden Träume und Traumstücke ergießen sich in den Raum, konnten dann jedoch aufgrund der Fülle einer Bearbeitung nicht zugänglich gemacht werden. Die Gruppe diskutierte sehr lebhaft die Bedeutung des Traumerzählens für sich und ihre Arbeit in der Gruppe.

Ein Teilnehmer der Mo-Gruppe schien meinen Hinweis, dass auch Träume erzählt werden können, behutsam wahrzunehmen. Immer wieder brachte er, wie kleine Häppchen, Traumabschnitte mit zur Sitzung. Diese kleinen Abschnitte fügten sich fast unauffällig in den Gruppentext ein. Es gelang mir nicht, zuzugreifen. Als hätten die Gruppenteilnehmer nur darauf gewartet, überreicht dann A., angespornt durch die anderen Mitglieder, seine »Morgengabe« an die Gruppe.

Die Morgengabe

A. ist das neueste Gruppenmitglied der Mo-Gruppe und mit seinen 19 Jahren auch das jüngste. Er steht unter dem Druck, den Traum der letzten Nacht gleich zu Beginn der Stunde erzählen zu wollen.

A.'s Traum:

> »Ich habe jemanden über die Dating-App kennengelernt. Es ist jedoch nichts mit ihm geworden. Dann saß ich im Zug, da saß dieser Mann in schwarzer Kapuze neben mir. Er hat mich nicht erkannt, aber ich habe ihn erkannt. Dann saß ich bei meinen Eltern und er kam reingestürmt. Er setzte das Messer an die Kehlen meiner Eltern. Ich wollte ihn abwehren, wollte verhindern, dass er sie umbringt. Es ist mir jedoch nicht gelungen. Ich war völlig machtlos.«

Am schweren Atmen einiger Gruppenmitglieder wird die Wucht des Traumes deutlich. Nach einem kurzen Moment fragt B. behutsam nach seiner Familie. A. berichtet zuerst von seinem Vater. Zu ihm hat er ein schlechtes Verhältnis. A. wurde in der Kindheit, insbesondere, wenn der Vater betrunken war, von ihm geschlagen. Der Vater ist LKW-Fahrer und übernimmt immer die Spätschichten. Jetzt lebt der Vater trocken. Allerdings habe er sich das Trinken nicht dem Patienten zuliebe abgewöhnt, sondern weil er feststellte, dass es ihm nicht bekommt. Zur Mutter, sie ist Produktionshelferin, ist sein Verhältnis nicht ganz so schlimm. Aber als sie Krebs hatte und er sie mit den Worten »Das wird schon wieder …« trösten wollte, habe sie ihn weggeschubst. Sein drei Jahre älterer Bruder, der Mechaniker geworden ist, lebt noch zu Hause. Er habe A. während der gesamten Kindheit drangsaliert. A. ist der erste und einzige der Familie, der studiert und zum Studium in das 800 Kilometer entfernte Berlin gekommen ist. Einmal war die Großmutter, die Mutter der Mutter, aus der Millionenstadt in Sibirien zu Besuch gekommen. Sie ist sehr gefühlskalt. Kein Wunder, dass es für die Mutter bei der eigenen Mutter schwierig war. Seine Mutter schickt nun Pakete mit Essen nach Berlin.

B. vermutet, dass er in diesem familiären Klima nicht gesagt haben wird, dass er schwul ist. A. bestätigt, dass er das nicht sagen konnte. B. stellt dann fest, dass es ja niemandem verborgen geblieben ist und A. meint dann, dass seine Eltern es sicherlich mitbekommen haben, es aber nicht wissen wollten.

L., ihr Vater ist ebenfalls Russe, rückversichert sich bei ihm, dass seine Eltern aus Russland kommen. A. berichtet, dass die Familie wenige Jahre vor seiner Geburt nach Deutschland kam. L.'s Vater, so berichtet sie, sei am Tag zuvor aus Russland nach Berlin geflohen, da seine Konten aufgrund der durch Russland vorgenommenen Ukraine-Invasion eingefroren wurden und er eine Grenzschließung fürchtet.

Die Gruppe wendet sich im weiteren Verlauf ihren Themen zu und schließt erst wieder im letzten Drittel der Gruppensitzung an das Traumthema an.

Behutsam stellt D. die Vermutung an, ob es nicht sein könne, dass er, A. und dieser Mann mit der schwarzen Kapuze, ein und derselbe seien, er, A., also seine Eltern umbringt. A. bestätigt, diesen Gedanken auch schon gehabt zu haben. B. bietet eine Metapher an: Der Traum beschreibt den Abbruch seiner Beziehung zu seinen Eltern. Wenn die Eltern, wie im Traum dargestellt, tot sind, ist die Beziehung beendet.

Da in einer der vorhergehenden Sitzungen die Angst des Patienten vor der Gruppe, die Ambivalenz bzgl. seines Aufenthaltes und seiner Mitarbeit in der Gruppe deutlich geworden war, frage ich nach, wie es um die Gefahr eines Abbruches der Therapie steht. A. stellt fest, dass alles in Ordnung sei, da er die volle Aufmerksamkeit der Gruppe bekomme. D. reagiert prompt und stellt fest, dass seine Worte wie eine Erpressung klingen. Wenn A. nicht die volle Aufmerksamkeit bekomme, was kommt dann?

Mit seinem Traum bringt A. das Gefährliche in die Gruppe. Er ist mit seinem zerstörerischen Traum der Protagonist für das Destruktive in der Gruppe. Das Entsetzen darf sich jedoch nicht in der Gruppe ausbreiten. Die Reaktionen der Gruppenteilnehmer sind eher abmildernd, sanft, etwa so, wie A. versuchte, seine Mutter zu beschwichtigen, die Krebsgefahr für seine Mutter abzumildern. Das eigentlich Mörderische bleibt latent und darf noch nicht heraus. Es ängstigt zu sehr. Sein Traum wird zwar aus der Gruppe heraus gedeutet, eine eigene Resonanz bleibt aber, durch therapeutische »Exklusivität« des Träumers, abgewehrt.

A. überreicht der Gruppe seine Morgengabe. Er opfert seine Eltern der Gruppe, indem er spaltet. Anlässlich seines Berichtes über seine Eltern entsteht das Bild vom dummen, ungebildeten, saufenden, prügelnden Russen – also so, wie Deutsche sich Russen vermeintlich vorstellen. A.'s innere Not wird durch die drei Wochen zuvor begonnene Ukraine-Invasion Russlands verschärft. Russland ist Deutschlands Feind.

Als die Eltern nach Deutschland kamen, sprachen sie Russisch, jedoch kein Wort Deutsch. Sie sprachen mit A. und seinem Bruder Russisch. A.'s Muttersprache ist Russisch. Als er in den Kindergarten kam, lernte er schleunigst Deutsch. Als die Mutter zu Hause weiterhin Russisch mit ihm sprach, hielt er ihr entgegen, dass er jetzt nur noch Deutsch sprechen wolle. Seine Mutter reagierte gekränkt. Sie verstand seine Not nicht, sich schnell anpassen und einfügen zu müssen. Er »vergaß« seine Muttersprache und verlor so seine frühe Kindheit.

Die Großmutter wird als kaltherzig beschrieben. Die Mutter hat eine vom Krebs zerfressene Brust. »Es wird schon wieder werden«, sagt A. zur Mutter, weil die Mutter als unsterblich erlebt wird. So muss sich A. keine Sorgen machen, keine Angst haben um die Mutter. Er vermeidet damit auch das Schuldgefühl. Er trägt keine Schuld am Krebs der Mutter. Von der Krebserkrankung hatte er mir in den probatorischen Sitzungen nicht erzählt. Dass es Brustkrebs ist, erfuhr ich in der Einzelsitzung nach der Gruppensitzung. Die stille Sehnsucht nach der guten Mutterbrust bleibt.

In den Gruppensitzungen benennt der Patient eine diffuse Angst. Die Großmutter erlebt er als kaltherzig, vielleicht kann er die Gruppe als warmherzige Großmutter entdecken. In den Einzelsitzungen erlebt er mich als grimassierend, als Gorgo. Er erlebt seine Mutter als Gorgo. Sie schickt ihm Pakete nach Berlin hinterher. Er erlebt sich wie von Erinnyen gejagt. Dennoch braucht er die Mutter, wie die Luft zum Atmen, aber sie »stinkt« ihm.

Die Geschenke

Die Di-Gruppe arbeitete seit einem Jahr, hatte 43 Sitzungen absolviert, als N. in der zweiten Hälfte der Sitzung das Wort ergriff und den folgenden Traum erzählte:

> *»Ich hatte zu einem Architektenwettbewerb einen Vorschlag eingereicht. Dann wurde ich dazu eingeladen, meine Arbeit vorzustellen. Es ging darum, den Wettbewerb zu gewinnen und das Projekt umzusetzen. Ich kam da also hin und musste feststellen, dass sich für dieses Bauprojekt sechs Künstler und ein Architekt beworben hatten. Ich war also der einzige Architekt. Die Jury bewertete dann unsere Arbeiten. Mir wurde dann gesagt, meine Arbeit sei an Banalität nicht zu überbieten. Ich bin total entsetzt aufgewacht.«*

Er fügt sofort an: »Dazu muss man wissen, dass ich in den letzten 14 Tagen mit einem Kollegen zusammen wie verrückt an einem Projektentwurf gearbeitet habe, weil der für dieses Bauprojekt verantwortliche Auftraggeber unbedingt eine Arbeit von mir haben wollte, ich da also der Favorit bin.«

Die Gruppenteilnehmer reagierten anerkennend und bewundernd und konzentrierten sich dann mit ihren Nachfragen auf seine berufliche Situation. Durch den intensiven Austausch, Informationen von N. zu erfragen, durch Mimik und Gestik zunehmend seine Situation verstehend, entstand in der Gruppe ein Gesamtbild von N.s beruflicher Situation. Er hatte diese Aufforderung zur Abgabe eines Entwurfes überraschend kurzfristig erhalten. Zur Bewältigung hatte er sich die Zusammenarbeit mit einem Kollegen gesichert. Gemeinsam hatten sie den Entwurf für ein gemeinnütziges Gebäude hergestellt, am Tag zuvor fertig
gestellt und abgegeben. Er war jetzt entsprechend erschöpft und hatte in der Nacht zwischen Abgabe der Arbeit und der Gruppensitzung den Traum geträumt.

Die Gruppe hatte sich zuerst auf die berufliche Situation N.s konzentriert, da er davon noch nie berichtet hatte. N. war in einer beruflich schwierigen Phase mit dem Anliegen nach Psychotherapie gekommen. Zu diesem Zeitpunkt war er erschöpft von den beruflichen Auseinandersetzungen und Konflikten mit seinen Arbeitgebern und Kollegen. Während der Phase der probatorischen Sitzungen, in denen ich zu verstehen versuchte, worin seine Schwierigkeiten und Konflikte am Arbeitsplatz genau bestanden, schälte sich die Lösung einer Aufhebung des Arbeitsverhältnisses im beiderseitigen Einvernehmen heraus. Seine berufliche Selbstständigkeit und der Beginn der gruppentherapeutischen Behandlung fielen zusammen. Damit fiel das Konfliktfeld im beruflichen Bereich weg. Umso erstaunter stellte N. fest, dass er ein Problemfeld mit seiner Ehefrau, sich verschärfend unter den Bedingungen der Pandemie, wohl bisher noch nicht so recht wahrgenommen hatte. Sämtliche seiner Beiträge in den gruppenanalytischen Sitzungen drehten sich bis zu diesem Zeitpunkt um seine angespannte Beziehung zu seiner Ehefrau.

Die Klärung hatte sich erschöpft. Es breitete sich Schweigen aus. U. nahm den Gesprächsfaden erneut auf und ging nun diesmal auf den Traum ein. Es entstand ein lebhafter Austausch, in dessen Folge jeder Halb-, Teil-, und Nebensatz seiner Traumerzählung begutachtet wurde. Die Gruppenteilnehmer brachten eigene Erfahrungen ein, stellten Zusammenhänge her, brachten Ideen ein, zeigten Mitgefühl. Es wurde gelacht. O. konnte das Entsetzen von N. sehr gut nachvollziehen.

Der Traum schien bei den anderen Teilnehmern etwas anzusprechen, in Gang zu setzen, aufzuwühlen. Die Diskussion war so lebhaft, dass ich erst zum Ende der Sitzung äußern konnte, dass der Traum ein Geschenk an die Gruppe, ein Traum von der Gruppe über die Gruppe ist. Ich erntete verständnislose Gesichter. Ich fügte erklärend an, dass es im Traum sechs Künstler und einen Architekten gab. In unserer Gruppe befanden sich ebenfalls sieben Personen. Während die meisten Gruppenmitglieder meinen Gedankengang durchaus nachvollziehen konnten, blieben die Gesichter von M. und N. fragend. U. saß mir gegenüber, hatte meine Äußerung verstanden und erklärte sie beiden Teilnehmern. Obwohl er dabei fast die gleichen Worte verwendete, schienen M. und N. ihn zu verstehen. Die Sitzung endete an dieser Stelle.

Vier Wochen später leitete N. einen Bericht mit den Worten ein, dass er ja vor einiger Zeit den Traum erzählt habe. Er hatte nun am Vortag erfahren, dass es nicht zur Umsetzung seines Projektes kommen werde. Entsetzt habe er versucht zu erfahren, worin die Ablehnungsgründe bestanden hätten. Er erfuhr, dass das Projekt aufgrund fehlender Baugenehmigungen für diesen Standort seitens des Bauherrn nicht umgesetzt werden könne.

Die Gruppenteilnehmer fühlten mit ihm, klarifizierten, mentalisierten. So konnte deutlich werden, dass die Anerkennung durch die fehlende Umsetzung des Projektes ausfalle, sich die Ablehnung jedoch nicht gegen ihn und seinen Entwurf richtete. Die Gruppe spürte sehr deutlich, wie bedeutsam für N. Beruhigung, Bestätigung und Anerkennung durch die Gruppenmitglieder waren.

Die Gruppe arbeitete seit einem Jahr miteinander, mit Ausnahme von M., sie war erst ein halbes Jahr Mitglied der Gruppe. Ungewöhnlich in diesem ersten Jahr war vor allem, dass alle Gruppenteilnehmer zu jeder Sitzung anwesend waren. Die Pandemie verhinderte Reisen und damit Fehlzeiten. U., alleinlebend, war froh, überhaupt mit jemandem sprechen zu können. N., M., O. und V. waren froh, der Häuslichkeit, dem Homeoffice, der Kinderbetreuung entkommen zu können, indem sie an der Gruppe teilnahmen. Durch diese äußeren Bedingungen, den äußeren Feind »Covid-19«, war aber auch ein Gruppengefühl, eine Gruppenkohäsion, ein Vertrauen in die Möglichkeiten und die Stabilität der Gruppe entstanden. Die Gruppe war für N. wie eine gute Großmutter, eine »Große Mutter« geworden, die ihn verstand, die er verstand, der er sich anvertrauen konnte, die ihn schätzte, die ihn mochte. Mich mochte er durchaus auch, so wie ich ihn mochte. Ich verstand ihn jedoch häufig nicht, so wie er mich in der Regel nicht verstand. Ich war zwar nicht unbedingt eine schlechte Mutter, aber doch eher eine, mit der es richtig schwierig ist. An dieser Stelle hatte die Gruppe eine wichtige triangulierende Funktion. Es wiederholte sich, dass ich etwas äußerte, eine Idee, einen Gedanken einbrachte und N. dann nur noch feststellen konnte, dass er mich nicht verstand. Hier sprang die Gruppe erklärend ein, wiederholte beispielsweise meine Worte, die er dann verstehen konnte, übersetzte in eigene Worte, was ich gesagt hatte, und N. konnte sie dann verstehen. Er stand vermutlich unter sehr großer Angst und Anspannung, die ihn daran hinderte, den Inhalt meiner Worte zu erfassen. Deutlich wird hier jedoch auch, dass N. mehr Wert legt auf das, was ich sage, weniger auf das, was die Gruppenteilnehmer sagen. Aufgrund des genetischen Materials lässt sich davon ausgehen, dass sich N. in einer abhängigen Bindung narzisstischer und ödipaler Natur an die Mutter gebunden und von ihrer Kritik verfolgt fühlt (die »Jury« in seinem Traum). Der Vater verdiente das Geld in der eigenen Firma. Er war abwesend, unerreichbar. Zudem war N. das jüngste von fünf Kindern. Vermutlich wollte die Mutter ihn nicht gehen lassen. Während die anderen Geschwister in der Nähe des Heimatortes verblieben sind, der älteste Bruder die Firma übernahm, die N. übernehmen sollte, zog N. weit weg und baute sich eine eigene Existenz auf. Dennoch war N. es, der für die Mutter angesichts ihrer sich zuspitzenden Demenzerkrankung einen Pflegeheimplatz organisierte, ihre Gelder verwaltete, sie regelmäßig besuchte. Wollte er in seiner Heimat übernachten, musste er ein Hotelzimmer mieten, da es den Geschwistern bei ausreichendem Platz nicht möglich war, ihn zu beherbergen. Er erlebt seine Geschwister überwiegend als abweisend, ihn nicht verstehend. Gleichzeitig lässt der Traum auch seine entwertende Haltung ihnen wie den Gruppengeschwistern gegenüber ahnen, schließlich sind sie als »Künstler« für die Aufgabe nicht kompetent.

N. erfühlt den Wunsch der Mutter (der Gruppenleiterin) und erzählt nach meiner Anregung einen Traum. Er möchte ihr (mir) gefallen und befürchtet meine vernichtende Kritik an seinen Inhalten. Durch die Strafe für seine Abhebung von der Geschwisterreihe (die kastrierende Beurteilung seines Entwurfes als banal) durch die »Jury« gelingt es ihm, sich vor einem möglichen »Josephs-Schicksal« zu schützen: Die Gruppengeschwister solidarisieren sich mit seinem Opferstatus und ignorieren seine Entwertung. Er erhoffte sich und bekam auch die umfassende Aufmerksamkeit und das volle Verständnis der Gruppe. Er konnte sich in seiner gesamten »Banalität« der Gruppe zeigen und vertraute darauf, dass nicht beschämend mit ihm umgegangen wird. Die Gruppe als Ganzes wird zu einer gütigen Großmutter, bei der er in der Regel Trost und Verständnis haben konnte.

Es stecken Größenideen in diesem Traum: Architekten sind die besseren Künstler, wollen Künstler sein, fühlen sich als die besseren Künstler. Künstler jedoch sind die, die nicht wirklich etwas Neues schaffen. Künstler sind die, die entwerten. Architekten sind die, die Künstler entwerten. Im Traum wird alles, was N. anbringt, entwertet. Während alles, was N. anbringt, von seiner Familie, seinen Geschwistern, seiner Ehefrau entwertet wird. Gleichzeitig ist N. der Einzige, der sich um die Mutter kümmert. Die Geschwister und seine Ehefrau lassen kein gutes Haar an ihm, alles, was er bietet, ist banal, nichts wert, bringt nichts, taugt nichts. Dabei wurde er (real) explizit gebeten, ein Projekt in kurzer Zeit zu »stemmen«. Dieses Projekt scheitert, da Baurechtliches ungeklärt ist. Analog sind die familiären Beziehungen in seiner inneren Wahrnehmung nicht geklärt. Der Platz neben der Mutter, auch wenn er ihn durch große Projekte zu erobern versucht, ist nicht frei. Im Kopf bestehen also grandiose Ideen. Der Grund und Boden, auf dem dieses Projekt stehen sollte, ist aber nicht gegeben.

In der Gruppe ist N. der Co-Therapeut. Er fragt nach, interessiert sich, interpretiert. Es wird sehr deutlich, dass er in der Gruppe so arbeitet, wie er sich vorstellt, wie ich in der Gruppe arbeiten müsste. Ich spüre seinen Vorwurf, seinen Ärger darüber, dass ich ihm den Platz neben mir trotz aller seiner Leistungen nicht zuerkenne.

Die Gruppenmitglieder sind die Künstler, die zwar nichts wert sind, zu denen N. sich aber gesellen möchte, weil er wie sie mal Künstler sein will.

In den ersten Gruppensitzungen wurde die Gruppe von N. und O. dominiert. V. beklagte sich darüber, L. und U. schwiegen, ließen das verbale Gerangel über sich ergehen. O. wehrte sich nach einigen Wochen vehement. Er wollte von sich aus berichten, von sich aus seine Beiträge einbringen, nicht von N. insistierend befragt werden. N. konnte die Kritik annehmen, wurde ruhiger, konnte besser zuhören. Er gab den Stimmen der anderen einen größeren Wert.

N. stellt hohe Erwartungen an mich, an meine Tätigkeit in der Gruppe. Ich kann seine Enttäuschung über mich deutlich spüren. Hinweise meinerseits, dass er enttäuscht über mich sein könnte, kann er noch nicht bestätigen. Er vermutet exorbitante Erwartungen seiner Ehefrau an sich und hat gleichzeitig das Gefühl, nicht liefern zu können. In den Gruppensitzungen des ersten Jahres entsteht das Bild einer schrecklichen, unzufriedenen, zeternden, nicht zu verstehenden Frau. Mehrmals steht eine Trennung im Raum. Als diese einzutreten scheint, ist O. begeistert. Deutlich wird, das N. seine Frau nicht versteht, so wie er auch mich nicht versteht. Seine Angst, den weiblichen und mütterlichen Erwartungen nicht gerecht werden zu können, ist deutlich spürbar. N. sieht in seiner Ehefrau die Mutter seiner Kinder, aber nicht seine Partnerin.

In der Gruppensitzung (55. Sitzung) nach Erhalt der Erlaubnis zur Veröffentlichung des Traumgeschehens leitete N. seine Traumerzählung mit den im abfälligen Tonfall gehaltenen Worten ein: »Den dürfen Sie auch gleich noch verarbeiten!« Auf meine Bitte, den Traum mitschreiben zu dürfen, reagierte er mit dem Satz: »Den werden Sie sich ja wohl merken können!« Es setzte ein kurzes Schweigen ein. Dann berichtete er erst von der real erlebten Situation seiner früheren Kündigung. Er leitete zur Zeit seines Therapieersuchens in einem Berliner Architekturbüro ein Team. In einer anderen Stadt befand sich ein weiteres Büro. Beide Teams befanden sich in einem Konkurrenzkampf miteinander. Plötzlich erhielt er eine Abmahnung. Ihm wurde vorgeworfen, nicht nach Plan und wie vereinbart gearbeitet zu haben. Diese Abmahnung hat ihn sehr gekränkt, auch wenn ihm schnell deutlich wurde, dass es um etwas anderes ging, man ihn aus Gründen von Umstrukturierungsmaßnahmen nicht mehr unter Vertrag haben wollte. Er entschloss sich zu einem Aufhebungsvertrag und gründete sein eigenes Büro. Heute bestünde das damalige, ihn aussortierende Büro nicht mehr. Da sich die Schilderung der real erlebten Kränkungssituation mit der begonnenen Traumerzählung mischten, konnten die Gruppenteilnehmer nicht folgen und bewirkten durch ihr Nachfragen, dass er sich bemüht, den Traum übersichtlich zu erzählen:

> *»Eine ältere Kollegin aus der anderen Abteilung, alle fanden sie ganz schrecklich, sie hatte in der anderen Abteilung auch schon kein eigenes Team mehr unter sich, kam in meine Abteilung, die ich leitete. Es tat mir leid, dass sie keine Teams mehr leitete, nur noch beratend unterwegs war, wollte ihr etwas Nettes sagen und sprach sie an. Da kam ein anderer Kollege herein. Sie ging zu ihm. Sie sprachen miteinander. Ich konnte nicht verstehen, worum es ging. Dann jedoch bekam sie einen ganz hämischen Gesichtsausdruck. Ich wachte entsetzt auf.«*

L. konnte ihn, seinen Traum, sehr gut verstehen und brachte ihre eigene Geschichte mit ihrer ehemaligen Vorgesetzten, ihrer früheren beruflichen Situation ein. Die von den Teilnehmern nach und nach erzählten Geschichten und Situationen schienen einen gemeinsamen Nenner zu haben, den ich in der abschließenden Zusammenfassung der einzelnen Beispiele der Teilnehmer benannte: die schreckliche Chefin, Vorgesetzte, Mutter, Kollegin im Traum, Therapeutin.

N. schenkte mir seinen Traum für diesen Beitrag (»Den dürfen Sie auch gleich noch verarbeiten!«). Gleichzeitig enthielt die Ankündigung dieses Geschenkes eine ordentliche Portion Verächtlichkeit (»Den werden Sie sich ja wohl merken können!«). Im Traum will er nett sein zur als schrecklich erlebten Kollegin und erntet dafür Häme. Inzwischen ist er sich der Solidarität seiner Geschwister sicher, sie alle erleben die Kollegin (mich, die Gruppenleiterin), die nun zum Glück kein Team (die Gruppe, die Gruppenmitglieder) mehr quälen kann, als schrecklich. Er wollte doch nur nett sein zu dieser schrecklichen Frau und ist dann ihrer und der Häme des hinzukommenden Kollegen ausgesetzt. Im ersten Traum fürchtete N. die Entwertung der gesamten Gruppe. Im zweiten Traum erlebt er sich mit den Gruppenteilnehmern solidarisch und fürchtet nun die Häme der Gruppenleiterin, während er mir in der realen Situation verächtlich begegnet.

Ausblick

Werden Träume in den Gruppen erzählt, reagieren die Gruppenteilnehmer freudig, interessiert, behutsam, verständnisvoll, wie eine gute Großmutter. Durch die Erforschung des Traumgeschehens mit den damit einhergehenden Klarifizierungen und Anreicherungen fächert sich die Komplexität des zwischenmenschlichen Netzwerkes in der Gruppe, in jedem Einzelnen, in jedem Einzelnen im Verhältnis zur therapeutischen Gruppe, zu seiner familiären Gruppe, zu seinen beruflichen Zusammenhängen usw. auf. Durch die entstehende Einsicht nehmen alle Gruppenteilnehmer (einschließlich der Gruppenleiterin) innere Korrekturen vor, die zu einer Minderung der in die gruppenanalytische Behandlung führenden Symptomatik, zu einer Veränderung der Beziehung zum Anderen und zum eigenen Selbst und zu einem Verständnis für die eigene Individualität führt (vgl. Foulkes, 2007; Braun, 2003; Kleespies, 1995).

Liebe Leserin, lieber Leser: »Schlafen Sie gut und achten Sie auf Ihre Träume.«

Literatur

Braun, C. (2003): Individuation und Gruppentherapie – ein Widerspruch in sich? Der Beitrag der Analytischen Psychologie zum Prozessverständnis in der Gruppenanalyse. In: *Jahrbuch für Gruppenanalyse, Bd. 9*. Heidelberg: Mattes, 179–194.

Bion, W. R. (1961/2001): *Erfahrungen in Gruppen und andere Schriften.* Stuttgart: Klett-Cotta.

Foulkes, S. H. (2007): *Gruppenanalytische Psychotherapie.* Eschborn: Dietmar Klotz.

Kleespies, W. (1995): Gruppentherapie und Analytische Psychologie: Innerer Gegensatz oder Vereinbarkeit? *Analytische Psychologie*, 26, 159–180.

Neumann, E. (1974/1997): *Die Grosse Mutter*. Olten: Walter.

Van Tricht

Traumtranskripte und Individuation
Mementos aus dem mentalen Maschinenhaus

Die Herausforderung

Dieser Text ist eine Herausforderung: Für Sie, die Leserinnen und Leser dieses Buches, wie auch für mich, den Urheber dieses Beitrages. Sie sind vom Fach, ich bin einer der vielen Menschen, mit denen jede und jeder von Ihnen gearbeitet hat.

Dass ich mich als einer von den zwölf Autorinnen und Autoren an dieser Stelle mit einmische, hat damit zu tun, dass nach der mehrjährigen Gruppenarbeit klar geworden ist, dass eigentlich wir, die Teilnehmenden in diesen Gruppen, im Mittelpunkt stehen und uns daher auch selbst äußern sollten.

Es geht um die Verantwortung all jenen gegenüber, die in den letzten Jahren an diesem Prozess beteiligt waren. Es geht darum, dass jede und jeder von uns mit ihren/seinen Träumen lebt – und von ihnen berichtet hat: vielleicht erst zögerlich, verbunden mit oder auch gebunden an die Scham, die solches Berichten behindern könnte. Und vielleicht auch geprägt von der Vorsicht, all das Seine anderen Menschen zu erzählen, die man bislang nicht wirklich kennengelernt hat – es sei denn, durch ihre Geschichten jener Träume, die von ihnen zuvor erzählt wurden. Das, wovon hier die Rede sein wird, ist sowohl die Beschreibung eines Gruppenprozesses als auch eines Prozesses der inneren Selbstverständigung, der durch das eigene Sprechen bestimmt und in der Aussprache mit den anderen genährt wird. Und der sich vor allem dadurch auszeichnet, dass der zu Beginn einer jeden gemeinsamen Sitzung vorgetragene Bericht von dem eigenen Traumerlebnis – oder auch nur einem Traumbild – im Verlauf jeder Begegnung vom Besonderen dieses Geschehens immer mehr ins Allgemeine überführt wird. Und darüber hinaus dadurch, dass dieses »Allgemeine« eben nicht auf irgendeiner Theorie beruht, sondern, dass es sich aus dem Prozess des Gruppendialoges herausentwickelt, bis hin zum eigenen Schlusswort, mit dem jede dieser Begegnungen abgeschlossen wird.

Das Verfahren (im Überblick)

Der Prozess ist immer derselbe (wenngleich auch gelegentlich aus guten Gründen davon abgewichen werden kann). Zunächst steht die Frage im Raum, wer heute einen Traum zu berichten hat. Meldet sich mehr als eine Person, wird mit großem gegenseitigem Respekt ausgehandelt, wer diese Person sein wird, die in dieser Runde den »*Lead*« übernimmt. Alsdann berichtet diese Person ihren Traum, der von einer anderen Person, die sich in der Regel spontan meldet, mitgeschrieben wird. Es folgen zunächst Verständnisfragen, die Traumerzählung betreffend. Im nächsten Schritt reagieren alle nacheinander mit eigenen Erzählungen auf die Frage: »Wenn es mein Traum gewesen wäre …« Während dieser Zeit und auch danach bleibt es der *Lead*-Person verwehrt, sich selber dazu zu äußern. Auch dann noch, wenn im nächsten Gesprächsabschnitt alle anderen beginnen, sich darüber auszutauschen, was ihnen diese Geschichte sagt, wie sie sie sehen, was sie bedeuten könnte. Erst danach kann auch die eigentliche Hauptperson wieder mit in das Gespräch einsteigen. Und darüber berichten, was dieses Gespräch der anderen bei ihr oder ihm ausgelöst hat. Und das ist zumeist viel mehr, als diese Person zunächst erwartet hat, zumal ihr selber zunächst der »tiefere Sinn« des eigenen Traumerlebnisses noch ganz und gar verschlossen geblieben sein mochte.

Auch wenn jeder der bisher skizzierten Abschnitte ungefähr gleich lang dauert, ist der darauf folgende Teil zumeist der dominierende. Die *Lead*-Person geht nicht nur auf die vorgestellten Assoziationslinien und -bilder ein, sondern berichtet zumeist darauf aufbauend auch davon, was diese bei ihr selbst ausgelöst haben: Gefühle, Rückblicke auf das eigene Erleben, sowohl aus den letzten Tagen, aber auch bis zurück in die Zeit der frühesten Jugend.

Spätestens an diesem Punkt sind die Grenzen der Scham im Erzählstrom versunken, die Mitmenschen in der Gruppe sind durch ihre authentischen und aufrichtigen Reaktionen zu echten GesprächspartnerInnen geworden. Das eigene Traumerleben beginnt im Umfeld des Dialoges mit der Gruppe eine neue Wertigkeit, eine oft ganz unerwartete Tragweite und Bedeutung zu erlangen. Es wird im Verlauf dieses Dialoges zugleich verdichtet – ohne dass ihm etwas »angedichtet« worden wäre – und erweitert. Und das, ohne sich in eigenen Spekulationen oder in den Projektionen der anderen zu verfangen.

Der gesamte Prozess nimmt gut eineinhalb Stunden in Anspruch. Selbst dann, wenn es zwischenzeitlich einmal zu Gesprächspausen kommt, die Betroffenheit ihren Tribut fordert und es Zeit bedarf, um mit dem Unerwarteten »klarkommen« zu können: Es hat in den ganzen Jahren keine einzige Begegnung geben, die trotz dieser gelegentlich sehr eindringlichen Selbsterfahrungen ganz und gar »aus dem Ruder« gelaufen wäre. Schließlich wird dieser Prozess beendet, indem die protokollierende Person nochmals vorträgt, was sie von diesem Traumvortrag aufgeschrieben hat. Und er schließt ab mit dem bereits oben angesprochenen Schlusswort der *Lead*-Person.

Obwohl dieser Vorgang sich jedes Mal wiederholt, ist keine der Begegnungen wie die andere. Das Einzige, das sich über die Jahre verändert hat, ist, dass in den aktuelleren Sitzungen gelegentlich auf die Bilder und Erlebnisse früherer Traumgeschichten Bezug genommen wird, die von der gleichen Person zu einem früheren Zeitpunkt vorgetragen worden sind.

Exkurs: Covid-19

Das Erstaunliche ist, dass trotz aller Schwierigkeiten und Herausforderungen durch die Corona-Pandemie die Gruppenarbeit fortgeführt werden konnte. Was für das Engagement aller Beteiligten spricht, aber zugleich für die hohe Bedeutung, die dieser Gruppenarbeit von allen zugemessen wurde. Ein weiterer Grund für diesen positiven Verlauf war sicherlich die Möglichkeit, sich bei ausreichendem Abstand und einer dafür eigens eingerichteten Klimatechnik im Verlauf der jeweils eineinhalb Stunden Gesprächszeit ohne Maske zu unterhalten.

Die Frage, ob und wie die Gruppe in ihren Träumen auf diese Herausforderungen reagiert hat, war für den Autor dieser Zeilen bis zum Ende des Jahres 2020 nicht relevant. Rückblickend auf die eigene Erfahrung hatte die Belastung durch die Krankheitsgefahr in den Themen der Traumerzählungen keine dominierende Funktion. Andererseits war aus den Berichten anderer zu erfahren, dass für sie diese Bedeutung wesentlich dominierender gewesen war.

Das Verfahren (en detail)

Zurück zum Gruppenprozess: Diese Entpersönlichung des eigenen Traumerlebens und die damit verbundenen Traumassoziationen sind eine Voraussetzung dafür, die eigene Erfahrung des Traumes in einem sich zunächst erweiternden und danach wieder neu personalisierten Kontext nacherleben zu können. Das Darlegen eines eigenen Traumes in und zugleich vor einer Gruppe ist schon die erste Stufe der Entpersonalisierung. Das Traumgeschehen wird von der Person, die dieses beschreibt, soweit ausformuliert, dass es zumindest in seinen Grundzügen für Außenstehende nachvollziehbar wird. Die sich daran von den Gruppenmitgliedern anschließenden Fragen unterstützen diesen Prozess noch weiter – und führen zu ersten Erklärungen, die vielleicht schon in dieser Phase für die geträumthabende Person neu sind.

Der eigentliche Bruch im Verlauf dieses Prozesses tritt aber erst dann ein, wenn diese Person nicht länger befugt ist, selbst noch etwas zur eigenen Traumgeschichte beizutragen. Vielmehr kann – und muss – sie zuhören. Sie hört in den beiden sich anschließenden Phasen zu, was die anderen mit diesem Geschehen assoziieren, als wenn es das ihre gewesen wäre. Und sie hört zu, wenn die anderen beginnen, darüber zu sprechen, was dies alles für sie als Einzelperson, aber auch darüber hinaus, zu bedeuten haben mag.

Das Interessante an dieser und im Verlauf dieser Phase ist, dass bereits hier zugleich ein Prozess der Aneignung *und* ein Prozess des Entindividualisierens stattfindet. Das gilt es zu erläutern: Die Aussagen zu »Wenn es mein Traum gewesen wäre« klingen ja von der Fragestellung her eher so, als würden sie noch stärker als zuvor in einem jeweils individuellen Kontext zur Sprache gebracht werden. Da dieses aber nacheinander und zugleich in einer Gruppe geschieht, wird das individuelle Traumerlebnis in den Kontext von jeweils anderen individuellen Zugängen zu ebendiesem gestellt – und damit mehr und mehr aufgefächert.

Dieses Auffächern schafft eine Gesprächsplattform, auf der sowohl das vorgetragene Narrativ als auch die danach ausgebreiteten Bezüge der anderen eine Gesprächsbasis für den gemeinsamen Dialog entstehen lässt. Gerade die Individuation des Ursprungs durch die in der Gruppe versammelten TeilnehmerInnen führt zu einer Zersplitterung des (Traum-)Originals und damit zu (s)einer einsetzenden Entfremdung, was wiederum die Voraussetzung dafür ist, um das zunächst mitgeteilte Bild oder Geschehen in einem neuen Kontext selbst anders oder sogar neu erfahren zu können.

Kommen wir damit zur dritten Phase des Gruppendialoges: Das ist der Moment, in dem die Person, die zunächst »nur« ihren Traum berichtet und auf Nachfragen weiter erläutert hatte, sich nun endlich selbst mit eigenen Beiträgen, Kommentaren, Ergänzungen beteiligen kann. Dabei können die mentalen Zustände, aus denen heraus dieses geschieht, sehr unterschiedlich sein. Es gibt Personen, die nach all diesen Anhörungen wie aus einem Koma erwachen und in freier Assoziation ihrem Empfinden nach und nach Ausdruck verleihen können. Andere dagegen habe schon im Verlauf der Anhörung kaum noch stillsitzen können, da ihnen sogleich so vieles zusätzlich eingefallen ist, was sie dazu gerne beitragen würden.

Wahrlich bemerkenswert und wichtig festzuhalten ist, dass es spätestens ab diesem Punkt keine Scham mehr gibt über das zu sprechen, was einem in diesem Moment durch den Kopf geht, was die Seele zu einem gesprochen hat, welche Erinnerungen plötzlich – in vielen Fällen sogar erstmals – in den Sinn gekommen sind.

Spätestens ab diesem Moment des Geschehens teilen alle Beteiligten etwas Gemeinsames, in das sich das vorgestellte Traumgeschehen zu verwandeln begonnen hat. Und es geschieht das Spannende, in manchen Fällen sogar ungeheuer Aufregende, dass das so fast analytisch Sezierte beginnt, neue Formen anzunehmen: Aus der individuellen Geschichte, ihren Bildern und Hintergründen ist ein gemeinsames Erleben geworden, ohne dass es von der Gruppe angeeignet und damit den Träumenden enteignet worden wäre. Wie schon angesprochen, hat dieser Gruppenprozess vielmehr eine Art von virtueller Plattform geschaffen. Und diese wiederum erlaubt es nun der Person, die ihren Traum eingebracht hat, diesen für sich zurückzuerobern oder – sagen wir vielleicht zunächst etwas bescheidener – für sich neu zu erfahren. Diese neue Erfahrung ist aber mehr als nur eine Erweiterung, sondern – und das mag eine gewagte These sein – eine virtuelle Rückführung des Traumgeschehens in jenes Kollektiv, aus dem es entstanden ist.

Deutung und Bedeutung

Diese These von der »Rückeroberung des Traumes« ist erst recht von Bedeutung, wenn sie in einem größeren Zusammenhang gesehen wird. Das Entscheidende dabei ist, dass die Person, die berichtet hat, auch die Person ist, die sagt, welche Bedeutung dieser Bericht nun vor dem Hintergrund all der Reaktionen, die sie von der Gruppe erfahren hat, für sie selbst bekommen hat. Das Neue und Wichtige an dieser Arbeit ist, dass die Erfahrungen der anderen im Bezug auf die eigenen im Traum erlebten Bilder und Geschichten zunächst zu einer Art Entfremdung von dem eigenen Erleben führt. Und dass das wiederum die Voraussetzung dafür ist, das bisher Vorgetragene nun in seinem eigenen kollektiven Kontext neu erfahren zu können.

Es hat mehrere Jahre in und mit dieser Gruppenarbeit bedurft, um dies hier so – und sei es zunächst vielleicht nur in Form eines »qualifizierten Verdachtes« – vortragen zu können. Denn diese Zeilen werden nicht von einem in diesem Kontext voll ausgebildeten und praktizierenden Arzt geschrieben, sondern von einem Menschen, der sich jahrelang immer wieder neu mit diesen Themen und Fragen in Theorie und Praxis beschäftigt hat und der jetzt angefragt wurde, daraus diese ersten Schlüsse zu ziehen. Dabei ist im Verlauf dieser mehrjährigen Gruppenarbeit festzuhalten, dass es mit der zunehmenden Erfahrung und den sich daraus abzuleitenden Mustern immer häufiger zu Antworten von einer ganz besonderen Qualität kommt: Antworten, die von der Person, die gerade dabei ist, sich ihren Traum neu anzueignen, als Schlüssel für die eigene (Traum-)Geschichte dankbar angenommen werden.

Dass dieses immer häufiger geschah, ist zuvörderst dem hier beschriebenen Prozess zu verdanken. Mit den Schritten Nachfragen, Aneignen, Bedenken und Diskutieren findet auch im eigenen Erleben des Geschehens eine zunehmende Entindividualisierung statt. Was zur Folge hat, dass die zumeist gegen Ende dieses Dialoges getroffenen eigenen Aussagen immer weniger etwas davon erzählen, was das eigene »Ich« damit anfangen konnte, davon verstanden und vielleicht sogar gelernt hatte. Sondern die eigenen Beiträge referieren wie in einem Brennglas all das bisher Gesagte, das damit Erlebte und sogar selbst das dahinter noch Verborgene. In den besten Fällen gelingt es dafür sogar neue Bilder zu erschaffen, die zugleich die traumatischen Bilder abzulösen in der Lage sind. Um es mit diesem letzten Satz auf den Punkt zu bringen: Es geht nicht darum, einen Traum individuell zu interpretieren, sondern durch seine Veränderung, die er durch die in der Gruppe vorgetragenen Positionen erfährt, den Urhebern des Traumes neue Handlungsfähigkeiten angedeihen zu lassen.

Rückblickend auf diese Erfahrungen und bei allem Bemühen, darüber zu schreiben, sieht sich der Autor immer noch als Teil dieser Gruppe, vielleicht jetzt sogar noch mehr als je zuvor. Die hier vorgenommenen Aufzeichnungen stellen – vielleicht sogar exemplarisch – unter Beweis, zu welch positiven Folgen diese gemeinsame Arbeit führen kann: zu einer Verselbstständigung dieses Dialoges, der in Zukunft noch verstärkt auch mit sich selbst geführt werden mag. Auf diesem Wege wird man die Gruppe vielleicht irgendwann wieder physisch verlassen haben, aber man hat in den Jahren zugleich gelernt, den miteinander geführten Dialog mitzunehmen – und damit auch die Gruppe, als virtuell weiterhin einwirkende Institution.

Rückbesinnung ...

Aus dem Erlernen der iterativen Prozessbewältigung des Dialoges mit sich selbst erwuchs und erwächst in der Schule dieser Gruppenarbeit eine noch darüber hinausgehende Möglichkeit, die nicht nur die aus der Gruppe eingebrachten Assoziationen mit einbezieht, sondern auch all jene Gestalten, die man früher selbst schon einmal gewesen war, und die in unseren Träumen bislang – gewissermaßen »ohne uns« – fröhliche Urstände gefeiert hatten: einst ganz für sich selbst und nun auf der Bühne unserer Traumbeobachtungen.

Es ist erstens die ungeheure Chance, jede Nacht immer wieder erneut der eigenen Lebensgeschichte ausgeliefert zu sein, und dies im Nachgang in einem immer wieder neu zu definierenden gemeinschaftlichen Kontext. Es ist, zweitens, die Chance, dass in diesem Kontext Raum und Zeit wie im Fluge, oder wie man eben so sagt, wie im Traum, überwunden werden können. Es ist der Luxus der Ungleichzeitigkeit, es ist eine Raumerfahrung wie die auf oder vor einer Theaterbühne: real und doch zugleich inszeniert. Und das ist die dritte Ebene, die allzu leicht außer Acht gelassen wird und auch hier bislang keine Erwähnung gefunden hat: Es ist die Chance, immer wieder in andere Kulturen eintauchen zu können. Ein Umstand, der im Rückblick auf das eigene Leben des Autors, der hier spricht, eine vielleicht noch höhere Bedeutung gehabt haben mag als bei anderen Menschen in der Gruppe.

Nochmals auf den Punkt gebracht: Es gibt das Ineinanderfließen und -wirken von drei Ebenen, die, hat man sie erst einmal erkannt, bei dem analytischen Blick auf die Traumgeschichten helfen, diese noch besser in ihrer Bedeutung für einen selbst, und vielleicht auch darüber hinaus, herausarbeiten zu können. Das ist deshalb so interessant, da wir, ohne es zunächst beabsichtigt zu haben, durch dieses scheinbar planlose Durch-die-Assoziationen-Stromern zu einem durchaus analytisch bedeutsamen, vielleicht sogar wissenschaftlichen Gerüst gekommen sind: ein Bezugsrahmen, der einem hilft, die Komplexität der Traumarbeit noch besser erfahrbarer, ja transparent zu machen, ohne dadurch ihre innere Dialektik aufgehoben zu haben.

Um es noch einmal zu betonen: Was für ein Spannungsfeld, zwischen der (nennen wir es) hedonistischen Eigenwelterfahrung, sodann zwischen dem Überschreiten, ja, Überwinden, ebendieser durch das Aufbrechen der Raum- und Zeit-Kontinua, und, drittens, der interkulturellen Bezüge und Referenzen.

... und Ausblicke

All dies verweist noch einmal auf den Kern dieser Arbeit – und zugleich weit darüber hinaus. Und das aus folgendem Grund: Hatten wir uns im Gruppengespräch zunächst darauf bezogen, was bislang im Leben einer Person geschah und wie jene Teile der zur Verfügung gestellten Träume von den Geträumthabenden nacherlebt wurden, kommt es im weiteren Verlauf immer häufiger dazu, die Konnotation des Traumes mit etwas Zukünftigem, noch Bevorstehendem in Verbindung zu bringen. Damit, was sich im Leben noch ereignen könnte – oder was vielleicht sogar schon unmittelbar bevorsteht, ohne dass man sich dessen bislang bewusst gewesen wäre.

Das Leben als »Traumerfüllung«? Das mag vielleicht zu weit gegriffen sein, aber dieses Diktum betrifft einen bislang noch kaum besprochenen Aspekt, der sich in einigen Fällen fast unmittelbar aus der inneren Logik dieser gemeinsamen Arbeit ergab: In vielen Einzelfällen wurde bei einer späteren Betrachtung klar, dass die vorgestellten Geschichten oft mehr oder weniger deutlich vorwegnahmen, was sich später im Er-Leben der jeweiligen Person real ereignen würde.

Je länger die Beteiligten zusammen waren, je mehr sie voneinander zu wissen begannen, desto deutlicher entwickelte sich für jede und jeden von uns – auch für die anderen erkennbar – einer Art »Programmheft«, in dem die inzwischen schon erzählten Passagen zusammengestellt worden sind. Die gemeinsame Arbeit an diesen Bildern und Geschichten hat diese drei Funktionen: Erstens, herauszufinden, wo sich diese in das bereits bekannte »Programmschema« einbinden lassen. Zweitens, zu fragen, ob es an der einen oder anderen Stelle dieses Schema einer Neujustierung, einer Erweiterung bedarf. Drittens, ob ein solches bekanntes Schema für die vorgetragenen Passagen nicht ganz und gar ungeeignet zu sein scheint, sodass den sich darin abzeichnenden individuellen Zukünften keine weitere Beachtung geschenkt wird. Warum? Weil sie andernfalls zu Ankerpunkten einer neuen Sicht auf das bisherige »Programmheft« werden könnten, in dem die bisher darin an- und abgelegten Programmpunkte zu einem neuen »Gesamtarrangement« führen könnten.

Je mehr die vorgetragenen Passagen in die zweite oder gar dritte Kategorie gehören, desto wichtiger und wertvoller wurden sie für die Arbeit in der Gruppe. Denn nur mit den schon zuvor dargestellten und eingeübten Formen des Dialoges wurde es möglich, nicht nur Grenzen erkennbar zu machen, sondern auch themenüberschreitend neue Perspektiven zu erschließen. Und sich damit in Richtung Zukunft zu bewegen.

Träume er-leben

Träume helfen, bei aller Verwirrung, die sie zunächst auslösen mögen, Orientierung zu geben, Einordnungen neu zu definieren, das »Altbekannte« neu zu erleben, bisher verschlossene Zugänge zu sich selbst und seinen Bezugspersonen neu zu entdecken. All diese produktiven Vorgänge sind aber nicht zwangsläufig nur aus der Perspektive der Rück-Sicht zu betrachten. Denn das Traumgeschehen selbst (und das ist mehr als nur ein Wortspiel) kennt keine Rücksicht auf die selbst auferlegten Verbote und Einschränkungen, die bei der Gestaltung und Durchführung des Alltags tagsüber oft hilfreich sein mögen.

Eben diese Unmittelbarkeit des Durchgriffs auf die gesamte Persönlichkeit führt entweder zur Freisetzung von Verhaltenszuschreibungen, die sich die Geträumthabenden nie und nimmer im wirklichen Leben zueignen würde. Gewalt, Hass, extremes Begehren … Oder aber diese Unmittelbarkeit versagt zunächst komplett die Erkenntnis, die an einen solchen Durchgriff gekoppelt sein könnte. Und das – und jetzt wird es spannend – aus zwei Gründen: entweder aus Selbstschutz, um nicht Erfahrungen machen zu müssen, die kaum schlimmer sein könnten, als jemanden zu töten, oder aber, weil in ihnen Zukunftsszenarien angelegt sind, die sich nicht so einfach erfahrbar machen lassen – was aber nicht heißt, dass es diese nicht gäbe.

Dass dieser Zusammenhang sowohl bis hin zum eigenen – oder einem anderen zugefügten – Tod als auch zum wieder zum Leben Erwecken – nur scheinbar so abstrakt ist, wie es hier klingen mag, davon zeugen viele Geschichten und Erzählungen, die in der Gruppe aufgetaucht sind. Im Verlauf unserer Gesprächsbegegnungen sind die aufregendsten Momente vielleicht jene gewesen, in denen es zu den unterschiedlichsten Arten von »Geistesblitzen« kam. Denn diese konnten jenseits der eigenen oder einer kollektiven Zensur in einem genau entgegengesetzten Sinne eingesetzt werden: Das Zurückblicken im Licht einer solchen »Erleuchtung« war zugleich oft genug ein Vorbote der Zukunft, die den Geträumthabenden noch bevorstehen könnte.

Die Transkriptionspraxis

Es war interessant zu erleben, wie sich im Verlauf der Zeit immer wieder neue Vortragsstile und -möglichkeiten entwickelt haben. Einige begannen einfach zu erzählen, andere hatten einen Notiz- oder Merkzettel dabei, andere ein Traumtagebuch, andere hatten diese Einträge auf ihrem Smartphone gespeichert und wieder andere mithilfe eines »klassischen« Computers notiert. Von der Möglichkeit, das Erlebte zunächst in einer Tonaufzeichnung festzuhalten und danach zur transkribieren, wurde entweder kaum Gebrauch gemacht oder es wurde darüber nicht berichtet.

Die – wie auch immer erinnerten – Erzählungen und Berichte wurden eher schleppend vorgetragen oder gelegentlich auch absichtlich verlangsamt, damit die Person, die diese Geschichte mitzuschreiben hatte, überhaupt mitkommen konnte. Dies galt zumal dann, wenn aus einem Traumtagebuch vorgelesen wurde. In den Fällen, bei denen der Bericht vorab elektronisch erstellt worden war, entfiel die Notwendigkeit, darüber noch ein Protokoll anfertigen zu müssen, da der Text ja an den »Protokollanten« – oder auch an alle – ausgeteilt werden konnte.

In einigen Fällen, wenn es einer Person wichtig war, ihren Traum zeitnah vortragen zu können, wurden ihre Aufzeichnungen schon zuvor als Mail an den Leiter der Gruppe geschickt. Dieses war dann zwar ein Signal, aber nicht wirklich ein Druckmittel, um sogleich das nächste Mal zum Zuge zu kommen. Es gab auch Aufzeichnungen, die zwar zugeschickt worden waren, aber dennoch nicht unmittelbar danach vorgetragen, sondern vielmehr dann eingebracht wurden, wenn sich niemand auf die Frage meldete: »Wer hat denn heute einen Traum dabei?« – was die Ausnahme von der Regel war.

Da wir gerade bei den Details dieses konkreten Arbeitsprozesses sind, sollte hier auch zur Sprache kommen, dass nach dem ersten Vortrag durch die geträumthabende Person zunächst das Bemühen im Vordergrund steht, dieser Geschichte einen Sinn zu verleihen, insofern es gelingt, sich selber darauf »einen Reim« zu machen. Das bedeutet einerseits, dass sie für jede und jeden von uns als jeweils »eindeutig« nachvollziehbar erscheint, dass sie eben dadurch aber zugleich als das Konglomerat der Gruppe eine – durchaus erwünschte – Vieldeutigkeit entfaltet. Und das umso stärker, je mehr sich alle für sich selbst um eine gewisse Eindeutigkeit des Geschilderten bemüht haben.

Diese Art der »Doppeldeutigkeit« ist Teil des Verfahrens und vielleicht einer der Gründe für seinen Erfolg. Bereits zuvor wurde in diesem Text von dem Weg hin zu einer gewissen Abstraktion gesprochen. Was dazu führt, dass dieses Bemühen einen für alle möglichst nachvollziehbaren *Plot* zur Folge hat, und das, obwohl zuvor jede und jeder damit begonnen hatte, sich einen »eigenen Reim« auf das Vorgetragene zu machen. Diese Aussage geht noch weit über jene gern gebrauchte Metapher von der Einheit in der Vielfalt hinaus. Diese in uns so zur Darstellung gebrachte Erzählung ist nur insofern eine Einheit, als sie (und auch das nicht immer) in einem linearen Kontext der Schilderung vorgestellt wurde. Dabei wissen wir, dass das in den meisten Fällen weder der gesamte Traum war, noch die darin verborgene »gesamte Wahrheit«. »Wahr« ist das, und nur das, was uns als Erzählung vorgetragen wird, nicht mehr, aber auch nicht weniger.

Obwohl wir, die Beteiligten, alle keine Analytiker sind, gelingt es uns, mit dieser Methode ebenso sanft wie unerbittlich nach der jeweiligen Wahrheit in der uns vorgetragenen Geschichte zu fahnden. Denn wir wissen und akzeptieren, dass letztendlich nur die Geträumthabenden in der Lage sein werden, ebendiese für sich zu entdecken, zu formulieren und als Werkzeug für ihr zukünftiges Tun zu nutzen. Nur so haben wir die Gelegenheit, aus unserem Reservoir eigene Wahrheiten beizusteuern, ohne dass diese sogleich als Antworten auf eine – oft sogar nur unzulänglich formulierte – Fragestellung verstanden, angenommen oder gar übernommen werden. Diese Transkription wirkt wie ein kollektiver Resonanzboden, in dem all unsere Stimmen gesammelt und als Angebot zur Identifikation weitergegeben werden. Ob und welche davon letztendlich angenommen werden, und – wenn ja – wie, ist und bleibt ausschließlich Sache der Geträumthabenden und nicht der Personen, die sie vorgetragen haben. Es ging bei uns nie darum, besonders eloquent zu sein, in einem besonders elaborierten Code zu sprechen oder besonders laut. Es geht bis heute »nur« – und immer wieder – darum, eine individuelle, subjektiv qualifizierte Relevanz als kollektiven Resonanzboden anbieten zu können.

Replay

So will letztendlich auch dieser Text verstanden werden: als eine authentische Reflexion über das, was wir alle miteinander – und jede(r) für und an sich selbst – erlebt, erfahren und daraus abgeleitet haben. Wir haben gelernt zu abstrahieren, ohne allzu theorielastig zu werden. Wir haben gelernt, Mut zu schöpfen, weil wir auch die bitteren Geheimnisse der Traumbilder ausgesprochen haben. Wir haben gelernt, aus uns heraus und mit uns selbst in einen Dialog zu treten, ohne jegliches Autoritätsgefälle. Und: Wir konnten uns für das Zustandekommen und die Moderation dieses Dialoges immer auf einen qualifizierten Wegbegleiter verlassen – die Ziele aber, die haben wir uns im Verlauf einer jeden Begegnung immer wieder neu gesetzt.

Autorinnen und Autoren

Stephan Alder, Dr. med., Facharzt für Neurologie und Psychiatrie, Psychotherapeut, Psychoanalytiker, Gruppenanalytiker in eigener Praxis. Im Vorstand der DGAP von 2009 bis 2015. Er ist zudem tätig als Lehranalytiker, Gruppenlehranalytiker, Dozent, Supervisor an verschiedenen psychodynamischen TfP- und gruppenanalytischen Instituten und wurde 2016 mit dem Vamik-Volkan-Preis ausgezeichnet.
Anschrift: Stephensonstraße 16, 14482 Potsdam
E-Mail: praxis@stephan-alder.com

Annette Berthold-Brecht, Dr. med., Fachärztin für Allgemeinmedizin und Psychosomatische Medizin und Psychotherapie, Psychoanalyse, Analytische Gruppenpsychotherapie. Dozentin, Supervisorin und Lehranalytikerin (einzeln und Gruppe) an verschiedenen analytischen Ausbildungsinstituten, besonders am C.G. Jung-Institut Stuttgart. Privatpraxis für tiefenpsychologische und analytische Psychotherapie, Supervision und Lehranalyse, Gruppensupervision, Leitung von Selbsterfahrungsgruppen und Balint-Gruppen. Begründerin und Leiterin des ambulanten psychosomatischen »Zentrums JuliusGarten«, eine Kooperation von Allgemeinmedizin mit Psychotherapie, Kunst- und Gestaltungstherapie, Musiktherapie, Ergotherapie, Logopädie. Seit 2012 Co-Leiterin der Arbeitsgemeinschaft Gruppenanalyse und Gruppenpsychotherapie Stuttgart, AGS e.V. 2016 bis 2020 erste Vorsitzende der Deutsche Gesellschaft für Analytische Psychologie e.V.) seitdem kooptiertes Vorstandsmitglied (DGPT, DGAP, D3G, BAG, bvvp).
Anschrift: Leonbergerstraße 25, 71254 Ditzingen
E-Mail: a.berthold-brecht@juliusgarten.de

Claus Braun, Dr. med. Dipl.-Psych., Arzt für Psychiatrie und Neurologie, Arzt für Psychosomatische Medizin und Psychotherapie, Psychoanalytiker, Dozent Institut für Psychotherapie e.V. Berlin, C.G. Jung-Institut Berlin e.V., Lehranalytiker/Supervisor DGAP/DGPT/IAAP, Gruppenlehranalytiker D3G; Wiss. Interessen: Intersubjektivität, Traumgeschehen.
Anschrift: Marienburger Allee 19, 14055 Berlin
E-Mail: clausbraun@online.de

Autorinnen und Autoren

Hildegunde Georg, Dr. med., Ärztin für Psychosomatische Medizin und Psychotherapie, Psychoanalyse, Gruppenpsychotherapie. Studium der Analytischen Psychologie am C. G. Jung-Institut Küsnacht in Zürich. Dozentin für Analytische Psychologie an verschiedenen Ausbildungsinstituten in München und öffentliche Lehr- und Seminartätigkeit. Lehranalytikerin, Supervisorin, Balint-Gruppenleiterin (BLÄK, DGPT, DGAP-IAAP). Mitbegründerin und Leiterin der C. G. Jung-Gesellschaft München bis 2011, Vorsitzende C. G. Jung-Institut München seit 2021.
Anschrift: Seestraße 123a, 86938 Schondorf
E-Mail: praxis@hgeorg.de

Elisabeth Grözinger, Dr. theol., Studium der Theologie und Germanistik, Pfarrerin in Deutschland und der Schweiz, Lehranalytikerin und Dozentin am C. G. Jung Institut Zürich. Eigen. anerkannte Psychotherapeutin (Praxis in Dornach, CH). 2002–2018 Mitarbeit in einem CAS Theologie der Universität Basel.
Anschrift: Thiersteinerrain 134, CH 4059 Basel
E-Mail: elisabeth.groezinger@bluewin.ch

Wolfgang Kleespies, Dr. med. († 14. September 2011), war Lehr- und Kontrollanalytiker sowie Dozent am C. G. Jung-Institut in Berlin und tätig in freier Praxis als Psychiater und Psychoanalytiker. Er hat heute noch gültige Buchpublikationen zum Thema Depression, Angststörungen und Problemen des Alterns (Co-Autor von Fritz Riemann), sowie Beiträge zur Gruppentherapie, zum Verhältnis von Hirnforschung und Analytischer Psychologie und zur Psychodynamik von affektiven Psychosen veröffentlicht.

Volker Münch, Dipl.- Psych., Psychologischer Psychotherapeut, Psychoanalytiker in eigener Praxis in München, Einzel- und Gruppenpsychotherapie. Lehranalytiker, Supervisor, Dozent an der Münchner Arbeitsgemeinschaft für Psychoanalyse e. V. (MAP), der Akademie für Psychoanalyse München und der CIP KIRINUS Akademie München; Autor folgender Bücher: *Die therapeutische Haltung. Perspektiven der Analytischen Psychologie*; *Krise in der Lebensmitte. Perspektiven der Analytischen Psychologie für Psychotherapie und Beratung*; *Angriffe auf die Seele: Psychotherapie und gesellschaftlich-kultureller Wandel*. Zahlreiche Artikel und Vortragstätigkeit.
Anschrift: Fritz-Baer-Straße 9, 81476 München
E-Mail: volkermunch@aol.com

Konstantin Rößler, Dr. med., Psychoanalytiker und Arzt für Innere Medizin. 1. Vorsitzender der Internationalen Gesellschaft für Tiefenpsychologie. Dozent, Lehranalytiker und Supervisor am C. G. Jung-Institut Stuttgart. Team- und Fallsupervisor in der Psychiatrie. Tätig in eigener Praxis.
Anschrift: Marktstraße 12, 76744 Wörth am Rhein
E-Mail: konstantin.roessler@t-online.de

Gert Oskar Alexander Sauer, Jg. 1942, Erststudium Theologie und Praxis, Zweitstudium am C. G. Jung-Institut Zürich, Abschluss 1976, seither als Ausbilder von Pastoralpsychologen bis 1999 tätig und als Psychoanalytiker, Dozent, Supervisor und Lehranalytiker in freier Praxis in Freiburg im Breisgau.
Besondere Schwerpunkte sind Ethnopsychoanalyse, die Möglichkeiten, durch die Analytische Psychologie kollektive Prozesse zu verstehen, mit ihren Konsequenzen für die Praxis der Psychoanalyse und der Psychotherapie. Gründer, zusammen mit seiner Frau, des »Netzwerks für Analytische Psychologie in Osteuropa«. Liason-Person der IAAP für die Ausbildungsgruppe in Sibirien.
Veröffentlichungen u. a.: *Wann wird der Teufel in Ketten gelegt?, Traumbuch Schlange, Die Traumgruppe, Sibirische Vorlesungen über Analytische Psychologie* (auf Russisch, 2018), Veröffentlichung in »Europes many souls« über den Überlegenheitskomplex vieler Deutscher und den Einkreisungskomplex vieler Russen, rege Vortragstätigkeit.
Anschrift: Vordere Poche 27, 79104 Freiburg
E-Mail: gert.sauer@t-online.de

Annette Schulz, Fachärztin für Psychiatrie und Psychotherapie, Psychoanalytikerin DGAP, DGPT), Gruppenpsychoanalytikerin D3G. In eigener Praxis seit 2014 tätig. Mitglied und Dozentin C. G. Jung-Institut Berlin, Institut für Psychotherapie e. V. und Berliner Institut für Gruppenanalyse (BIG).
Anschrift: Sieglindestraße 10, 12159 Berlin
E-Mail: schulz.annette@gmx.net

Van Trich, Anonymus. Name und Anschrift sind nur dem Herausgeber bekannt.

Brandes & Apsel

Volker Münch

Angriffe auf die Seele

Psychotherapie
und gesellschaftlich-kultureller Wandel

184 S., Paperback Großoktav, 19,90 €
ISBN 978-3-95558-310-1

Angriffe auf die Seele beschäftigt sich kritisch mit der fortschreitenden Digitalisierung und Ökonomisierung im Gesundheitswesen, speziell im Bereich der Psychotherapie. Vom veränderten Selbst- und Weltbild der Patient*innen bis zur überbordenden Bürokratisierung des Praxisablaufs, von der Hybris des menschlichen Kontroll- und Überwachungsbedürfnisses bis hin zu den enttäuschten Bindungsbedürfnissen von schwer kranken Psychotherapiepatient*innen, vom Sinn digitaler Gesundheits-Apps und von Honorarabzügen bei Verweigerung gegen den Anschluss an die Technik soll die Rede sein.

Münch stellt die Frage, was dennoch Hoffnung machen kann, und auch, was noch getan werden muss, um den Prozess der Angriffe auf die Seele kritisch zu begleiten und zu kommentieren und wichtige alternative Einsichten zugänglich zu machen. Letztlich steht die Identität der Profession psychodynamisch-psychoanalytischer Psychotherapeut*innen in Frage, wenn sie nicht der gesellschaftskritischen Potenz ihrer Einsichten wieder eine vernehmbarere Stimme verleihen.

»Münch reflektiert (...) auch die Chancen der Reform der Aus- und Weiterbildung von Psychotherapeuten und wagt trotz allem einen konstruktiven Ausblick. Eine Frage sei, ob Digitalisierung als zum Selbstzweck gewordene Technik in der therapeutischen Praxis, wo es um menschliche Beziehung geht, begrenzt werden kann. Zu dieser Reflexion hat Münch einen zeitgemäßen Beitrag für niedergelassene Psychotherapeuten aller Richtungen geleistet.« (Martin Schimkus, Deutsches Ärzteblatt PP)

Unseren Psychoanalysekatalog erhalten Sie kostenlos:
Brandes & Apsel Verlag • Scheidswaldstr. 22 • 60385 Frankfurt am Main
info@brandes-apsel.de • www.brandes-apsel.de
Fordern Sie unseren Newsletter kostenlos an: newsletter@brandes-apsel.de

Die Zeitschrift zur Vertiefung und der Weiterentwicklung der Analytischen Psychologie

Analytische Psychologie

Zeitschrift für Psychotherapie
und Psychoanalyse

ISSN 0301-3006 (Print) / ISSN 1421-9689 (E-Journal)
2x pro Jahr, ca. 200 S. / Heft
Einzelheft € 49,–, Jahresabo € 89,–

Die Zeitschrift befasst sich seit über 50 Jahren mit der Vertiefung und mit den Weiterentwicklungen der Analytischen Psychologie nach C. G. Jung. Veröffentlicht werden Beiträge zu praktisch-klinischen und theoretischen Themen der psychotherapeutischen und psychoanalytischen Behandlung von Erwachsenen, Kindern und Jugendlichen. Die Zeitschrift versteht sich als ein internationales Forum für die unterschiedlichen Strömungen innerhalb der Analytischen Psychologie. Sie hat sich zum Ziel gesetzt, den Dialog mit den anderen Traditionen der psychoanalytischen Gemeinschaft zu fördern. Beiträge zur Zeitgeschichte, zu Kultur, Religion und Gesellschaft finden ebenso Berücksichtigung wie Untersuchungen aus der Psychotherapieforschung und verwandten Wissenschaften.

Bitte Sonderprospekt Analytische Psychologie anfordern!

Jahrgang 2022:
Heft 197: Unheimliche Wirklichkeiten
Heft 198: Klinische Themen

www.analytische-psychologie-blog.com

Brandes & Apsel

Christiane Lutz

Von der sehnsüchtigen Suche nach Sinn

Eine tiefenpsychologische Annäherung an »Die Unendliche Geschichte«

168 S., Paperback Großoktav, 17,90 €
ISBN 978-3-95558-297-5

Christiane Lutz interpretiert Die unendliche Geschichte von Michael Ende als Entwicklungsweg eines Individuums. Basis ist das Symbolverständnis und die Archetypenlehre der Analytischen Psychologie C.G. Jungs. Diese Herangehensweise erweist sich als erkenntnisbringend, da Michael Ende ganz bewusst archetypische Gestalten und Situationen, Wunschvorstellungen und bittere Realitäten beschrieben hat, die Urerfahrungen des Menschen widerspiegeln. Eben darum, weil er Fragen zur menschlichen Natur stellt, die das kollektive Unbewusste ansprechen, regt der Roman auch heute noch dazu an, sich auf die Suche nach Erkenntnis zu begeben. Mittels Deutung der reichen Symbolik der Geschichte geht Lutz der Sinnfrage des Lebens unter individuellem wie auch kollektivem Blickwinkel nach.

Das Buch wendet sich an alle, denen die verantwortliche Begleitung von Kindern und Jugendlichen ein in die Zukunft weisendes Anliegen ist. Darüber hinaus richtet sich der Blick auf die Fragen unserer Zeit, die herausfordern, neue Lösungsansätze zu wagen.

»Das Buch von Frau Lutz hat (...) das besondere Verdienst, dass sie den von der Lektüre her vielfach schwierigen C. G. Jung in eine verständliche Sprache ›übersetzt‹ und durch die Verbindung mit den ›brennenden‹ Problemen unserer Zeit modernisiert. Dadurch kann C. G. Jung auch heute noch einem breiteren Publikum nahegebracht werden. Christiane Lutz gelingt dies (...) in hervorragender Weise, sodass sicher jeder Leser dieses Büchlein mit großem Gewinn lesen wird.« (Friedrich Schröder, Jung-Journal)